中國民族區域自治社會生態分析

中央民族大学国家“985工程”
民族理论与政策研究中心博士文丛

中国民族区域自治的社会生态分析

ZHONGGUO MINZU QUYU ZIZHI DE
SHEHUI SHENGTAI FENXI

侯德泉◎著

中央民族大学出版社
China Minzu University Press

图书在版编目（CIP）数据

中国民族区域自治的社会生态分析/侯德泉著．—北京：中央民族大学出版社，2011.11

ISBN 978-7-5660-0073-6

Ⅰ.①中…　Ⅱ.①侯…　Ⅲ.①民族区域自治—研究—中国　Ⅳ.①D633.2

中国版本图书馆 CIP 数据核字（2011）第 207110 号

中国民族区域自治的社会生态分析

作　　者　侯德泉
责任编辑　红　梅
封面设计　汤建军
出 版 者　中央民族大学出版社
　　　　　北京市海淀区中关村南大街 27 号　邮编：100081
　　　　　电话：68472815（发行部）传真：68932751（发行部）
　　　　　　　　68932218（总编室）　　　68932447（办公室）
发 行 者　全国各地新华书店
印 刷 厂　北京华正印刷有限公司
开　　本　880×1230（毫米）　1/32　印张：8.875
字　　数　220 千字
版　　次　2011 年 11 月第 1 版　2011 年 11 月第 1 次印刷
书　　号　ISBN 978-7-5660-0073-6
定　　价　22.00 元

目　录

民族区域自治理论新解
（代序）

金炳镐

民族区域自治，是中国共产党把马列主义民族理论与中国民族和民族问题的实际相结合解决中国国内民族问题的基本政策，是我国的一项重要的政治制度，也是具有中国特色的解决中国民族问题的基本形式。我国实行民族区域自治的几十年的实践证明，它在最大限度地满足各少数民族平等自治、自主管理本民族、本地区的内部事务的要求方面起到了重要作用，在加强我国各民族之间的团结，改善民族关系，巩固国防，促进少数民族地区的经济文化建设和社会发展方面，也起到了重要的作用。

一、中国民族区域自治理论要点概说

我国民族区域自治理论的基本内容可以概括为四个方面：

（一）民族区域自治概念的“三个核心内容”

我国的民族区域自治，正如《中华人民共和国民族区域自治法》所规定的那样，是在国家统一领导下，各少数民族聚居的地方实行区域自治，设立自治机关，行使自治权。①

---

① 金炳镐主编：《民族纲领政策文献选编》，第876页，中央民族大学出版社，2006年版。

我国民族区域自治的核心内容有三个：建立民族自治地方、设立自治机关，行使自治权。

一是在少数民族聚居的地方实行区域自治，建立民族自治地方。民族区域自治是中华人民共和国领土之内，在国家的统一领导下，执行统一的宪法、以少数民族聚居区为基础的区域自治。一切实行民族区域自治的地方，都是中华人民共和国不可分割的一部分。

二是在实行民族区域自治的地方，设立自治机关。民族区域自治是以工农为主体的少数民族人民的自治，是少数民族当家作主、自己管理自己的内部事务。自治机关是我国人民民主专政在少数民族地区的具体形式，是国家统一领导下的一级地方国家政权。

三是自治机关依法行使自治权，管理本民族、本地区内部事务。民族区域自治的核心是自治权的行使。

（二）民族区域自治特点的“三个正确结合”

我国的民族区域自治具有民族自治与区域自治正确结合、经济因素和政治因素正确结合、历史因素和现实因素正确结合的特点。

一是民族自治与区域自治的正确结合。

中国的民族区域自治是以一定的区域（聚居区）为基础的少数民族的自治，包含“民族”和“区域”两个基本的要素，既不是单纯的民族自治，也不是单纯的地方自治，而是二者的统一体。把民族自治与区域自治正确地结合起来，既有利于保证各少数民族管理本民族内部事务的权利，又有利于保障各民族平等、团结、互助的关系的发展，从而实现各民族的共同繁荣。这是在一个集中统一的主权国家内民族与区域二者有机结合的特定的政治形式。

二是经济因素与政治因素的正确结合。经济因素主要是指民族和地区的经济发展基础、条件及成果，自然资源状况，民族的科技和教育文化发展状况及相关的民族科学文化素质。政治因素，主要是指国家统一、民族平等团结和少数民族自主管理本民族内部事务的权利等。建立民族自治地方时，要考虑民族构成，以利于少数民族自治和民族团结，也要考虑地域经济和文化发展。把二者有机地结合起来，既能保障少数民族的平等权利，充分发挥各民族人民当家作主的积极性，又有利于国家的统一；既有利于发展民族关系，又有利于民族地区的经济社会蓬勃发展和各民族的共同繁荣发展。只有把二者正确地结合起来，才能充分发展平等、团结、互助的新型社会主义民族关系，才能巩固国家的统一，促进民族自治地方和全国社会主义事业的发展。

三是历史因素和现实因素的正确结合。历史因素，主要是指中国长期以来是统一的多民族国家，历史上各民族友好交往交流、共同进行反对内外敌人的革命斗争等因素。现实因素，主要是指中国共产党的领导和社会主义民主政治制度、民族分布格局和民族发展差距等因素。民族自治地方的建立和发展，既考虑历史状况，又考虑现实状况及其发展的需要。充分把握历史和现实，有利于民族地区的稳定与发展，有利于各民族的平等团结和发展繁荣。

“三个有机结合”体现了我党把马列主义民族理论与我国的民族国情的创造性结合，构成中国民族区域自治理论的特色。

（三）民族区域自治遵循的“三个基本原则”

我国实行民族区域自治坚持三个方面的基本原则。

一是坚持民族平等和民族团结的原则。民族平等和民族团结是马克思主义处理民族问题的根本原则，也是我党和国家处理国内民族问题的根本政策。根据这个根本原则和政策，具备相应条件的民族都有权要求实行民族区域自治和建立民族自治地方。在实行民族区域自治时，自治民族和非自治民族，必须坚持团结，协商解决民族自治地方内各民族的政治、经济、文化发展问题。坚持国内各民族的平等，应成为公民的责任和意识；维护全国各民族的团结，应成为公民的义务和习惯。

二是坚持国家统一和民族自治的原则。维护历史上所形成的多民族国家的统一，是马克思主义解决国内民族问题的一项重要原理。维护国家的统一，包括维护国家领土的统一，即各民族自治地方都是中华人民共和国不可分离的部分；包括维护国家政治的统一，即各民族自治地方必须遵循统一的国家宪法，必须遵从中央政府的政令。只有在国家的统一领导下，才能真正实行民族平等和少数民族的自治权利。维护国家统一是宪法规定的每个公民的一项重要义务。民族自治权利问题是实行民族区域自治的核心问题。实行民族区域自治的目的在于让各少数民族当家作主，管理本民族本地区内部事务。应尊重少数民族的民族自治权利，应采取措施保障少数民族的自治权利。

三是坚持自治民族发展和各民族共同繁荣的原则。促进自治民族发展，促进各民族的共同繁荣，是实行民族区域自治的根本目的之一，也是体现民族区域自治制度优越性的重要标志。各民族繁荣是社会主义国家在民族政策上的根本立场。促进和实现全国各民族的共同繁荣，是党和国家的工作任务和奋斗目标，也是全国各民族人民的共同心愿。因此，在民族区域自治制度建设中要始终着眼于发展。在少数民族和民族地区发展中，坚持可持续发展战略，促进人与自然协调发展；坚持走生产发展、生活富裕、生态良好的发展之路；坚持科教兴国战略，大力发展教育事业，提高民族素质；坚持以人为本，积极发展文化、卫生等社会事业；坚持改革开放，以改革开放促发展繁荣。

（四）民族区域自治地位的“三个基本”

中国的民族区域自治在解决国内民族问题方面的地位和功能

表现为“三个基本”：基本政策、基本制度、基本形式。

一是民族区域自治是解决我国民族问题的基本政策。

我们党和国家把民族区域自治作为解决我国民族问题的基本政策，是根据马列主义关于民族问题的理论原则，结合我国具体的历史条件和现实情况（民族情况）制定的。

马列主义解决民族问题的一个重要理论原则是民族区域自治，认为民族区域自治是多民族民主国家的一般普遍原则。马列主义从社会发展和无产阶级革命的利益出发，坚持建立集中统一的大规模的国家的原则。同时认为，民族区域自治是建立现代真正民主国家的条件，是解决民族问题的正确途径。

我国的历史发展给民族合作创造了条件；我国革命运动的发展创造了合作的基础。

中国长期的统一的多民族国家的历史。我国各民族大杂居、小聚居的民族分布特点，我国少数民族的80%以上居住在民族聚居区的状况，近百年来各民族共同斗争反对帝国主义和国内封建统治的史实，中国共产党领导的社会主义制度建立的现实，都为以民族区域自治政策解决我国民族问题创造了条件，提供了基础。因此，民族区域自治是中国共产党解决中国民族问题的基本政策，是各民族平等联合、共同发展的必由之路。

二是民族区域自治制度是我国解决民族问题的基本政治制度。

民族区域自治制度是中国解决民族问题的基本制度，是国家三大基本政治制度之一。

中国共产党第十五次代表大会把民族区域自治制度和人民代表大会制度、中国共产党领导下的多党合作和政治协商制度一同表述为我国社会主义民主制度的三大形式。

民族区域自治制度是解决中国民族问题的重要政治制度。我国是人民民主专政的社会主义国家。民族区域自治是我国的人民民主专政制度在少数民族地区的具体表现形式。我国少数民族人民在人民民主专政制度下享受公民的民主平等权利；绝大多数少数民族人民在民族区域自治制度下又同时享受着民族自治权利。55个少数民族中有44个少数民族实行了民族区域自治制度，这说明我国少数民族的大多数人民通过民族区域自治获得了民主权利和自治权利，少数民族在自治地方内实现的民主权利、自治权利是广泛的、全面的。

我国的民族区域自治制度，是中国共产党在多民族国家的政治制度问题上的一个伟大创举，具有鲜明的中国特色。正如周恩来同志在总结我国建立和推行民族区域自治制度的经验时指出的："这种民族区域自治，是民族自治与区域自治的正确结合，是经济因素和政治因素的正确结合，不仅使聚居区的民族能够享受到自治权利，而且使杂居的民族也能够享受到自治权利。从人口多的民族到人口少的民族，从大聚居区的民族到小聚居区的民族，几乎都成立了相当的自治单位，充分享受了民族自治权利。这样的制度是史无前例的创举。"① 这段话精辟地阐明了我国民族区域自治制度的本质与特点。

三是民族区域自治是解决我国民族问题的基本形式。

民族区域自治是我国解决民族问题方面的创举。马列主义解决民族问题的基本方式有三种：民族自决权、联邦制、民族区域自治。欧洲的无产阶级政党采用了民族自决权、联邦制的形式。在中国共产党之前，没有哪个无产阶级政党以民族区域自治作为基本形式解决民族问题。中国共产党在长期的革命实践中根据马列主义民族理论，结合中国民族的实际采取的解决我国民族问题的基本形式，是中国共产党和我国政府在处理民族关系、解决民族问题方面坚持走自己的道路的一个史无前例的创举。

---

① 金炳镐主编：《民族纲领政策文献选编》，第582页，中央民族大学出版社，2006年版。

民族区域自治是中国解决民族问题的基本形式，是国家统一、少数民族自治的有效形式。

二、中国民族区域自治理论逻辑构架

如上所述，民族区域自治是中国共产党根据马克思主义民族理论，结合我国民族情况和国情提出并不断完善的解决我国民族问题的“史无前例的创举”。我党的民族区域自治理论，有其严密的逻辑构架。现以民族区域自治的三个核心内容之间的逻辑关系为例加以阐述（见附表）。

我们要时刻牢记周恩来同志曾指出的我国民族区域自治的两个正确结合。在两个正确结合这个意义上，《民族区域自治法》指出：“实行民族区域自治，体现了国家充分尊重和保障各少数民族管理本民族内部事务权利的精神，体现了国家坚持实行各民族平等、团结和共同繁荣的原则。”以上所述的民族区域自治的“两个体现”、自治机关的“二重性”、自治机关职权的两个“本”（本民族、本地区）的统一，都与民族自治和区域自治两者的正确结合相关，是由这个正确结合所决定的。正是我国民族区域自治的这种情况，说明它是具有中国特色的解决民族问题的基本形式，“这样的制度是史无前例的创举”①。

（一）民族区域自治的“双重自治”

民族区域自治是我国的一项基本政治制度。民族区域自治是民族自治和区域自治的正确结合，不同于第二国际机会主义鼓吹过的单纯的民族自治，也不同于一些国家实行的单纯的地方（区

---

① 金炳镐主编：《民族纲领政策文献选编》，第 582 页，中央民族大学出版社，2006 年版。

域）自治。它又是民族因素与地域因素的正确结合，使民族自治建立在实实在在的一定的地域基础上，有其自治的地域范围，涉及到了经济因素；使区域（地方）自治具有实实在在的一定的民族前提下，有其自治主体民族内涵，涉及到了政治因素。

我国民族区域自治的“双重自治”是民族区域自治理论逻辑构架的基础。

（二）民族自治地方的“两类民族地方”

民族自治地方是中国不可分离的一部分。民族自治地方是以少数民族聚居区为基础建立的。民族自治地方无疑是自治民族聚居的地区，同时由于我国历史发展的原因，民族自治地方中都有或多或少的其他少数民族和汉族居住着的地方，不少民族自治地方中，其他少数民族和汉族人口占多数。从这个意义上说，民族自治地方是“两类民族地方”。这是由民族区域自治的民族自治（民族因素）与区域自治（地域因素）相结合所决定的。

（三）自治机关的“双重职能”

民族自治地方自治机关是我国一级地方政权机关。

民族自治地方的自治机关是自治区、自治州、自治县的人民代表大会和人民政府。① 自治机关作为统一国家中的一级地方政权机关具有二重性特点：既是统一的中华人民共和国的地方政权机关，行使同级一般地方国家机关的职权的机关，又是在国家统一领导下，少数民族自主管理、当家作主，行使自治权利的机关。②

---

① 金炳镐主编：《民族纲领政策文献选编》，第880页，中央民族大学出版社，2006年版。

② 金炳镐著：《民族理论与民族政策概论》（修订本），第329页，中央民族大学出版社，2006年版。

自治机关的二重性是指自治地方的权力机关和行政机关较之于全国其他地区的相应机关有共性，也有个性。其共同性在于自治地方的各级人民代表大会和人民政府是一级地方国家权力机关和行政机关，这和一般的地方国家权力和行政机关相同，并行使宪法赋予的职权没有两样；其个性在于，自治地方的自治机关，享有宪法和民族区域自治法赋予的自治权，特别是在自治机关的主要负责人和自治机关的民族构成，都有明确的法律规定，这是其他地方的国家机关所没有的。民族自治地方的自治机关同一般地区的国家机关的区别就在于民族化和自治权。自治权是民族区域自治制度的核心和实质，民族化是民族区域自治制度的表现形式和标志。

自治机关作为统一国家中的一级地方政权机关具有双重职能特点：既是行使管理国家权力的权力机关，又是管理地方行政事务的行政机关。既主要是保障自治民族享受和行使自治权利的机构，又同时是保障自治地方内其他民族享受民族民主平等权利、共同繁荣的机构。民族区域自治有别于一般的民族自治、地方自治（区域自治）和行政自治。民族自治机关不仅仅是自治民族的机关，它体现的是自治地方内各民族的平等权利，当然首先是自治民族自主治理的权利。因此，实行民族区域自治，体现了国家充分尊重和保障各少数民族管理本民族内部（包括本地区内部）事务的权利的精神，体现了国家坚持实行各民族平等、团结和共同繁荣的原则。

自治机关的“二重性”和“双重职能”是由我国民族区域自治是民族自治和区域自治的正确结合、民族自治地方是自治民族聚居和其他少数民族及汉族居住的地方决定的。

（四）自治机关自治权的“两种权利”

自治机关的自治权是指民族自治地方的人民代表大会和人民

政府，根据本民族、本地区的情况和特点，自主地管理本民族、本地区的内部事务的权力。自治机关自治权，是国家根据统一和自治的原则应该赋予民族自治地方自治机关的权利，也是自治民族根据平等自治的原则应该享有的权利。它并不意味着恩赐，也不意味着特权；它只是一种平等权利、民主权利。

自治机关的自治权不仅包括管理本民族内部事务的权利，也包括管理本地区内部事务的权利，即“两种权利”。这是由我国的民族区域自治的性质决定的。我国的民族区域自治，不是一般的民族自治、地方自治，也不是一般的行政自治，而是“民族自治与区域自治的正确结合，是经济因素与政治因素的正确结合”。[①] 因此，自治地方的政权机关（人民代表大会和人民政府），既是行使地方国家机关职权的机关，又是行使民族自治权利的机关，具有二重性。因而，自治机关的职权，既包括管理自治地方（或叫本地区）内部事务的权利，也包括管理本民族（自治民族）内部事务的权利。如果把自治权利仅仅解释为管理本民族内部事务的权利，那就等于削去了自治权利的很大部分，也是与民族的区域的自治这一性质不相适应的。我们要时刻牢记周恩来同志曾指出的我国民族区域自治的两个正确结合。在两个正确结合这个意义上，《民族区域自治法》指出“实行民族区域自治，体现了国家充分尊重和保障各少数民族管理本民族内部事务权利的精神，体现了国家坚持实行各民族平等、团结和共同繁荣的原则。”

上述的民族自治地方的“两类民族地方”、自治机关的“二重性”、自治机关职权的两个“本”（本民族、本地区）或“两种权利”的统一，都与民族自治和区域自治两者的正确结合相关，是由这个正确结合所决定的。正是我国民族区域自治的这种

① 金炳镐主编：《民族纲领政策文献选编》，第582页，中央民族大学出版社，2006年版。

情况，说明它是具有中国特色的解决民族问题的基本形式，“这样的制度是史无前例的创举”①。

（五）民族区域自治有“两个基本问题”

我国的民族区域自治有两个基本问题，一是自治机关的设立和建设，包括自治机关的民族化、民主化的完善问题；一是自治机关的自治权的行使问题。前者是实行民族区域自治的关键，为自治机关充分行使自治权提供前提条件；后者是实行民族区域自治的核心，也是实行民族区域自治的目的所在，是衡量是否达到真正的民族区域自治的唯一标志。

民族自治地方自治机关的建设问题，是实施民族区域自治制度的关键一环，直接关系到能否真正行使自治权利的问题。

自治机关的建设，首先要努力实现自治机关的民族化。实现自治机关的民族化的目的在于，经过民族化，使自治权利得到尊重、得到充分的行使，使民族自治地方的经济文化得到发展，民族团结得到加强。

自治机关民族化是实行区域自治的民族的特点在自治机关的体现，是主要通过本民族的干部，主要使用本民族的语言文字，运用本民族喜闻乐见的民族形式，实现自主管理本民族、本地区内部事务，实现当家作主。

自治机关的建设，另一个重要方面是自治机关的社会主义民主化建设的完善问题。民族自治地方自治机关的社会主义民主化进程的发展，将促进自治机关在社会主义民主这个基础上充分享受并行使自己的自治权，并将在社会主义法制这个前提下保护和保障自己的自治权，来促进民族自治地方内各项事业的顺利发

① 金炳镐主编：《民族纲领政策文献选编》，第582页，中央民族大学出版社，2006年版。

展。因为，社会主义民主与社会主义法制是辩证的统一，二者是相辅相成的关系。

自治机关社会主义民主化，是我国人民民主专政的社会主义制度在自治机关的体现，也是我国国家机关民主集中制原则在自治机关中的反映，是主要通过切实实行民主集中制，坚持保障自治地方各民族人民参加管理民族自治地方，管理自治地方的各项经济事业和文化事业，坚持自治地方内各民族人民监督自治地方国家机关和工作人员，坚持自治机关决策民主化、科学化来使自治地方的各项制度民主化，民主权利法律化，民主制度化。同时，在社会主义民主基础上，加强和完善社会主义法制。

自治机关自治权的行使问题，是实施民族区域自治的核心内容，直接关系到能否真正做到少数民族当家作主、自主自治。在实施民族区域自治的过程中，不仅要不断完善享有的自治权，而且要真正行使自治权。

三、中国民族区域自治理论创新思路

中国共产党民族区域自治理论的形成和发展经历了很长的探索实践时期。仅从内蒙古自治区成立算起已有60多年的时间。在新世纪新阶段，我们一定要在认真总结民族区域自治60多年经验的基础上，与时俱进，开拓创新。

（一）民族区域自治的“三大理论贡献”

我国民族区域自治理论，是具有中国特色的民族理论。它的成功实践、丰富和发展了马克思主义民族理论体系。这一理论主要包括民族区域自治的本质、内容、形式、原则、特点、作用及民族区域自治产生和发展规律的理论。它既是中国民族区域自治实践基础上的科学概括，也是在指导中国民族区域自治实践过程中得到实践检验的经验的结晶。民族区域自治作为我国解决民族问题的基本原则和基本理论是中国化的，具有独到的开创性。

我国的民族区域自治理论，为解决民族问题的政策形成提供了理论依据，也为我国处理民族关系的基本法律提供了理论指导，还为民族区域自治制度成为我国的基本政治制度之一提供了理论支撑，表明了民族区域自治这一重要理论成果的科学性和重要地位。

我国的民族区域自治理论对马克思主义民族理论的贡献主要有三个方面：

一是发展了马克思主义的国家学说。

我党坚持建立民主集中制大国的原则，把民族区域自治作为解决我国统一的多民族国家内民族问题的政治方式。这样既保证了社会主义国家的集中统一，又保证了少数民族在其聚居地方实行民族区域自治，成功地处理了中央与地方、集中与民主的关系。这样使马克思主义关于建立集中制的统一多民族的国家学说，在我们统一的多民族的社会主义国家得以实现。

二是发展了马克思主义关于解决民族问题的政治制度的理论。

民族区域自治理论原则在我国的成功实践，形成了具有中国特色的基本政治制度的框架。我国明确规定了民族区域自治在国家政治体制中的重要地位，这是对马克思主义民族区域自治理论的创造性运用，标志着我们党对马克思主义民族区域自治理论的成功实践与重大发展。

三是发展了马克思主义的社会主义本质论和发展观。

党把民族区域自治作为基本政策，其主要功能就是促进少数民族和民族地区经济社会发展，实现各民族共同繁荣。中国共产党的三代领导集体都很关心民族自治地方的发展，采取了许多促进民族地区发展的举措。西部大开发就是其中的一个重大战略措施。在新世纪新阶段，以胡锦涛为总书记的党中央提出了各民族共同团结奋斗，共同繁荣发展的民族工作的主题，强调要使民族地区又快又好地发展。这是党在新世纪坚持民族区域自治的重大举措。这些都是对马克思主义民族区域自治理论的重大贡献。

（二）民族区域自治的"三个决不容许"

胡锦涛同志在2005年中央民族工作会议的重要报告中指出："民族区域自治制度是我国的一项基本政治制度，是发展社会主义民主、建设社会主义政治文明的重要内容，是党团结带领各族人民建设中国特色社会主义、实现中华民族伟大复兴的重要保证。在国家统一领导下实行民族区域自治，体现了国家尊重和保障少数民族自主管理本民族内部事务的权利，体现了民族平等、民族团结、各民族共同繁荣发展的原则，体现了民族因素与区域因素、政治因素与经济因素、历史因素与现实因素的统一。实践证明，这一制度符合我国国情和各族人民的根本利益，具有强大生命力。民族区域自治，作为党解决我国民族问题的一条基本经验不容置疑，作为我国的一项基本政治制度不容动摇，作为我国社会主义的一大政治优势不容削弱。"① 这次讲话提出的民族区域自治方面的"三个不容"，充分表明了我们党对民族区域自治这一政策、制度、形式的充分肯定，充分表达了我们党对民族区域自治的坚持和完善的坚定信念。

一是民族区域自治作为党解决我国民族问题的一条基本经验不容置疑。

中国共产党在成立第二年的第二次代表大会宣言中提出民族自

① 金炳镐主编：《民族纲领政策文献选编》，第938页，中央民族大学出版社，2006年版。

治到 1931 年中央苏维埃代表大会上提出建立少数民族的自治区域，到 1938 年中共六届六中全会上提出少数民族自己管理自己内部事务，和汉族建立统一国家，再到 1945 年党中央确定在内蒙古的基本方针是民族区域自治，经历了 20 多年的探索并在红军长征途中，在延安时期，在一些地区进行了民族区域自治的实践。内蒙古自治区的成立在我们党民族区域自治政策和实践中具有重要意义。1949 年 9 月，中国人民政治协商会议共同纲领把民族区域自治确定为解决国内民族问题的基本政策。新中国建立后 50 多年推行民族区域自治的实践经验证明，民族区域自治是解决我国民族问题的基本政策的地位不容置疑，应该坚持和不断完善。

二是民族区域自治作为我国的一项基本政治制度不容动摇。

新中国成立后，我党和国家把民族区域自治作为一种政治制度；改革开放以后的 20 世纪 80 年代又把它作为一项重要的政治制度；20 世纪 90 年代（1997 年）党的十五大政治报告又把它作为我国三大民主政治制度之一，并把它写进《中华人民共和国民族区域自治法》。从内蒙古自治区成立算起的 60 多年中，新中国成立算起的 60 多年中，民族区域自治制度作为解决民族问题的基本制度发挥了重要作用。我国是统一的多民族社会主义国家。因此，民族区域自治作为我国三项基本政治制度之一的地位不容动摇，必须发展和完善这一制度。

三是民族区域自治作为我国社会主义的一大政治优势不容削弱。

我党根据我国的民族情况和国情，在解决民族问题的基本形式上选择了民族区域自治，没有采用联邦制。几十年中国社会主义建设的实践证明，20 世纪八九十年代苏东剧变的实例证明，我国采用民族区域自治而没有采用联邦制是英明的，民族区域自治有很大的优越性。我们一定要保持民族区域自治的优越性和政治优势，而且与时俱进加强和扩大政治优势。

（三）民族区域自治的“三个创新思路”

马克思列宁主义理论是不断创新发展的，是与时俱进的。民族区域自治理论在建设社会主义市场经济的今天，必须继续坚持和完善，不断适应新形势新任务的需要，始终体现“三个代表”重要思想。通过创新与发展民族区域自治理论与政策实践，使我国的民族区域自治制度在国家的社会主义现代化进程中发挥更大的作用。

民族区域自治制度，与时俱进、不断创新方面需考虑“三个创新思路”。

1. 民族区域自治组织形式的创新与发展

全国人民代表大会制度、多党合作与政治协商制度、民族区域自治制度是我们国家的三大基本政治制度。民族区域自治制度作为三大基本政治制度之一，其组织形式也应与其他两大基本政治制度一样从上到下具有同样规模同样地位的组织形式，以有利于保护少数民族和民族地区的利益，促进少数民族和民族地区的发展。

全国人民代表大会制度的实现有全国人民代表大会及常委会、各级地方人民代表大会及常委会作组织保障，多党合作与政治协商制度的实现有全国人民政治协商会议及常委会、各级地方政治协商会议及常委会作组织保障。而作为三大基本政治制度之一的民族区域自治制度在目前还没有相应的依存组织作保障，在建立社会主义市场经济的今天，在许多领域都是按经济规律办事，按我国目前的发展现状来看，少数民族和民族地区均处于弱势地位，无论从全国还是地方来讲，都更加需要相应的组织为其制度的实现作保障。

目前，在国家行政系统从上到下有民族（宗教）事务委员会（局）来管理具体的民族事务工作，在立法方面有全国人大和地方各级人大的民族委员会具体负责，各级政协组织中也有民族宗教机构处理相应工作。但是，从机构的政治地位和机构级别来看，没有相应的国家机构和地方机构与民族区域自治制度匹配，也就是说从形式看，民族区域自治制度作为三大基本政治制度之一，从机构设置的待遇讲，不如全国人民代表大会制度和多党合作与政治协商制度规格高。作为一种平等待遇的体现，有必要从组织形式上创新，以适应制度的创新。

2. 民族区域自治实现形式的创新与发展

我国的民族区域自治制度的创立和发展是中国共产党运用马克思列宁主义民族理论解决中国民族问题的具体实践。民族区域自治制度是在中华人民共和国成立前后开始在民族地区实施的，其自治形式完全符合当时中国的实际，对中国革命和建设事业的发展起了积极的促进作用。历史前进到今天，我们的社会正从传统的计划经济时代向市场经济时代转型，从初步小康向全面小康迈进，少数民族和民族地区同样处于这前所未有的有利于其充分发展的大好时机。民族区域自治制度的实施为少数民族和民族地区的发展提供了充分的制度保障和政策支持。在建立社会主义市场经济的新形势下，民族区域自治制度必须适应形势的发展，创新其自治的实现形式，以更加有利于少数民族和民族地区的发展。

市场经济的进一步发展，西部大开发的推进，必将使民族地区的经济总量增长，少数民族的素质得到较大提高。也就是说，随着经济的发展，全国工业化、城市化进程的加快，民族地区的城市化也必将提速。民族地区的城市化，将对民族区域自治制度形成挑战，促使民族区域自治制度的创新，更好地维护和促进少数民族和民族地区的发展。城市化必将导致改自治县设市、改自治州设市的要求大量出现，这是历史的正确发展方向，符合少数民族的根本利益。问题是改自治县（旗）设市、改自治州设市后，民族政策的执行就缺乏政策依据和法律支持，民族区域自治制度的实现形式需要创新，需要与时俱进，设立有利于《民族区域自治法》贯彻实施的自治形式，设立自治市是比较理想的形式之一，既有利于民族政策的连续性，又有利于民族地区的城市化进程。现实中的有些问题也就会迎刃而解，比如，辽宁省的岫岩满族自治县几年前改为市（县级），湖南省原湘西土家族苗族自治州的几个县划出设立的张家界市（地级）等民族地区要求享受民族政策支持，促进其发展的愿望也就容易解决了。将来工业化、城市化步伐快的某些民族地区（比如说延边朝鲜族自治州）设市的问题也就好解决了。城市化是少数民族和民族地区发展中必然经历的过程。设立“民族自治市”是少数民族城市化进程中的必然要求。

3. 民族区域自治法律制度的创新与发展

国家依法保障民族自治地方的自治权利是坚持和不断完善民族区域自治制度的关键之一，要实现邓小平同志提出的使各民族“真正实行民族区域自治”，核心就是确保自治机关依法行使自治权，加快本地区经济和社会事业的发展。

《民族区域自治法》集中体现了党和国家的民族区域自治政策，体现了各族人民的共同意志，是坚持和完善民族区域自治制度的重要法律保障。《民族区域自治法》颁布和实施以来，为加强民族团结，促进各民族共同繁荣进步发挥了积极的作用。

根据各族人民的意愿，国家对《民族区域自治法》进行了修改，并于2001年2月28日在中华人民共和国第九届全国人民代表大会常务委员会第二十次会议上通过，从理论和实践上实现了很大突破，从法律上确立了民族区域自治制度是我国的一项基本政治制度。社会在不断地发展和进步，民族自治地方的合法权益的保护，民族地区的发展，各民族公民对公民权利的享有，都需要建立健全民族法律制度来保障。以《民族区域自治法》为核心的民族法律体系需要进行创新和发展，协调民族关系，保障民族利益，促进民族发展，实现各民族共同繁荣共同发展共同进步。

民族区域自治法律制度的创新和发展中，必须尽快制定出五大自治区的自治条例。新中国成立60多年来，没有一个自治区制定出自治条例，很难向各族人民作出好的解释，也不好让外国人完全相信民族区域自治的优越性。这一事情本身说明，我们在国家统一与民族自治、中央与民族自治地方关系的理论与实践问题上，还没能做到合理地予以解释和解决。我们应以民族区域自治法律制度的创新来解决这一几十年未解决的问题。

附表：

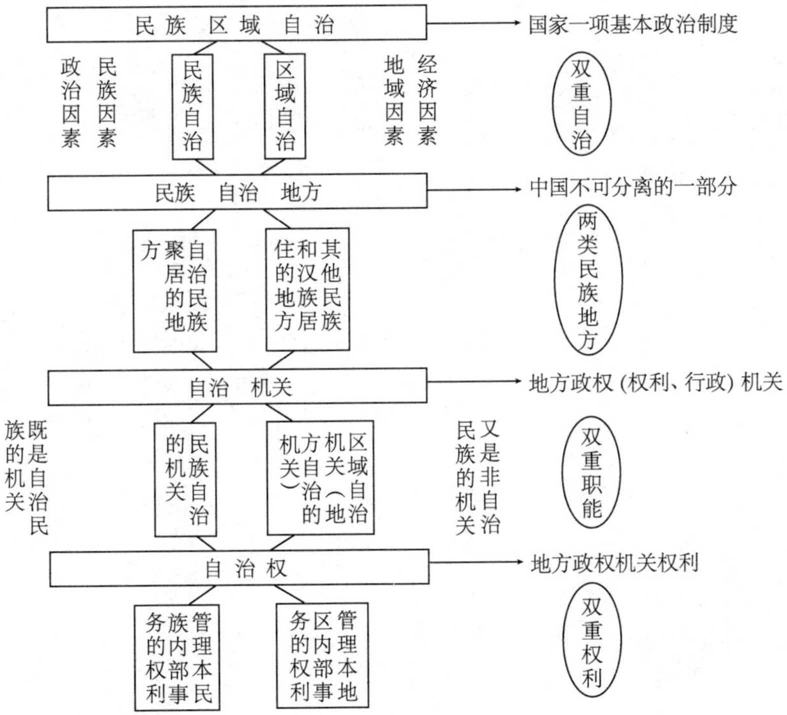

导　论

一

“自治”一词在中国古代典籍中有多种用法。如《礼记·礼运》中的“百姓则君以自治也”（意思是，老百姓以君主的政令为准则，目的是为了能够实现自我管理）；《史记·陈涉世家》中的“其所不善者，弗下吏，辄自治之”（意思是，他们不喜欢的人，不交给掌管司法的官吏审判，往往就自行治罪）。在现代汉语中，“自治”意即自行管理自己的内部事务，但与民主政治息息相关，而这是古汉语中所缺乏的内涵。

在中国，现代意义上的“自治”概念是在近代西学东渐中随着民主政治学说的引进而被接受和运用的，常指一般地方自治。早在戊戌时期，湖南的一些维新志士即已将西方的地方自治制度作为救时改制的政治目标提出。据黄遵宪自述：“吾自随使东西，略窥各国政学之要，以为国之文野，必以民之智愚为程度。苟欲张国力，伸民权，非民族之强，则皮之不存，毛将焉附？国何以自立？苟欲保民生，厚民气，非地方自治，则秦人视越人之肥瘠，沬不相关，民何由而强？”[①] 将民族之强视为张国力、伸民权之根本，是近代民族国家的基本理念；将地方自治视为保民生、厚民气之条件，乃现代民主政治的应有精神。黄遵宪的地方自治

① 黄遵宪：《黄遵宪致梁启超书》，载《中国哲学》第8辑，第384页，三联书店，1982年版。

思想资源虽受到明清之际顾炎武、黄宗羲等人的地方分权思想影响，但更多地来源于西方近代观念，因为其根本目的是以地方自治为基础，将中国改造成真正近代意义上国家。地方自治是近代宪政运动的有机组成部分。清末立宪运动的指导者梁启超从早年起就不遗余力地鼓吹地方自治，他认为地方自治乃文明政治之象征；地方自治力强者则其民权必盛，否则必衰。[①] 与民主相联系的现代自治概念在清末时就已被认为与集权、“官治”相对。如梁启超从政体结构的角度来说明自治与集权的关系，认为“集权与自治二者，相依相辅，相维相系，然后一国之政体乃完”[②]。自治概念在民国初期得到进一步发挥。孙中山将“自治”与“民治”相联系进行过阐释：“官治之者，政治之权，付之官僚，于人民无关……民治则不然，政治主权在于人民，或直接以行使之，或间接以行使之，其在间接行使之时，为人民之代表者，或受人民之委托者，只尽其能，不窃其权，予夺之自由，乃在人民，是以人民为主体，人民为自治者。”[③]

在西方，“自治”最早可以追溯到古希腊人对政治自由或自主的崇尚。可以说，西方现代民主是在古希腊城邦自治中萌芽、发育出来的。近代地方自治发端于英国，并成为西方民主制度的重要源流。[④] 关于“自治”概念，马克斯·韦伯把它作为“他治”的对立面来加以定义：“自治意味着不像他治那样，由外人制定团体的章程，而是团体的成员按其本质制定章程（而且不管

---

① 参见胡春惠：《民初的地方主义与联省自治》，第 9 – 10 页，中国社会科学出版社，2001 年版。

② 梁启超：《商会议》，载《饮冰室合集》文集之四，转引自郑贤君：《地方自治学说评析》，载《首都师范大学学报》（社会科学版），2001 年第 2 期。

③ 孙中山：《中华民国建设之基础》，载胡汉民编：《总理全集》第 1 集，第 1026 页，上海民智书局，1930 年版。

④ 高应笃：《地方自治学》，第 1 页，台湾中华书局，1982 年版。

它是如何进行的)。"[1] 日本学者阿部齐等人认为，“自治”与“统治”是分别位于两个极端的概念，它的本来含义是自己的事由自己负责处理。而“地方”一词与中央相对，因而“地方自治”的反义词是“官治”（中央统治）或中央集权。[2]

自治不仅指与民主政治相联系的自我管理，而且被认为是“一种主权缺失状态”[3]。Hurst Hannum 和 Richard Lillich 曾在一篇颇有影响的论文中指出：“自治可被理解为国内层面上的一种行动独立，因为外交事务和国防事务通常还是由中央政府掌握的。但在有的情况下，实行自治的实体也有权缔结涉及文化和经济事务的国际协议。”[4] Tim Potier 也认为，自治“可被理解为某种安排，即较高权力当局属下的某权力当局，得以独立行使某些被上级机关委托的行政职责，以服务于它所为之负责的人民的普遍福祉”[5]。

自治是一个应用宽泛的术语，在英文中可以是 autonomy，self-governance，self-administration 等，必须依据具体的实践情况来理解。安东尼·D·史密斯在界定自治是“指某个人或集体管理其自身事务，并且单独对其行为和命运负责的一种状态”之后，将其分为四个层次：在最低层次上，人们的注意力局限于文化自主，即在文学、艺术信仰和教育方面无约束的自我表达的权利。第二个层次则是法律的自主和权利，这明显体现在土生土长

---

① ［德］马克斯·韦伯：《经济与社会》（上卷），林荣远译，第 78 页，商务印书馆，1997 年版。

② 韩铁英：《团体自治的虚像与实像——日本中央与地方关系浅析》，载《日本学刊》，1997 年第 4 期。

③ Michael Hechter, *Containing Nationalism*, Oxford University Press 2000, p. 114.

④ Hurst Hannum and Richard Lillich, *The Concept of Autonomy in International Law*, American Journal of International Law 74 (1980), p. 859.

⑤ Tim Potier, *Conflict in Nagorno-Karabakh, Abkhazia and South Ossetia: A Legal Appraisal*, The Hague: Kluwer Law International 2001, p. 54.

的法官和不受限制的司法程序以及法律面前人人平等上；种族歧视和社会偏见被视为对个人和集体尊严与自我表现的专横限制。第三个层次是内部政治自主或本土管理，即由共同体代表们来控制本共同体的经济、社会和政治事务；虽然这种自治不包括防务、法律和秩序以及外交事务，但是本土管辖使各种族成员能在很大程度上控制共同体的资源和社会政策。最后，自治在单独一个共同体组成国家的形态上，等同于永久性的独立，即为民族国家（nation-state）。他认为只有民族国家才是真正的国家，而民族自治则是唯一合理的统治形态。显然，这里的“民族”指与国家相联系的政治认同（nation），而非一国之内的族群（ethnic groups）；这里所说的“民族自治”指的是 national self-government，而非 ethnic autonomy。不过他又指出，由唯一的特定的种族共同体所构成的国家并非所有民族主义所追求，也不现实，因此自治可以用几种方式取得，其中包括一国领土内存在着一个以上的共同体。①

民族自治（ethnic autonomy）是与民族自决相关联的概念。有关自决权利的内涵，在《联合国宪章》的起草文件中已明确提到“自我管理”。1945 年旧金山的联合国国际组织会议（UNCIO）重申“只有当自决的原则意味着人民自我管理的权利而非分裂的权利时，才符合《联合国宪章》的宗旨”。② 民族自决可分为内部自决（自我管理）和外部自决（分离），而民族自治正是在内部自决的意义上被国际法普遍认可的。西方学者关于民族自治的定义众说纷纭，但都包含着某种权力的转移，即某种

---

① ［英］戴维·米勒、韦农·波格丹诺编：《布莱克维尔政治学百科全书》，邓正来等译，第 693 – 694 页，中国政法大学出版社，1992 年版。

② UNCIO，Vol. 6，第 296 页，转引自［德］汉斯 – 乔基姆·海因茨：《国际法上的自治》，周勇译，载王铁志、沙伯力主编：《国际视野中的民族区域自治》，第 212 页，民族出版社，2002 年版。

权力由中央政府转移至自治实体。凡是自治，都不具有充分的主权，因此通常都发生在少数民族的所在国（hostcountry）宪法和立法的大框架之内，而且还受到中央政府或类似机构的监管，以确保自治机构的所有活动都符合于自治的规定。①

民族自治建立在承认一国之内少数民族权利的基础上。由于政治文化背景的原因，西方历史上缺乏对少数群体权利的关注。Hurst Hannum 认为，“少数群体权利”只是在 20 世纪 50 年代以来，人权问题备受瞩目的情况下才获得了国际社会的认同。一开始，少数群体权利只是在一些欧洲强国，包括奥匈帝国、沙皇及奥斯曼等帝国受到重视。这也或许可以解释为什么在 1945 年的联合国宪章里没有包括少数群体权利的条款。② 从传统的自由主义立场来看，集体权与个人权是无法兼容的，因为它似乎潜在带有对个人自由的威胁。然而从社群主义的观点来看，个人与社群及社会是分不开的，除非少数群体的生存权及认同权获得保障，个人的权利将无所归属。1976 年开始生效的《公民和政治权利国际公约》第 27 条对于少数群体权利作了这样的规定：“在那些存在着人种的、宗教的或语言的少数人的国家中，不得否认这种少数人同他们的集团中的其他成员共同享有自己的文化、信奉和实行自己的宗教或使用自己的语言的权利。”与此相联系，民族自治愈益受到国际社会重视。这一方面是出于对民主、平等、参与的政治理念的深刻反思。“人权的保护应当是任何自治的第一目

① ［英］斯蒂芬·沃尔夫：《多民族社会的自治——从欧洲视角看冲突预防和解决的局限性与机会》，李彬译，载王铁志、沙伯力主编：《国际视野中的民族区域自治》，第 236－238 页，民族出版社，2002 年版。

② Hurst Hannum, *Autonomy*, *Sovereignty and Self-Determination*: *The Accommodation of Conflicting Rights*, University of Pennsylvania Press 1990, p. 56－57.

标。”① 基于维护少数群体权利的自治可以视为人权理论的延伸和运用。另一方面是由于全球族群意识的复兴及随之而来的民族冲突，民族自治被作为一种妥协性的方案，作为预防和解决民族冲突的手段。

民族自治的功能，一般认为有如下几个方面：首先，民族自治有利于维护少数民族的权利，促进其富有成效的参与，培养民主素养，奠定民主政治的基础；其次，民族自治可以减少和缓解国内族际矛盾冲突，均衡族群与国家的利益，有助于政治稳定；第三，民族自治有助于保护少数民族文化，维持各具特色的发展，使丰富多样的文化免于被同化。然而，民族自治也可能带来风险：其一，承认民族自治可能会被认为是歧视他族或他地区，从而导致族际矛盾；其二，民族自治尤其是地域性自治可能不利于统一、自由、开放的市场形成和发展；其三，社会的分化可能使社会共识的达成更加困难，也可能使少数民族因感到孤立从而引发分离倾向；其四，增加外国干预的可能。因此，对某种民族自治的评判有时是非常复杂的。实行民族自治的国家必须充分考虑到各种影响因素，并积极寻求实现民族自治正向功能而抑制其风险的具体措施和改进办法。应该说，从世界上各国民族自治的实施效果来看，总的来说是利大于弊。因此民族自治才会方兴未艾，为越来越多的政治领袖和学者们所重视。

尽管世界上没有一种普遍适用的民族自治模式，不同的具体自治制度安排是不可能进行严格的规范化表述的，但仍然可以对自治类型进行划分。一般按属地或属人而将自治类型分为两种：一种是地方性自治（或称为地域性自治），另一种是非地方性自治（或称为人的自治、功能型自治）。对于这两种自治，Ruth

① ［德］汉斯－乔基姆·海因茨：《国际法上的自治》，周勇译，载王铁志、沙伯力主编：《国际视野中的民族区域自治》，第230页，民族出版社，2002年版。

Lapidoth 认为，“地域自治是这样一种安排，它旨在赋予不同于本国占多数人口，但在特定地区之内却又构成多数的民族，以一定程度的自我认同。自治涉及中央当局与自治实体之间的某种分权。”与此相对应的是，“人的自治则适用于国内某一民族的全体成员，而与其居住地无关。通过人的自治所确立的各种制度，人们有权保留和促进本民族的宗教、语言及文化特征。”[①] 前者又被分为行政自治（administrative autonomy）和完全的自我管理（self-government），[②] 后者主要指文化自治。实行地域性自治的，有瑞士、南斯拉夫、捷克、苏联、中国、塞浦路斯、印度、菲律宾、加拿大、美国、意大利、德国、丹麦、西班牙、英国、哥伦比亚、尼加拉瓜等国家。实行非地域性自治的，如历史上奥匈帝国的米利特制度（millet system）下，非穆斯林社区可以在宗教和文化上享有某种程度的自治；芬兰、瑞典及挪威的萨米人成立的民选的萨米国会，负责民族事务，其下设六个委员会，掌理行政，由萨米国会与政府（中央或地方）协商影响萨米人的重大措施；荷兰、比利时、奥地利、黎巴嫩、马来西亚、斐济等国家，基于语言、族群、宗教的差异而推动协合式政体的自治体制，也属于人的、功能型自治。[③]

《中华人民共和国民族区域自治法》（以下简称《民族区域自治法》）规定：“民族区域自治是在国家统一领导下，各少数民族聚居的地方实行区域自治，设立自治机关，行使自治权。实行民

---

① Ruth Lapidoth, *Autonomy: Flexible Solutions to Ethnic Conflicts*, Washington: U. S. Institute of Peace Press 1997, p. 174 – 175.

② ［英］斯蒂芬·沃尔夫：《多民族社会的自治——从欧洲视角看冲突预防和解决的局限性与机会》，李彬译，载王铁志、沙伯力主编：《国际视野中的民族区域自治》，第 239 页，民族出版社，2002 年版。

③ 参见高德义：《原住民自治的理论与实践：以排湾族为例之探讨及策略规划》，台湾“族群关系与国家发展”学术研讨会，2004 年 5 月。

族区域自治，体现了国家充分尊重和保障各少数民族管理本民族内部事务的精神，体现了国家坚持实行各民族平等、团结和共同繁荣的原则。”根据这一权威定义，中国的民族区域自治概念有以下几个基本的内涵：

首先，中国的民族区域自治是在单一制的国家结构形式下实行的。“国家的统一领导”是对单一制的中央与地方关系的概括说明。从权力的来源和运行来看，单一制国家是指一个主权国家之内人民将国家权力完全委托给中央政府；中央政府因此拥有最高权力和全部国家权力，地方政府的权力是由中央授予和规定的。[①] 中国民族自治地方的自治机关所拥有的自治权来自于单一制国家宪法的赋予。需要指出的是，尽管当今世界约 200 个国家中实行联邦制的不到 30 个，但在多民族的大国中却普遍实行联邦制，如俄罗斯、加拿大、美国、巴西、澳大利亚、印度等。伊拉克国民议会也于 2006 年通过一项法案，宣布从单一制国家向联邦制国家转变。可以说中国是多民族大国中实行单一制的一个特例。

其次，中国的民族区域自治是民族自治与区域自治有机结合的行政自治。作为一种地域性民族自治，中国的民族区域自治是在“各少数民族聚居的地方”实行的，特定地区少数民族的“聚居”状态（而非绝对占人口多数）是实行区域自治的特定限制条件。只有达到一定程度相对密集人口的少数民族地区，才能建立民族自治地方，实行区域自治。民族自治地方的自治机关具有双重性质，即它们是一级地方国家机关，同时又是少数民族在其聚居区内行使区域自治权的自治机关。这样就把自治地方内的民族内部事务纳入到自治机关的行政事权范围里。

第三，中国的民族区域自治制度是保障所有 55 个少数民族

---

① 浦兴祖主编：《当代中国政治制度》，第 259 页，复旦大学出版社，1999 年版。

自治权利的制度。在这一制度下，之所以还有部分少数民族没有实行区域自治，完全是由建立民族自治地方的地理界域的条件决定的，因为这些人口较少的少数民族的聚居区域未达到一定的规模（即县级以上），无法实行自治，而绝对不存在对任何少数民族在自治权利方面的歧视。为了使各民族享有平等的政治权利，国家还允许不能单独建立自治地方的，可以由几个民族联合建立自治州或自治县，并把建立民族乡作为自治制度的一种补充。民族区域自治法是仅次于宪法的基本法律。少数民族的自治权必须得到包括汉族在内的各民族人民的尊重和维护，必须在全国范围内的一切领域得到保障。

中国的民族区域自治具有鲜明的特色，这主要取决于两点。其一，中国境内各民族的历史文化及其相互关系的独特性。众所周知，中国是一个统一的多民族的大国。与同样是由多民族构成的大国相比，中国各民族之间的相互接触、交融、杂居、通婚等联系的历史要长远得多。中国境内各民族之间的关系不同于美国、加拿大、澳大利亚等多民族大国中的土著民族和迁居民族，也不同于前苏联各加盟共和国内的各民族。沙皇俄国作为现代民族国家的形成是与对异国民族的征服和扩张同步的，而中国现代民族国家则是随着近代国家危难、各民族面临前所未有的共同外敌时逐步形成中华民族自觉意识而形成的，因此中国各民族对统一国家、中华民族的一致认同更强烈、更深厚。其二，中国的民族区域自治由思想、理论形态到政策、制度安排，所依据的是马克思主义民族平等理论。在西方，民族自治所依据的是人权理论。多元文化主义政策是人权理论的延伸和运用。由于无原则地提倡“多元”不利于和谐稳定的民族结构及民族和国家关系的形成，在现代西方国家，“整合”或“一体化”政策同样是具有积极意义的民族政策。而当代中国所坚持的民族平等理论，既要求各民族文化上的平等，还要求有政治、经济和民族发展的平等权利，民族区域自治是民族平等权利的制度保障，而且这一制度是“在国家统一领导下”实行的，以国家统一、民族团结为重要的价值取向。

中国的民族区域自治的价值取向，除了维护国家统一、民族团结外，还蕴含着民主和发展的基本精神。从民主的价值蕴含来看，一方面，民主不仅表现为少数服从多数，而且内在地要求多数对少数的尊重。在漫长的历史上，中国的少数民族在以汉族为主体的王朝中基本上处于弱势地位，只有现代民主国家才能尊重和保障其应有的权利。少数民族的权利需要自治权力来维护和保障。民族区域自治制度及其不断完善成为中国特色社会主义民主的重要内容。另一方面，在实际运行中，民族区域自治又形成了一种以自治权为核心的地方性政治体系，这种地方性政治体系必须体现民主化的治理，成为国家政治体系民主化的有机组成部分。从发展的价值蕴含来看，中国的民族区域自治，不仅着眼于保障少数民族的政治权利，更着眼于民族地区和少数民族的发展，这是与一般国外的民族自治政策所不同的。从国外的民族自治政策实施的经验来看，这一政策往往是政府与试图分离的少数民族发生冲突后达成协议的结果，或者是少数民族的分离运动迫使双方妥协的产物。而中国的民族区域自治并不都是与民族冲突的因素相联系的。如果说在20世纪上半叶，中国还面临着帝国主义侵略所造成的边疆危机和民族分裂危机，提出和实施民族区域自治可以缓解国内民族冲突、凝聚中华民族力量，那么在新中国成立以来，民族自治地方的建立，许多都不是在民族冲突的背景下产生的。有些民族自治地方的自治民族人口并不占绝对多数，有的处在内地，并不存在分离的可能。“中国实施民族区域自治，表现的是一种无产阶级的博大胸怀，不仅立足于各民族在政治上平等，还着眼于少数民族的全面发展。”① 当然，按照科学发展观的基本要求，政治民主化也是全面发展的重要内容之一。维护国家统一和社会稳定、促进各民族平等团结和谐、实现各民族共同繁荣发展，正是中国民族区域自治的价值蕴含。

中国民族区域自治的价值蕴含，决定了其作为一项国家基本政治制度的重要性。对于中国这样一个有着悠久历史的多民族统一的大国，中央与地方、少数民族地区与统一国家、各民族之间、少数民族聚居地区与汉族聚居地区、各民族地区之间的关系一直极为重要，关系到国家的统一、国内政治稳定、经济社会发展等所有重大问题。民族区域自治正是为规范和调节这些重大关系而作出的制度安排。中国民族区域自治制度的鲜明特色和价值蕴含，也使其能在实践中通过自身的不断完善和社会生态环境的建设而实现其正向功能的最大化，形成化解各种风险的内生机制。

二

民族区域自治在中国已有半个多世纪的成功实践。作为解决国内民族问题的基本政策和制度，它一直受到理论界的重视，有关研究成果可谓汗牛充栋。这些研究成果涉及思想理论和实践发展的各个方面。自20世纪90年代以来，人们从前苏联和南斯拉夫等多民族国家解体的残酷现实中，开始反思我国的民族政策，其中有的甚至对解决国内民族关系问题的政治化制度安排提出了质疑。同时，市场化、全球化的新趋势也使一国之内的民族问题

① 王铁志：《国际视野中的民族区域自治——“民族区域自治国际学术研讨会”评述》，载王铁志、沙伯力主编：《国际视野中的民族区域自治》，第22、23页，民族出版社，2002年版。

不断出现新情况、新矛盾，要求民族区域自治的理论研究要有更多新视角和多学科思维，实践研究要有更具可操作性的科学的政策评估。

国际民族自治理论界一直对比较研究有着较大的兴趣。通过比较研究，人们发现，对民族自治政策和制度的评价是很复杂的事，西方发达国家的经验并不一定适合发展中国家，就是在西方国家，民族自治的实践也有得有失，并没有一个最佳的完美而普适的制度模式。一些研究者已经意识到，在一定的社会条件下，自治制度与环境有着密切的关系。

基于以上背景，本书拟以社会生态分析作为一种新的研究方法和分析框架，以期在民族区域自治的理论研究方面作一些尝试性的探讨。

从宽泛的意义上讲，世界上所有的一切都是一种生态，都处于一定的生态系统之中，自然如此，人亦如此，人类社会的各种现象均如此。自人类出现之后，单纯的自然环境就不再存在了。而人本来就是自然生成的一种“现象”，马克思就这样认为：“人直接地是自然存在物”，是“有生命的自然存在物”①。

生态学原是生物学的一个分支领域。生态学发展到人与自然普遍联系和互为关系的研究层次时，就已经具有了哲学的性质和意义，已经成为人们认识世界的理论视野和思维方式，具有了世界观、道德观和价值观的性质。德国著名生态学家汉斯·萨克塞在《生态哲学》的“前言”中指出：“生态学要求观察事物之间的关联。”“应该把生态学理解为研究关联的学说。”他的《生态哲学》一书最重要的观点就是“生态哲学研究的是广泛的关联”②。

---

① 《马克思恩格斯全集》第42卷，第95页，人民出版社，1979年版。

② ［德］汉斯·萨克塞：《生态哲学》，第3、70页，东方出版社，1991年版。

生态学中的“环境”原本指自然环境，它是生物圈或生物圈的一部分。而环境这一概念用于社会科学领域时，便有了另外的含义，指的是影响人类行为的社会因素和文化因素，成为与“遗传”相对而言的概念。社会生态学主张环境和基因都具有重要意义，任何行为都有其生物学基础。它把自然选择理论用于分析人的行为，认为任何行为表型都是基因类型与环境状况之间相互作用的结果，是生物进化过程的产物，而人类的文化进化与生物进化是相互关联并相一致的，这一过程同样体现着自然选择的原理①。

生态学的有关概念和方法被应用于有关社会科学研究，形成相应的交叉学科，如社会生态学、政治生态学、行政生态学、生态经济学，等等。关于政治生态学，《布莱克维尔政治学百科全书》认为“是研究政治行为环境的一系列方法”。“从广义上讲，该术语主要被用来描述环境对政治行为的影响，比如群体的组织生态学；从狭义上讲，该术语是指同政治地理学紧密相联系的空间领土环境和政治行为的研究。”②《中国大百科全书·政治学》把“生态政治学”定义为“运用生态学的观点研究社会政治现象的一种理论和方法。一般生态学以生物的生存条件以及生物与其生存环境之间的相互关系为研究对象，探求有机体与其环境之间相互作用的形式和规律。生态政治学借助于生态学的方法，从政治与其环境的相互关系中研究政治现象的产生和发展。”“政治存在于生态环境之中，与生态环境保持着动态平衡的关系……一般认为，直接或间接地对政治的发生、存在、发展具有影响的自然

---

① ［美］鲁斯·A·华莱士等：《社会生态学和对它的攻击》，载《国外社会学》，1998 年第 2 期。

② ［英］戴维·米勒、韦农·波格丹诺编：《布莱克维尔政治学百科全书》，邓正来等译，第 554 页，中国政法大学出版社，1992 年版。

地理条件、物质生产方式与水平、社会传统、文化习俗、民族构成等，都是政治的生态环境因素。政治不能脱离这些环境独立存在并发挥作用，同时，政治的存在和运行也影响着这些环境。"①

本书采取以上两种权威文献的界定，而不是把生态政治学作为有关生态环境保护的政治学。② 根据这种界定，社会生态已经在很大程度上不是原来生物学本义上的生态系统，而只是一种对应变换。在这里，生命系统已由原来的动植物个体或群体转换为人的个体或群体及人所制造的各种制度系统，而环境则已不仅仅或主要不是生物环境和动植物生长期间的无机环境，而成了人或特定制度所处的社会—文化环境，也就是说环境系统由生物圈转换成了社会圈。生态学中生命系统与环境系统之对立统一的基本关系及诸如物质循环、能量转换、新陈代谢、自然选择和系统平衡等观念则被保留下来。③

在本书中，中国民族区域自治的社会生态分析即是将这一政治制度作为生态分析中的生命系统，中国历史上治理民族地区的政策和制度为其遗传基因，马克思主义民族自治理论及苏联的制度模式为其产生的直接影响因素，民族区域自治制度之所以生成和发展的社会经济、政治和文化条件为其环境系统。通过分析民族区域自治制度的系统构成，把握其功能和特色；通过分析民族区域自治与社会环境系统的内在关联及相互作用，揭示这一制度

---

① 张友渔主编：《中国大百科全书·政治学》，第 327 页，中国大百科全书出版社，1992 年版。

② 学术界有一种观点，认为生态政治学的目的在于解决人类面临的生态环境、自然资源等问题。参见刘在平：《面对人类生存危机的政治思维——生态政治学》，载《天津社会科学》，1992 年第 6 期；陈清硕：《方兴未艾的生态政治学》，载《社会科学》，1995 年第 4 期。这种观点实际上与流行于欧洲的"绿色政治观"更为相近。

③ 王邦佐等：《中国政党制度的社会生态分析》，第 4、5 页，上海人民出版社，2000 年版。

得以确立和发展的历史和现实依据；通过分析社会环境系统的变化对民族区域自治所提出的特殊要求，探讨如何坚持和完善民族区域自治制度，使之保持对社会环境的必要的适应性，以实现可持续发展。

本书的基本分析框架如下：

（一）基因与进化：从古代民族政策到现代民族区域自治的确立

民族区域自治在现代中国的确立是历史进化的产物，其遗传基因是中国古代治理民族地区的政策和制度。中国古代王朝对民族地区所采取的“因俗而治”是现代民族区域自治的雏形，但二者有着本质的区别。本书不仅要梳理中国历史上民族政治制度的沿袭、演变的过程，分析几种主要制度形态的生命系统结构，而且要探究这种制度所处的社会环境。中央集权的多民族国家政权、封建土地所有制和农耕经济、“大一统”观与“和”文化等是古代民族政治制度赖以存在、发展的社会环境。社会环境的变化（如中央集权的加强）会对民族政策产生影响（如民族地区的自主权削弱），而民族政策的变化又反过来影响社会环境（如国家的政治稳定）。到了20世纪上半叶，社会环境发生了很大的变化。从社会思潮来看，以统一为取向的民族主义与以民主为取向的地方主义都兴盛起来；从实践层面来看，民族民主革命前赴后继，革命胜利的大趋势不可阻挡，中国共产党以马克思列宁主义民族理论为指导来考察中国的民族和统一问题，并为之奋斗。由古代民族政策进化到现代民族区域自治的社会环境具备了。

（二）要素与功能：民族区域自治的生命系统

生态学将生命单位分成个体、种群和群落三种形态。民族区域自治制度有着复杂的结构，作为一个完整的生态单位，也存在着个体系统、局域系统和整体系统三个层次。在一个特定的民族自治地方内，形成了民族区域自治的个体系统。中国的民族自治地方分为自治区、自治州和自治县三个层级。由于有的自治州或自治区包含着一级或两级若干较低层级的自治地方，因而在这样的自治州或自治区内就形成了民族区域自治的局域系统。民族区域自治在全国的实行，构成了这一制度的整体系统。在民族区域自治的个体系统或局域系统中，各构成要素之间相互作用而影响该民族自治地方或局域内的民族关系及经济社会发展；在全国的整体系统中，通过实施民族区域自治而有效调控国内民族关系及中央与地方、自治地方与非自治地方、自治地方与自治地方之间的关系。

自治地方、自治机关和自治权是中国民族区域自治的基本构成要素。民族区域自治又是一种与社会环境相互影响、相互作用的政治体系。在这一政治体系中，政治角色是自治地方内的各族人民，政治结构是自治地方的自治机关，政治权力是依法行使的民族自治权。民族区域自治的实际运行，就是自治机关行使自治权的过程，即其对社会环境的作用和影响，即其功能的实现。民族区域自治体系的功能主要取决于其内部结构，体现在政治、经济、文化、社会各方面，但其功能的实现程度也有个体的差异，在实际运行中又受到一定历史条件下具体社会环境的影响和制约。

（三）环境与互动：民族区域自治的社会生态环境

在生态学中，环境系统是生命系统的依托，环境与基因共同构成生命系统的两大根基，在决定生命系统品质的问题上，生态学赋予环境要素相当重要的地位。事实上，能否与环境特质相协调决定着生命系统的存续大计。

在社会生态环境中，政治因素是影响民族区域自治制度的最重要最直接的变量，民族区域自治制度本身即为政治系统中的一个基本组成部分，二者之间存在着明显的互动关系。将民族区域自治放在国家政治体系中予以考察，正确把握民族区域自治与社会主义政治文明、民族区域自治与国家统一、自治机关与上级国家机关、自治地方与非自治地方、民族区域自治与“民族共治”之间的关系，对于探讨民族区域自治的可持续发展无疑是很有必要的。

在社会诸子系统中，经济系统具有基础性地位，这主要表现在经济发展水平和经济体制对社会政治状况的制约作用。促进经济发展是民族区域自治的基本价值取向之一，是主要的社会功能之一，也是衡量和评估民族区域自治实施成效的根本尺度之一。民族区域自治不仅与自治地方内的经济发展密切相关，而且也关系着国家区域经济协调发展的重大问题。在对民族区域自治制度的经济功能进行分析时，既要联系民族自治地方的历史起点和自然环境因素，从而肯定其正向功能，同时也要联系汉族聚居地区的经济发展状况予以横向比较，以分析民族区域自治制度的经济功能未能最大程度发挥的原因，而这些都有必要对具体经济政策的实际运行作出评估。

文化系统是对民族区域自治制度产生无形影响、深远作用的生态环境圈。社会文化系统的范围十分广泛，本书主要关注民族区域自治与文化认同、民族区域自治与传统文化、民族区域自治与民族教育、民族区域自治与民族意识的互动关系。

民族区域自治是社会和谐的重要制度保障和法治基础，反过来，社会是否和谐及和谐的程度又会影响民族区域自治制度的实施及其实效。在构建社会主义和谐社会的历史进程中，民族区域自治制度必将得到完善和发展。

生态学所关注的生态系统是由生命系统和环境系统在特定空间组成的有机复合体，实现系统平衡是生态系统的基本目标。生态平衡是生命系统得以持续发展的重要条件，它是指生态系统的一种长期相对稳定的协调关系。生命系统在外来干扰下能通过自身结构与功能的作用来实现。[①] 保持生态平衡是生态学研究的根本任务和重要规律，只有实现了生态平衡，生态系统才是安全的。中国民族区域自治的社会生态分析一方面关注这一制度何以形成，另一方面则关注这一制度何以适应社会的不断变动而得以发展，这两方面的问题虽然可能处于不同历史时期，却都表明民族区域自治制度与社会生态环境之间相互达到平衡的必要性。从本书的分析中可以看出，民族区域自治制度的确立有其深刻的社会根源，它是20世纪四五十年代新中国为适应当时的政治、经济、文化、社会环境所作出的必然选择，这一制度在实践中发挥过巨大的积极作用。但由于“文化大革命”时期社会生态环境的恶化，民族区域自治的生命系统曾一度极为脆弱。改革开放以来对这一制度的调整则在较大程度上恢复并增强了其功能和活力。民族区域自治制度与社会生态环境之间的系统平衡永远处于变动之中，这种变动往往首先来自环境系统，环境系统的变化要求制度系统随之作出相应的调整，从而实现生态系统的平衡。目前，新的科技革命浪潮、市场取向的改革、城市化加速、法治进程、国际形势的新变化、全球化等使坚持和完善民族区域自治制度面临着新的课题。

---

① 迟维韵：《生态经济理论与方法》，中国环境科学出版社1990年版，第31页。

第一章　古代中央王朝管理民族地区的制度及其社会生态

中国各民族的起源和发展有着本土性、多元性、多样性的特点。

恩格斯在论证人类的发展问题时说："从部落发展成了民族和国家。"[①] 在今日中国的大地上，中华民族的祖先——生活在这里的数以千百计的氏族、部落大致在原始社会末期到进入奴隶社会的过程中开始形成了许多民族。如传说时代的夏族建立了夏王朝，从禹开始，把王位传给子启，由"禅让"制进入"家天下"制，标志着由原始社会开始进入奴隶社会。[②] 我国境内各种新石器文化的分布及其民族属性，说明几千年前就已存在多民族的状态。夏朝的建立，既标志着我国从原始社会过渡到阶级社会，也标志着我国民族的开始形成。"民族和国家基本上是同时产生的，国家的产生有其迫切性，民族也相随而来，而且国家在民族产生过程中起了型铸民族的作用。"[③] 也可以说，民族在国家形成过程中具有凝聚国家的功能。中国历史上各民族在漫长的岁月里相互交往、接触、杂居、冲突、融合，他们与古代政治国家的各种政权形式的结合，构成了中国悠久文明史的重要内容。

先秦时期，夏族、商族、周族先后是活动在中原地区的力量

---

① 《马克思恩格斯选集》第 4 卷，第 381 页，人民出版社，1995 年版。

② 王钟翰主编：《中国民族史》，第 4、5 页，中国社会科学出版社，1994 年版。

③ 金炳镐：《民族理论通论》，第 53 页，中央民族大学出版社，1994 年版。

最强、影响最大的民族，后来“在杂居、通婚、文化的交融下，夏、商、周人与戎、狄、蛮、夷许多民族的成分互相融合形成了华夏族。这在中国民族发展史乃至世界民族发展史上都是一件划时代的大事。华夏族演变成为后来的汉族，成为中国社会的主体民族，对以后中国社会的发展和中国各民族的发展都发挥了关键性的重大作用；而且，也对世界历史的发展起了重要的影响”①。从秦朝以后中国才真正形成为多民族的国家，汉族也正是形成于秦汉时期。

然而，自秦代大统一以后，在各民族与国家政权的结合中，汉族并不一直处于统治地位。如南北朝时期，鲜卑族建立的北魏王朝统治了北方，与汉族建立的南朝宋形成南北对峙的局面；契丹、党项、女真族建立的辽、夏、金朝，迫使偏居东南一隅由汉族统治的北宋、南宋王朝纳贡甚至称臣；元、清两代，蒙古族、满族更是建立了统治全国的王朝，最后确立和巩固了中国的疆域。不过，自秦朝建立起中央集权的国家制度后，中国虽几经分裂，但多民族统一的趋势已不可逆转，各民族之间的交流和融合日益加强，历代中央政权都以中国的“正统”自居，把建立统一的多民族国家作为最高政治目标。同时，也积累了两千多年多民族的国家政权及管理少数民族地区的历史经验。

本章要讨论的是制度的遗传基因问题，即中国历史上多民族国家管理民族地区的制度传统。古代中国多民族的国家政权及其对少数民族地区的治理，与当代民族区域自治制度有着根本性质的不同，但在一般的政治管理职能和技术层面上来分析，我们可以看出类似生物学中遗传与进化的关系。中国历代中央王朝在处理民族问题上虽然一直交替使用怀柔羁縻与武力镇压两种手段，但从整体上看，武力征剿是短时行为，羁縻怀柔是长期、稳定的

① 王钟翰主编：《中国民族史》，第6页，中国社会科学出版社，1994年版。

政策，和亲政策、德化怀柔政策、行政羁縻政策有着悠久的历史传统。“无论哪一个朝代都认识到对少数民族地区的行政管理应与汉族地区有所区别，必须‘以其故俗治’”，“尽管对少数民族进行行政管理的具体形式有发展变化，但以少数民族自己管理自己的原则却是一致的”。“这种历史传统也正是中国共产党在选择解决中国民族问题的途径时，决定以民族区域自治为其基本政策的历史根据”。[①] 总结历史经验，不仅有助于我们认识当今制度的渊远流长和历史继承性，而且有着一定的以古鉴今意义。

第一节　历史上中国少数民族的社会生态结构

中国境内各民族在其形成、发展的历史过程中创造了各具特色的文化（物质文明、精神文明、制度文明等），这种多元文化在漫长的历史长河中相互影响、相互融合，共同凝结升华为中华民族文化。下面对历史上中国少数民族的经济活动方式、生产关系和政治制度结构作一个简要的分析，以便于了解少数民族文化的社会生态环境。

一、经济文化结构

经济活动方式是社会生产力的表现形式，代表着各民族的物质文明，或称为经济文化。生态经济文化类型理论认为，各民族的经济发展方式和所处的自然地理环境在很大程度上决定了各民族的物质文化（居住地和住所类型、交通工具、食物、家具、衣

---

① 徐杰舜、韦日科主编：《中国民族政策史鉴》，第 14 页，广西人民出版社，1992 年版。

服等）的特点，这就使具有相近的生产力水平和相类似的地理环境下的不同民族，可能具有相近的经济生活和相似的物质文化特征，从而构成相同的生态经济文化类型。①

从新石器时代起，在汉族聚居的中原地区，主要形成了以黄河中下游旱地农业和长江下游水田农业为代表的经济文化区。而少数民族的各种生态经济文化类型大体可分为以下几种：

一是以狩猎、采集和捕鱼为主导的经济文化类型。这一经济类型的痕迹至今仍存在于中国南部和西南部佤、德昂、布朗、独龙等民族以及拉祜族的苦聪人、彝族的山苏人的经济生活中。例如，直到解放初期，佤族采集的野生山药及其它可食块茎、根茎在食物中仍占有相当的比重。独龙族中，狩猎和捕鱼仍有很重要的经济意义。在北方，属于这一类型的有鄂温克族、鄂伦春族、赫哲族等。

二是以锄掘（徒手耕）农业为主的经济文化类型。属于这一类型的民族主要分布在中国南方和西南方。如生活在南方湿热气候带的台湾高山族，云南的佤、德昂、布朗、景颇、哈尼、拉祜、基诺等民族，海南的黎族，贵州、广西的苗、瑶、仫佬、毛南等民族。

三是以动物饲养为主的经济文化类型。属于这一类型的民族主要分布在北方和西北地区，包括蒙古族大部分以及土、东乡、保安等民族；还包括许多突厥语族的民族，如哈萨克、柯尔克孜等族。在西藏西部和北部高原上，还形成了一个独特的高山游牧民类型，以牧养牦牛为主的畜牧业是这种类型的经济活动基础。

四是以犁耕农业为主的经济文化类型。在北方温带和干燥地带，犁耕农业是北方汉族以及回、满、朝鲜、维吾尔等民族和部

① 宋蜀华、陈克进主编：《中国民族概论》，第160页，中央民族大学出版社，2001年版。

分蒙古族的主要经济形式；在南方暖湿地区，这一类型在整个南方汉族和一大部分少数民族（特别是壮侗语族民族和白族）中占主导地位；南方高山地区的一些民族，如藏族和彝语支的一些民族形成了独特的高山耕耘农业经济文化类型；在东北，与汉人杂居的达翰尔、满、锡伯等民族及部分鄂温克族也以农业为主，属于温热带森林草原地带的犁耕农业经济类型。

我国地域广阔，各地区自然地理条件差异明显，加之社会历史的作用，使经济文化结构多样而复杂，各种经济文化类型之间相互影响、相互吸收，处于不断的动态发展变迁之中。

二、生产关系结构

根据马克思主义历史唯物论的基本观点，生产关系是人们在社会生产过程中发生的经济关系，体现着人与人之间的关系。生产关系包括生产资料的所有制形式、各种社会集团在生产过程中的地位和交换关系、产品的分配形式以及由此所直接决定的消费关系等三个方面。其中，生产资料的所有制形式是最基本的方式，是全部生产关系的基础，决定着生产关系的其他两项内容。社会形态是指在不同的生产力水平上，作为生产关系总和的经济基础和由其决定的上层建筑的统一体。我们可以直接或间接地以生产关系的性质为标准划分各种不同的社会形态。每一个民族，在一定的历史时期，都处在一定的社会形态之中；每一种社会组织、政治制度、生活方式、文化现象，都是一定社会形态的产物。

由于社会历史发展的不平衡性，中国各少数民族的生产关系状况（社会形态）呈现出一种复杂多样的结构。20 世纪 50 年代民主改革前，中国少数民族聚居地区的生产关系主要有四种类型。

第一种是封建地主所有制。这是一种与汉族大体相同的社会经济形态。生活在这种社会经济形态中的少数民族，主要是那些与汉族交往比较密切的民族，如满、回、壮、朝鲜以及蒙古、彝、黎等族的大部分和藏族的一部分。在这些地区，地主和农民是两个主要阶级，地主、头人、宗教上层和官僚豪绅占有大量的土地、牲畜，对农民进行残酷的剥削。这些地区的少数民族农民不仅受本民族地主的剥削，也受汉族或其他民族地主的剥削，而汉族农民也往往受到少数民族地主的剥削。

第二种是封建领主制。到民族改革前，大部分藏族和部分傣、维吾尔、彝、纳西等民族，还保留着不同程度的封建领主制或封建领主制残余。这种封建领主制各具特点，其中西双版纳傣族封建领主制和西藏封建农奴制是其典型形态。西双版纳傣族封建领主制存在着比较典型的农村公社痕迹。这种封建领主的大土地私有制，貌似农村公社土地公有制，但其本质是私有制，因为所谓的寨公田实际上是“负担田”。不过，农村公社的一些传统的社会职能仍很重要。西藏封建农奴制是具有浓厚奴隶制残余的领主庄园制。在这种生产关系中，农奴主阶级包括地方政府、贵族和寺院上层僧侣，他们占有全部土地、山林及大部分牲畜、农具和其它生产资料；农奴阶级约占人口的九成，在人身上依附于农奴主。

第三种是奴隶制。这种奴隶占有制在四川和云南大小凉山地区的部分彝族中延续了2000年之久。凉山彝族奴隶制通过特有的森严的等级关系表现出来。在这种奴隶制社会中，人们按照血缘关系并参照生产资料占有状况及其在生产中的地位，被严格地划分为五个等级：兹莫、诺、曲诺、阿加和呷西。兹莫（包括改土归流前的土司、土舍和土目）和诺（即黑彝）是统治等级，曲诺（即白彝）、阿加（为获奴产子，由主子强制配婚而分居的奴隶）和呷西（住在主子家中供役使，从事家务和田间、放牧劳动的单身奴隶）是被统治等级。

第四种是原始公社制残余。这主要不同程度地存在于云南边疆山区的独龙、怒、傈僳、佤、布朗、基诺、景颇、拉祜、德昂、哈尼族，西藏的珞巴族，中南和东部地区的瑶族，海南的黎族，内蒙古和黑龙江的鄂温克、鄂伦春族，台湾的高山族等民族之中（有的只是其中的一部分）。直至社会改革前，父系家族公社在许多民族中仍是社会的基本单位，如鄂温克族和鄂伦春族的“乌力楞”，独龙族的“吉柯罗”，拉祜族苦聪人的“卡”，怒族的“提古尼”，布朗族的“戛滚”，海南岛黎族的“纹茂”（即“合亩”）等等。在这些民族中，也出现了原始公有制向私有制过渡的形态，即农村公社和家长奴隶制。

从现代的民族社会去追溯其历史发展，我们可以知道，中国多民族社会的发展是不同步、不平衡的，多种生产关系并存的社会结构在历史上长期存在。只有进入中华人民共和国新的历史时期，才通过民主改革逐步共同走向社会主义初级阶段。历史上各民族社会生产关系发展的不平衡性必然会影响到各个时期的政治制度，也将长期影响着现今社会。

三、政治制度结构

自公元前221年秦始皇灭六国，建立起统一的多民族的中央集权制国家，作为主体民族的汉族在大多数时期里都是统治中央王朝的民族。然而许多少数民族自古以来也具有建立政权的传统，这主要有三种情况：其一是建立国家政权，如秦汉时期长城以外的匈奴族建立的政权，南北朝时期鲜卑族建立的北魏政权，辽、宋、夏、金时期契丹、党项、女真族建立的政权，元、清时期蒙古族、满族建立的全国政权；其二是在中央政权的辖治下建立的地方政权，如秦汉时期的边郡属国，南朝时期的左郡左县，唐代的羁縻府州，元明清时期的政教合一制、盟旗制、土司制下的地方政权；三是本民族本土内生固有的实质性地方组织。

少数民族本土内生的实质性地方组织，种类繁多而复杂，一般以本地区传统习惯法维系着，与中央王朝的政治权威无直接关联。也就是说，这种地方管理组织尽管长期存在，但一般并未经过中央政府的正式承认并加以委任，其管辖区域往往也与全国性的行政区划不一致。这种少数民族本土内生的实质性地方组织，形成了与各民族所处的生产力发展水平和生产关系状况相适应的多样复杂的政治制度。在新中国进行民主改革以前，少数民族这种内生的政治制度有的存在于原始公社制残余浓厚或农村公社形态较为完整的民族中，如基诺族的长老制、瑶族的瑶老制和石牌制以及南方一些少数民族的“款”；有的存在于阶级和剥削关系已经发生，或私有制已基本确立的一些民族中，如黎族的合亩制、景颇族的山官制和凉山彝族的家支制。

基诺族长老制。基诺族农村公社一般是由不同氏族成员共居的地缘村落组成。在村社长老制下，每个村社一般有两个长老，首席称“卓巴”（又称为寨父），次为“卓生”（又称为寨母），由特定的古老氏族的最年长者担任。长老是村社中受人尊敬的领导人，其主要职责涉及村社生产、生活和宗教祭祀活动，在调解纠纷、对外交往等方面也起着重要作用。长老不脱离生产劳动，没有薪俸报酬，但在年节、婚丧平均分配肉类食物时可以多得到一部分。

瑶族瑶老制。瑶老制是从原始农村公社向阶级社会过渡时期瑶族内部普遍存在的一种社会组织形式。“瑶老”是村寨中通过民主选举或自然形成的首领，一般由经验丰富、主事公道、深孚众望的人担任，不脱离生产，也无特权。大凡瑶族村寨内部有关生产和维护社会秩序、调解纠纷、举行宗教祭祀以及抵御外界侵扰等公务，均由瑶老主持。村寨成员必须遵守和维护传统习惯法，瑶老有权对违犯者给以处罚以至处死。瑶老制在不同地区其名有别，滇南一带称为“目老”，滇西南和桂西南一带称为“丛会”，湘南、桂北一带称为“迥壮”，但其性质和社会职能基本相同。广东连南瑶族自治县在民主改革前保留着较完整的瑶老制。为管理各项事务，村寨内设有天长公、头目公、先生公、掌庙公、烧香公、看水公等。

瑶族石牌制。这是1940年代以前存在于广西大瑶山地区（今金秀瑶族自治县）用以维持社会秩序的政治组织形式。它以一个或若干个村寨为单位，就防盗防贼、保护生产、婚姻聘礼、对待外来商人、处理纠纷等问题订立规约，要求共同遵守。通过的规约称为“石牌律”、“律法”或“条规”。将其刻于石牌上者，称作石牌。也有写于白纸或木板上的。凡参加订约者都要严格遵守，如有违犯，要按照石牌的规定处置。由于参加的户数、村寨数不等，又有总石牌、大石牌、小石牌之分。总石牌是瑶山70余村的权威体现。各石牌的头人，由善于言辞、办事公正、有胆有识的青年在前辈头人培养下逐渐树立威信而形成，一般由男子担任。如在多次排解村际纠纷中得到其他村寨的拥护，就可由小石牌头人上升为大石牌头人。头人无固定报酬，仅在处理纠纷时可得到当事人提供的饭食或其它报酬。村民遇到纠纷，双方分别向小石牌头人申诉情由，谁理由多谁胜诉。若争执不下，再找大石牌头人，直至总石牌头人论理。如果头人调解无效，双方就宣布械斗，直到一方被迫认输为止。当发生全村对外械斗时，石牌头人则充当军事首领。

南方一些少数民族的“款”。“款”又称为“合款”、“议款”、“议榔”或“合榔”，是湖南、贵州、广西边区一带的侗、苗、布依、水等民族村寨中带有农村公社性质的一种社会组织。宋代朱辅的《溪蛮丛笑》记载：“彼此歃血誓约，缓急相援，名门款。”有大款、小款之别。小款由三五个至一二十个毗邻村寨组成。合若干小款为一大款，范围可达百里之外，不受行政区划（省、县界）限制。凡参与联款的村寨，彼此有相互支援的义务和监督执行款约的权利。款有款首，称之为“蒙”、“宁老”、“荆老”等，一般都是一族或一寨之长，由公认具有威望、办事公平、熟悉款词的老人充任，不世袭。款首平时从事生产劳动，对内负责调解纠纷，召集款众议事、定规约、执行惩罚，主持“神明裁判”；对外代表款众办事。“款约”由参与联款的村寨共同制定，是不成文的习惯法。款约包括处理款内有关生产、婚约、债务及偷窃等事宜的法规，款众必须严格遵守，违者受罚。大款、小款都有固定的款场。通常3年或9年“集款”一次。明代后期，“款”已明显地打上阶级烙印。至清末民初，“款”的组织开始消失，但仍有村社公议制的残余。

黎族合亩制。合亩制是海南岛部分黎族地区（今保亭、琼中、乐东三县交界处）特有的一种生产和社会组织。“合亩”一词在黎语中意为“大伙做工”。它是进行农业生产的基本单位，由若干户有血缘关系的父系小家庭组成，有些合亩还接受非血缘的外来户参加。合亩的主要生产资料耕地有三种占有方式：合亩公有、亩内几户伙有及一户占有。耕牛、农具、渔猎及手工业工具则均为各户私有。山林、河流、坡地归全“峒”（若干自然村为一小峒，合几个小峒为一大峒）公有，各户开垦、渔猎所得归己。每个合亩有一亩头，由父系长辈担任，父死子继，兄终弟及。亩头主持合亩的生产和分配，处理合亩内外的一切公共事务。亩内的农事活动均需亩头夫妇举行原始宗教仪式作先导，然后亩众按严格的男女分工进行集体劳动。合亩共耕收获的产品，扣除一部分留作公共开支，再按亩提取三至五斤“稻公、稻母”谷给亩头夫妇享用，其余按户平均分配。合亩内成员有互相帮助的传统，不取报酬。部分亩头由于占有较多生产资料，又利用自己的地位和某些特权，往往在分配中多得产品，出现了剥削现象；个别亩头对外来的“龙仔”、“工仔”进行剥削，而自己则完全脱离劳动，成为剥削者。

云南景颇族山官制。这是在氏族酉长制瓦解过程中逐渐演变形成的一种政治制度。指在等级制度的基础上，以山官、寨头等为统治者在一定辖区内行使独立权力。“山官”为当地汉族所用的称呼，因景颇族居住在山区而得名，景颇语称为“贡萨统”，又称“社”、“杜瓦”或“早”。山官们是元、明以来从原始农村公社分化出来的世袭贵族，按辖区范围分为大、中、小三类。山官之间无直接统辖关系，但大山官对中、小山官在某些重大问题上有一定影响。在辖区内，社会成员一般分为官种、百姓、奴隶三个等级，互相间界限森严，互不通婚。山官必须出身于官种血统，是辖区内的最高政治首领，是习惯法的体现者和执行者，战时则是当然的军事领袖。山官一般有家庭奴隶，享有种种特权：百姓杀牛祭鬼或猎获野兽时需送给山官一条后腿，称为官腿；百姓每户每年需无偿为山官出工几天，称为官工；百姓需按规定送交山官一定谷物，称为官谷；百姓逢年过节、办理婚丧事、收获谷物或调解纠纷时需向山官送礼，称为官礼……山官的职位按幼子继承权的原则世袭。19 世纪后期，一些地区爆发了百姓和奴隶反抗山官剥削压迫的贡龙起义，凡起义成功的地区，原山官被削职为民，特权被废除，等级界限被取消，辖区被打破，山官世袭制被选举制所代替，称为“贡龙统”。

凉山彝族家支制。这是一种以父系血缘为纽带、建立在奴隶制等级关系之上的政治制度。家支，彝语称“措加”或“措西”，是内部严禁通婚并以父子连名制谱系作为链条联结起来的父系血缘集团。在这个集团中，按照血缘关系的亲疏，分为若干大支和小支，小支之下，便是为数众多的个体家庭。如前所述，凉山彝族奴隶社会中存在着森严的等级关系。至明清时期，特别是改土归流以后，土司势力逐渐衰落殆尽，而黑彝奴隶主家支势力强大起来。黑彝家支内部没有常设的统治机构，也没有专职管理人员，但每个家支都有数目不等的头人，彝语称为“苏易”和“德古”。头人没有固定的薪俸，没有特权，地位不世袭。家支有议事会，凡经议事会决定的事，家支成员都得遵守。黑彝家支有对内和对外两种职能：对内，主要是维护黑彝等级特权和统治地位；对外，主要是组织冤家械斗、血族复仇，向外掠夺奴隶、土地和其它财务，或防御外来的掠夺。被统治阶级的曲诺和部分阿加也有自己的家支，习惯上通称为“白彝家支”。白彝家支在形式上和黑彝家支一样，但由于白彝家支各户成员分别隶属于不同黑彝家支的统治，因而一般没有自己完整的管辖区。彝族习惯法允许有家支的曲诺和阿加占有无家支的阿加和呷西，有家支的与没有家支的不能通婚。

在漫长的历史发展过程中，少数民族地区固有的政治制度适应当地的生产力发展水平和生产关系状况，在较为封闭的地理环境中保持着相对的稳定性，对管理当地社会发挥着实质性作用。而中央政府长期以来一般不触动、也无力触动这种少数民族内部固有的政治制度，而是沿袭着“以其故俗治”的传统。

第二节　多民族的国家政权及其管理民族地区的历史经验

中国古代多民族国家的政权经验及中央王朝对少数民族地区的统治政策，所涉及的内容极其广泛而复杂，这里主要分析与当代民族区域自治制度相关的内容，即秦以降的一些典型性制度和经验。

一、多民族共同参与国家政权

在以汉族为主体的古代多民族的中国，少数民族与汉族共同参加国家政权，参与朝廷和地方事务管理的情况在各个朝代都不同程度存在，这也与该王朝统治者的开明程度和“华夷观”有关。如唐太宗李世民提出对各民族和汉族要一样对待的主张，他说：“自古皆贵中华，贱夷、狄，朕独爱之如一。”① 这虽然在当时民族歧视和民族压迫制度的历史条件下不可能真正做到，但有助于在一定程度上提高各少数民族的地位，缓解民族矛盾，特别是改善汉族与各少数民族的关系。

中国封建王朝一直有着怀柔政策的传统。秦汉开怀柔之端，它的实行使王朝国家得以“寝兵休卒养马，世世昌乐”②，天下安定。南朝之时，在与北朝的对峙中实行了吸收少数民族上层人物填充官爵、对少数民族减轻租税等一系列的政策。唐代的少数民族则不直接向国家缴纳赋税。明代同样对少数民族实行“怀之以德，持之以礼”的政策。少数民族统治者对汉族也实行类似的政策，他们在入主中原后，为了站稳脚跟，巩固其统治地位，无不注意笼络汉族士大夫们为他们的统治服务。例如五代十国时期契丹统治者便大量启用流亡而来的汉族官僚和有识之士。③

隋文帝杨坚原是鲜卑北周王朝的国丈和总理朝政的丞相，他的妻子为鲜卑族独狐氏，自己也有鲜卑姓名，可以说曾经是鲜卑

---

① 《资治通鉴》卷一九八，唐纪一四。

② 《史记·匈奴列传》。

③ 张有隽、徐杰舜：《中国民族政策史通论》，第 96 页，广西教育出版社，1992 年版。

化的汉人，同少数民族有着密切的关系。他以禅让的方式和平地夺取帝位，因而北周的许多文臣武将继续在隋朝为官，其中有不少少数民族，主要是鲜卑族人。王桐龄在《中国民族史》“隋代外族出身人物表”中列举的隋朝少数民族位居公侯将相等高官显爵者多达51人，其中鲜卑族46人。此51人在《隋书》中有本传的44人，附见于他人传记中的7人，被隋朝封为公爵的36人，有上柱国和柱国勋衔的15人，任太师和元帅的各1人，大将军和将军10人，尚书5人，总管和刺史21人。可见少数民族特别是鲜卑族在隋朝军政机关中占有重要地位。他们既受到隋皇室的重用和恩宠，也为隋朝立下了辉煌的战绩和功劳。[①] 据陈寅恪的研究，汉化鲜卑贵族在隋朝中枢机构出纳王命者27人，在十二卫中任大将军者13人；在唐朝369名宰相中胡人出身者有36人，约占1/10，蕃将始终是唐朝武力的中坚。[②] 到了元、明、清时期，这一情况又有了新的发展。两次入主中原的少数民族凭借其所取得的政治优势，利用其政权的力量和自主制定民族政策的便利，首先使自己民族很快发展壮大起来。元世祖忽必烈是在汉族士大夫和汉人世侯的帮助下夺得政权的，因此他在即位之后，对忠于他的汉族地主知识分子和武装头目都予以任用。对于其他各族上层贵族，他也封官授爵予以利用。例如回回人赛典赤·赡思丁、畏兀儿人廉希宪、契丹人耶律阿海、女真人赵良弼、河西人高智耀等人，都曾担任显要官职。周恩来曾说，满族在“进入中原的时候，只有几十万人”[③]。据考证，1616年前后，满族人口约35

① 肖之兴：《隋唐两朝对北方少数民族的政策》，载田继周主编：《中国历代民族政策研究》，第159页，青海人民出版社，1993年版。

② 陈寅恪：《论唐代之蕃将与府兵》，载《中山大学学报》，1957年第1期。

③ 周恩来：《周恩来统一战线文选》，第370页，人民出版社，1984年版。

万，但到清朝最盛时差不多有四五百万人。[①] 与此同时，为了抵消汉族的强大影响、笼络力量实现对汉族的统治，掌权的蒙古族或满族注意提高其他少数民族的地位，吸收他们参政。对于汉族，虽然都曾进行过残酷的征伐，但又不得不利用他们，对他们当中的贵族、学士们做出让步，并吸纳其中的一些人到中枢机关和地方政权任职。

二、中央王朝对所辖少数民族的优待、扶持政策

从本质上说，中国历史上的封建统治者对少数民族都存在着阶级压迫和民族歧视，但也不能否认，历代统治者为了达到维护和改善统治秩序的目的，都在一定程度上在某些时期实行过对少数民族的减赋轻税、扶持开发等政策，应该说这也是一种客观存在的历史传统。

秦汉王朝对所辖少数民族，在不同时期不同地区实行不同的赋税制度，或者以贡纳制度代之。对于臣属较早、靠近内地的蛮夷，如秦时的巴郡、南郡、黔中郡蛮，汉时的巴郡、南郡、江夏郡、武陵郡、长沙郡蛮，虽然一般赋税比当地汉人较轻，但毕竟征收一定的赋税。赋税成为秦汉王朝与“蛮夷”关系的重要调节器。增加赋税，往往会引起少数民族的反抗；减轻赋税，则可致蛮夷之和。对于岭南百越地区和西南地区的少数民族，武帝初建郡县时，“且以其故俗治，无赋税”[②]。但后来也有了一定的税收，如武帝末，珠崖太守孙幸，“调广幅布献之。蛮不堪役，遂攻郡

① 陈桂华、傅克东：《八旗建立前满洲牛录和人口初探》，载王钟翰主编：《满族史研究集》，第280页，中国社会科学出版社，1988年版。

② 《后汉书》卷八十六，南蛮传。

杀幸"[①]。汉朝对于羌族都没有具体的赋税规定。匈奴、鲜卑、乌桓等族也没有赋税之役，只是对汉朝有一定的贡纳关系。汉朝的贡纳制度也被推广到西域各族。在贡纳制度下，有的少数民族不仅没有具体规定的贡纳，还会得到汉朝优厚的回赐，其值往往在其贡物之上。

南朝根据少数民族的具体情况和统治程度征收赕物租赋。所谓"赕"，具有贡纳性质，但还是比较固定的。"诸蛮陬俚洞霑沫王化者，各随轻重，收其赕物，以裨国用。"[②] 对于"顺附者"，即与汉民杂处或汉化较深的少数民族，一般要征收课税。史载"蛮民顺附者，一户输谷数斛，其余无杂调……无徭役"[③]。这比汉民"赋役严苦，贫者不复堪命"的情况要轻些。

唐初的统治者吸取了隋炀帝亡国的前车之鉴，注意减轻对民族地区的负担。据《新唐书》载："武德六年（公元623年），钦州刺史宁长真献大珠，昆州刺史沈逊、融州刺史欧阳世普，象州刺史秦元览亦献简布。高祖以道远劳人，皆不受"，史称"珠还合浦"。唐王朝还由于考虑到一些边远少数民族地区的民族关系复杂和生产力水平低下而采取轻税政策，对少数民族地区的天灾人祸提供一些赈济，当然这也是怀柔的具体政策体现。唐代的少数民族大多分布在羁縻府、州、县。由于居住在羁縻府、州、县的少数民族是不立户籍的，所以不存在按户输税。这些地区向朝廷缴纳贡赋，指的是一些贡物品，非一般赋税。对于生活在正州县范围之内的少数民族，唐朝也有轻税的政策。唐初所征收的租、庸、调，大多以丁口计算，而在岭南地区则采取以户为计，这不仅使租税比中原地区相对减轻，而且有利于人口增殖，从而

① 《后汉书》卷八十六，南蛮传。

② 《隋书》卷二十四，食货志。

③ 《宋书》卷九十七，夷蛮传。

促进了当地农业生产的发展。[①] 此外，《税律》还把岭南诸州内的汉族户与少数民族户加以区别，规定“若夷之户，皆从半输”[②]。事实上，有些少数民族虽居于正州县之内，但由于州县治力不及，也有不纳赋税的。如当时海南琼州虽为正州，但偏住在离县城很远的俚人就入版籍，也不输王赋[③]。又如唐代的桂州和柳州皆属正州，也有许多不输赋税的少数民族[④]。除了对少数民族实行税收制度的照顾外，唐朝还注意对落后的少数民族地区进行扶持开发。如唐太宗应铁勒诸部要求，下令开辟通往漠北的道路，在漠南鸊鹈泉至漠北回纥之间设立68处驿站，以方便各部来内地朝觐和经商。这条交通要道被北方民族称为“参天可汗道”（天可汗是对唐朝皇帝的尊称）。唐朝还帮助北方少数民族牧区建立城镇，发展农业和手工业。燕然都督府设立后，在辖区内“建立廨舍，开垦屯田”，许多汉族工匠和农民进入大漠南北，促进了这里的农业和手工业发展。唐朝曾给以毡幕为屋的回纥“立宫室以居之”[⑤]。当时汉族工匠曾建设鸊鹈泉北的公主城和眉间城，仙蛾河（今色楞格河）北岸的富贵城，鄂尔浑河的回纥可汗城，以及各城中的房屋。[⑥]

历代封建王朝对少数民族实行诸如减轻租税等扶持政策，在客观上是因为少数民族地区一般自然条件更为恶劣，生产力更为落后，人民的生活更为疾苦，他们在本民族内部所承受的负担可

① 卢勋：《略论隋唐对南方民族地区的政策》，载田继周主编：《中国历代民族政策研究》，第137页，青海人民出版社，1993年版。

② 《旧唐书》卷四十八，食货志。

③ 《资治通鉴》卷二三三，琼州条注。

④ 李春润：《唐岭南民族地区赋税浅说》，载《南方民族研究集刊》，1985年第1期。

⑤ 《会唱一品集》卷二。

⑥ 肖之兴：《隋唐两朝对北方少数民族的政策》，载田继周主编：《中国历代民族政策研究》，第171、172页，青海人民出版社，1993年版。

能更沉重，但在一定程度上也是出于政治上的考虑。

三、中央王朝对民族地区的管理制度

中国历代中央政权对边疆民族地区大多实行“以其故俗治”的羁縻统治政策，即在实现政治统一的前提下，保持民族地区原有的社会制度和文化形态。所谓“羁縻”，就是司马相如所说的“马云羁，牛云縻，言制四夷如牛马之受羁縻也”[①]。此后，羁縻成了历代王朝驾驭少数民族首领的手段。羁縻政策自先秦以来就存在，如史籍中所载“天子之于夷狄也，其义羁縻勿绝已”[②]、“中国与夷狄有羁縻不绝之义”[③]、于夷狄“羁縻而绥抚之”[④]等等。从宽泛的理解，羁縻政策是中央王朝对其统治下或有臣属关系的少数民族的一种间接管理，这种政策力图在不改变少数民族地区原有政治实体内部结构的前提下，加强中原对边疆地区的影响，促进内地与边疆一体化的进程，从而巩固和增强大一统的国家统治。

如前所述，少数民族地区长期存在着的固有的基层政治制度，对当地社会的管理发挥着实质性的作用。这里所要介绍的是中央政府自上而下所采取的对少数民族地区的管理制度，这种制度为中央王朝正式承认并予以委任，是中央政府与民族地区内生的政治组织相衔接的桥梁，以此形成了多民族统一国家的政治体系。

历代中央王朝自上而下所采取的对少数民族地区的管理制

① 《史记·司马相如传》。
② 《史记》卷一一七，司马相如传。
③ 《汉书》卷七十，陈汤传。
④ 《后汉书》卷八十六，南蛮传。

度，比较有代表性的有秦汉时期的道制、属国制和初郡制，唐代的羁縻府州制，元明清时期的政教合一制、盟旗制、土司制等。

（一）道制、属国制、初郡制

在秦汉时期，“道”是地方行政区划中与县相当的一级建制。《汉书·百官公卿表》记：“县大率方百里……有蛮夷曰道。”《后汉书·百官志五》指出，汉代的“道”系承秦制而来：“凡县主蛮夷曰道……皆秦制也。”秦王朝推行郡县制，在民族地区虽然设有郡县（道）并委任守令，但“蛮夷”首领并没有废除，民族事务还是通过“臣邦君长”、“臣邦真戎君长”、“臣邦君公”等来处理。“道”在政治上或许就随着郡县制的推行而担当处理少数民族地区特殊事务的功能。① 秦在所辖少数民族聚居区设有“道”一级的地方区划，通常以当地势力较著的“蛮夷”族名命之。在少数民族地区设置郡县（道）的同时，还在法律上肯定了对当地“蛮夷”施行的优待政策，“县、道”的并立或许表明它们对不同政策的分别实施。《后汉书·南蛮传》记载了秦惠王时对巴人司法和赋税等方面实施的优待措施：“其民爵比不更，有罪得以爵除。其君长岁出赋二千一十六钱，三岁一出义赋千八百钱。其民户出幏布八丈二尺，鸡羽三十鍭。”② 因此可以推断在少数民族聚居的“道”，蛮夷君长（或臣邦君长）负责掌治其民，而向郡及中央上缴赋敛等事务则由道官具体负责。“道”的职能在秦末汉初即已开始发生转变，而逐渐与县趋向一致。

在汉代对少数民族聚居区的特殊制度中，边郡属国制尤其值得一提。汉置属国始于匈奴。武帝与匈奴战争之后，匈奴主体部

---

① 参见杨建：《略论秦汉道制的演变》，载《中国历史地理论丛》，2001 年第 4 辑。

② 《后汉书》卷八十六，南蛮传。

分外避漠北。汉对降服的匈奴人，置边郡属国。其后在东北和氐羌民族地区，也有属国建置。所谓属国，是为了管理少数民族的降众，依其俗而治之，存其国号，而属汉朝。属国内的管辖制度因袭原民族的前制，任用原民族的统治者，封有侯、王等称，但又设有汉官，称为都尉，将兵以监护和镇抚之，其汉官都尉相当于郡守一级，只是更偏重于武职。这表明，属国制既具有因俗而治和利用原来统治者进行统治的羁縻性质，又兼有汉官直接管辖的内容。汉宣帝五凤年间，匈奴呼韩邪单于降汉称臣之后，匈奴便从汉之"敌国"变为汉之"蕃邦"。"蕃邦"与汉王朝的关系，一方面匈奴向汉称臣，遣子弟入侍，单于入朝天子，并献贡物，接受汉朝封授；另一方面匈奴又保持相对独立和相当高的地位。汉朝对西域的都护管理制度，也是直接管理和羁縻统治相结合的一种制度。

汉朝还在西南少数民族地区实行"初郡制"。汉灭南越国，元鼎六年（公元前111年）至元封二年（公元前109年）间，在"番禺以西至蜀南者，置初郡十七"①。"初郡"的特点是，郡长官由中央委派的流官充任，郡之下则以原居部落为单位组县，让各部落首领"且以其故俗治，毋赋税"；各县首领称"王"者不予计较，称"侯"亦可，只要不与朝廷抗命就行，中央唯以郡的长官"监镇"。

（二）羁縻府州制

经过三国、两晋、南北朝几百年的分裂割据之后，隋朝统一了各边疆地区。又经过隋朝短暂的过渡，唐王朝在边疆各民族地区设置了地方行政机构——羁縻府州。羁縻府州主要建置于关内、河北、陇右、剑南和岭南五道。《新唐书》（卷四三下）对其

① 《史记·平淮书》。

建置情况作了如下的记载："突厥、回纥、党项、吐谷浑隶关内道者，为府二十九，州九十。突厥之别部及奚、契丹、靺鞨降胡、高丽隶河北者，为府十四，州四十六。突厥、回纥、党项、吐谷浑之别部及龟兹、于阗、焉耆、疏勒、河西内属诸胡、西域十六国隶陇右者，为府五十一，州百九十八。羌、蛮隶剑南者，为州二百六十一。蛮隶江南者，为州五十一，隶岭南者，为州九十二。又有党项州二十四，不知其隶属。大凡府州八百五十六。号为羁縻云。"唐王朝又在"缘边镇守及襟带之地"① 设边州都督府，在边远民族地区设边州都护府主掌少数民族事务，包括"慰抚、征讨、斥堠、安辑蕃人及诸赏罚，叙录勋功，总判府事"② 等职责。唐代共设有单于、安北、安西、北庭、安东、安南6个大都护府，上述史书记载的856个羁縻府州就主要统辖于这6大都护府之下。其中，单于、安北两大都护府管辖北疆，安西、北庭两大都护府管辖西域，安东大都护府管辖东北，安南大都护府管辖南疆。

羁縻之治，虽源于秦汉，但正式作为一种地方行政建制而成为国家统一行政区划的一部分则始于唐代贞观之世，正如宋人王溥所说："统治四方，自此始也。"③ 两汉曾设西域都护，由都护统辖西域各小国，但都护以下没有其他地方行政建制。各小国的国王虽由汉朝加封，在都护领导监督之下，但并不兼任朝廷的地方官职务。唐太宗则将都护制度加以发展，在边疆民族地区分设都护府、都督府和州、县各级地方行政单位。羁縻府州制既保留了少数民族地区原有的社会组织和行政管理制度，让其首领继续按照传统方式处理本民族的内部事务，又将其纳入国家统一的行

① 《旧唐书》卷三八。
② 《通典》卷三二。
③ 《唐会要》卷一〇〇。

政建置之中，加授各族首领担任唐朝地方政府——羁縻府州的都督、刺史，并且世袭其职。

唐以前历代的羁縻机构多设在距离中原王朝并不遥远且又较弱小的少数民族地区。例如，西汉时仅在已归附的南匈奴、羌、氐、乌桓等西北地区设属国，以都尉等官职代表汉廷处理该地区的军事和民情。而唐代则在远离中央王朝的大漠南北和西域较强大的东西突厥、吐谷浑、薛延陀、回鹘等民族地区广泛设置羁縻府州，从而使实行羁縻统治的地域大为扩展，羁縻府州下所设的都督“掌督诸州兵马、甲械、城隍、镇戍、粮禀、总判府事”，刺史“掌宣德化，岁巡属县，观风俗、録囚、恤鳏寡”①，这些官员发挥着对各少数民族更为全面的管理职能。

羁縻府州县有别于内地正州，户口不上户部，其赋税仍由当地首领按原来的规定征收，但不上交唐朝财政机关。唐朝皇帝还时常赐给少数民族首领大量财物，赈济遇灾的当地群众。

唐之后，宋朝因袭了羁縻府州制，在一部分边疆民族地区设置羁縻州、县、峒。明朝对这一制度略加变革，改称羁縻卫所，授边疆各族首领为都督、都指挥、指挥、千户、百户等官。元明清三朝所实行的土司制也是在此基础上发展起来的。

（三）政教合一制

宗教在一些少数民族中具有强烈的影响，在西藏农奴制和新疆夏合勒克乡维吾尔族农奴制社会中，都存在着政教合一的政治制度，而西藏藏族政教合一制度尤为典型。民主改革前，统治西藏绝大部分地区的西藏地方政府（噶夏）是由封建世俗贵族和僧侣上层联合专政的政权组织。西藏全区性的政教合一制度，始于13 世纪中叶。当时西藏佛教萨迦派受元朝之命掌管了西藏地方政

① 《新唐书》卷四九下。

权。其后，格鲁派（黄教）在西藏取得优势地位。至 18 世纪中叶，清朝册封七世达赖喇嘛掌政，建立“噶夏”，并规定了僧俗官员的品位、职权和名额，从而确立了政权统治的一整套组织，由此西藏的政教合一制度达到鼎盛时期。

达赖喇嘛是噶夏的最高领导人，既是宗教领袖，又是政治首领，集宗教、政治大权于一体。其地方政府的官员分为僧官和俗官两个系统，俗官几乎全部出身于世俗贵族家庭；僧官也绝大部分出身于贵族家庭，先履行出家手续，再经过学习受训后获得官职。因此，由他们组成的地方政府实质上是农奴主贵族专政的政权组织。噶夏原设委员 4 人，称“噶伦”，照例由 1 名僧官和 3 名俗官担任，后来又增设代理噶伦（“噶曹”）一职，人数不定，协助噶伦处理政务。噶夏以下设有两个并列的机关：译仓和仔康，分别掌管僧官系统和俗官系统的事务。此外，还设有若干管理不同事务的办事机关，同样分别由僧俗官员掌管。区域行政机关分为基恰（相当于地区）、宗（相当于县）两级，也分别由僧俗官员担任总管和县官。为维护统治阶级的权益，西藏地方政府设有军队、法庭、监狱等一系列强制机构。

在政教合一的封建农奴制统治之下，由官家、贵族和寺院上层僧侣三大领主组成的农奴主阶级对广大农奴和奴隶进行残酷的政治压迫和经济剥削，西藏人民灾难深重、生存维艰。1959 年西藏实行民主改革，废除了这种政教合一制度。

（四）土司制

元世祖至元十六年（公元 1279 年），忽必烈灭南宋，结束了五代以来二百余年的分裂割据局面，中国达到规模空前的统一。元朝在全国大部分地区设立行中书省（行省），开创了以行省为地方行政区划的建置，将现在内蒙古、东北、新疆、湖南、广东、广西、四川、云南、贵州等地的少数民族，都划在有关行省范围之内，并设宣政院直接管理西藏，设澎湖巡检司管理澎湖、台湾。与此同时，元朝在云南行省、湖广行省以及四川行省和宣政院辖地的一部分少数民族聚居地区，广泛任用各族上层人物充当各级官吏，称为土官，确立了土司制度。所谓土司，就是以少数民族首领充任世袭的官职。元代虽未出现"土司"一词，而是称为"土官"，但作为一种制度，土司制已经形成并且确立了。

元朝土官按原地方首领管辖地域的大小、人口的多寡分别设置宣抚司、安抚司、招讨司、长官司、蛮夷司、路总管府、土知府以及寨、洞、甸等大大小小的不同职务、不同品级的土官。各级土官都直隶于行省，由行省分派的宣慰使司都元帅府节制。土官之间发生纠纷，要接受行省官员的裁决。宣慰司以流官坐镇主治，而又兼置土官。其下属各土官都具有品秩职位，佩有金银符印，是同流官一样由朝廷正式任命的地方官员。土官的承袭及职权多从"本俗"。元朝政府对土官犯科的处罚例加宽容，"土官有罪，罚而不废"①。为了有效地控制各地土官，实现朝廷在当地的统治，元廷规定土官要按时朝贡，要送子弟为人质。土司管辖地区的户口，民田要登记造册，上报朝廷，其民户"皆赋役之，比于内地"②。由以上基本内容可以看出，与唐宋时期的羁縻府州相比，土司制进一步密切了中央王朝与少数民族地区之间的关系，有利于国家的统一，但它也保留了土司的许多特权和落后制度。

明朝继续在西北、西南和南方少数民族聚居地区推行土司制度。明朝规定，土司之俸禄，取之于属民，不由朝廷颁发；土司、土官皆世袭，由中央颁发符印，确定其等级，又规定了承袭、考核、贡赋、应征等制度。

在明朝中叶，由于土司与封建王朝的矛盾日益尖锐而开始在

① 《元史·刑法志》。
② 《元史·地理志》。

广西地区实行“改土归流”，即改土司制为流官制，取消土司世袭制度，设立府、厅、州、县，派遣有一定任期的流官进行管理。土司制在其实行的几百年间积累了不少弊端，如土司对内残暴统治属民，对中央叛服不常，骚扰与之接壤的汉民，土司之间也不断发生战争。到清朝康雍乾时期，国力强盛，在条件成熟的地方大规模地推行改土归流，取得了很大的成就。但土司制的改变经历了很长时间，直到中华民国时期，在部分地区仍有残存的土司。“改土归流”的结果，使国家政令进一步统一，促进了各族人民间的经济文化交流和融合。

（五）盟旗制

旗不是蒙古族固有的社会政治制度。蒙古族社会中原来存在着兀鲁思、鄂托克、爱玛克等具有领属关系的大小领地。清朝统一蒙古各部，前后花费了一个半世纪以上的时间。清统治者根据自己同蒙古族长期接触的实际政治经验，总结历代中原王朝常败于北方民族入侵的历史教训，在蒙古族原有社会制度的基础上逐步建立起了盟旗制。

清政府将原来的兀鲁思、鄂托克、爱玛克等大小领地拆散、合并，重新改编为许多互不相属的“旗”。旗有札萨克旗、总管旗和喇嘛旗之分，以札萨克旗为多。旗为军事、行政合一组织，既是清朝国家行政体系在蒙古族地区的基本军事、行政单位，又是清朝皇帝赐给旗内各级蒙古族封建主的世袭领地。旗设“札萨克”，即旗长，由清廷委任旗内蒙古族封建主中有功于朝廷者担任。旗以下行政单位为“佐”（或称为“箭”，蒙语称“苏木”），佐以下每十户设一“什长”。贵族每一家族都有一个族长（蒙语称“努图可达”），掌管族内事务，受旗札萨克管辖。盟为旗的会盟组织，合数旗而成，通常由中央政府任命各旗中的一位札萨克兼任盟长。朝廷指定适当的地点为固定会盟处，各札萨克定期在此集会。会盟由盟长主持，审查各旗箭丁，决定佐领的改编等事宜。此外，还进行各旗箭丁检阅，行使检查财务、清理民刑案件等职权。盟长不能直接干预各旗内部事务，也无权发号施令，但有向朝廷告发之权，可起到对各旗事务的监督作用。盟、旗服从清政府驻防将军、都统、总督、大臣的管辖。

清政府在蒙古族地区实行两大并行的行政管理系统，即除了札萨克旗制的“外藩蒙古”系统外，还有总管旗制的“内属蒙古”系统，都隶属于中央，以此防范蒙古族人民联合抗清。

另外，清朝政府对喇嘛教采取全面保护和鼓励的政策，以各种尊贵名号、职衔加封喇嘛上层，敕予特殊领地（喇嘛旗），使之拥有大量土地、牲畜，享有各种特权，形成与世俗封建主并存的僧侣封建主集团。

盟旗制加强了清朝政府对蒙古族的统治，比较有效地制止了分裂割据和战争的重演，使蒙古族社会获得了近200年的社会稳定。清政府采取了分而治之的办法，任命蒙古族人同时在盟、旗、佐等各级地方组织中担任首领，在一定程度上遵循了当地民族的“故俗”，使这种制度能得以有效实行。民国时期，盟旗制仍在一定范围内存在。1945年内蒙古解放后实行民主改革，封建的盟旗制被彻底废除。但是，盟、旗作为地理和行政区划单位的名称，一直沿用下来。

四、对古代多民族国家政权及其管理民族地区制度的若干思考

中国漫长的封建王朝历史，可以说一直是人治的社会，所有的政策和制度都是为统治者的目的而服务的。然而，“因俗而治”的制度传统两千多年以来一直延续着，并已沉淀为一种传统文化，它对历史的发展将产生深远的影响。考察古代多民族的国家

政权及其管理民族地区制度的历史发展，并总结其经验，对于理解和坚持今天的民族区域自治制度无疑是必要的。

首先，历代封建王朝的怀柔羁縻政策具有历史必然性。毫无例外，历代统治者确定怀柔羁縻政策都是以维护和加强自身统治为出发点，都只是把它当作一种权宜之策，或者说，只是迫于当时的形势而作出的选择。然而，纵观千百年来的历史，这种政策一直不同程度地存在，说明它是由客观的条件所决定的，适应了历史发展的大趋势。历代封建王朝的怀柔羁縻政策的实行，将社会发展极不平衡的边远少数民族地区成功地统一在王朝的版图上，在保留其内部的经济、政治、文化和社会结构相对稳定的情况下，又从各方面给予少数民族以影响，在客观上促进了统一的多民族国家的形成和发展。这种统一，对各民族的发展和进步都是有利的。这也在一定意义上说明了“改土归流”的艰难性和长期性，它开始于明朝，但一直到民国时期还有土司制的残余，而少数民族社会基层自成体系的政治制度更是根深蒂固。

其次，中央王朝与民族地区的政权一直存在着不同程度的矛盾张力。一方面，中央政权总是试图加强对民族地区的掌控；另一方面，民族地区的权力机关也总是力图摆脱中央的控制而拥兵自重或自立为王。这种控制与反控制的矛盾是历史上民族关系的一个组成部分。中央权威的力度和国势的强弱直接影响到民族地区管理制度的实行。一般来说，在国势衰弱的时期或分裂割据的朝代，对民族地区的羁縻政策就较难贯彻实行，有的边远地区就会游离于朝廷的掌控，羁縻政策也就可能流于形式。而在某些势力强大的民族地区，中央王朝往往会给予更多的自主权。总的来看，从属国制到左郡制、从羁縻府州制到土司制，再到改土归流，中央对民族地区的控制加强了，体现了由松到紧、由间接管理到直接统治的过渡，这可以从行政区划的设置、管制的严密性、税赋状况等等方面的内容看出。这也说明中国各民族凝聚力日益增强，中国统一多民族国家的中央集权得到巩固和发展，边远少数民族地区与中央王朝的关系日益密切。需要指出的是，土地所有权是民族地区自主权的一个核心内容，明朝以后中央王朝对一些地区实行的屯田制虽然产生过积极的作用，但也曾激化了民族矛盾甚至引发冲突。改土归流的过程中也充满着中央王朝与地方政权的矛盾和斗争。还需要指出，元明清以后，中央集权的加强对国家的统一、中华民族的凝聚及现代民族国家的形成都起了重要的积极性作用，但是，这种中央集权是与封建专制制度相适应的，它的发展甚至膨胀不利于平衡和协调中央与地方尤其是少数民族地区的关系。历史经验告诉我们，处理中央集权与少数民族地方分权的关系，需要找到二者之间适当配置的“度”，以中央集权为重心，同时保证民族地区拥有一定的特殊自主权。

其三，中国古代多民族的国家政权及其对民族地区的管理制度缺乏民主基础。斯大林曾说过：“国家完全民主化是解决民族问题的基础和条件。”① 历史上民族地区的自我管理是建立在落后的封建领主制、地主土地所有制、宗法制度、宗族制度、农奴制之上的，等级森严，刑法严酷，广大人民连起码的人身自由和权利都没有。它不是从民族平等的原则出发，以各民族人民共同繁荣和进步为目的，相反，它与民族隔离、歧视，与对少数民族的封锁和屠杀相联系，缺乏现代民族和国家发展的民主基础。古老、落后、严酷的政治制度根本不可能保障和支持民族和国家的发展进步。缺乏民主政治这一前提条件，民族地区的社会生产力不可能得到解放，社会的发展也不可能得到民众的广泛参与。中国历代封建王朝都注意笼络各民族的精英分子共同参政，这客观上有助于国家政权对少数民族地区的照顾和扶持，但这种政策实

① 斯大林：《斯大林论民族问题》，第75页，民族出版社，1990年版。

行起来随意性很大，从统治阶级的民族观本质出发，这种政策很难贯彻始终，因为缺乏民主制度的保障。有效地实施民族地区的自我管理，必须有国家的统一、强盛，必须通过自身的振兴和与其他民族交流来促进民族地区经济文化的繁荣发展，对此，上级国家政权有责任给予帮助。国家必须对落后的民族地区实行优惠政策和照顾政策，发达的汉族地区必须支援少数民族地区。历史上的土司时期，曾有过“汉不入峒，蛮不出境”的禁令，土司辖地四周驻有朝廷重兵，禁止汉人入峒；土司统治者也为了不减少人丁而严禁土民出境。这似乎暂时可以保证本民族的自主权，但长期来看却不利于生产力的发展，也就无力维持自我管理了。长时期里，民族地区实际上很少得到中央王朝的援助；相反，各级官吏大肆搜刮，使少数民族人民承受着沉重的生存压力，迫使他们起来反抗斗争。近代以来，由于国家的半殖民地化，国力衰弱，造成民族地区长期动荡混乱，土匪横行，民不聊生，自我管理无从谈起。

第三节　古代中央王朝管理民族地区制度的社会生态环境

古代中央王朝管理民族地区制度的确立，主要取决于以下几个方面：一是统治者的民族观；二是中央权威、实力与民族地区政权势力的对比；三是民族地区的自然地理环境和社会发展状况的特殊性。这是起直接作用的因素，这些因素在不同地区不同时期有着具体的内容，总是处于变化发展之中。社会生态分析的目的，不仅要分析那些直接的、具体的、暂时的环境因素，而且要把这种持续了几千年的制度放到一个更加广阔的背景中，分析其更深层、更持久作用的因素和环境。这是制度的决策者难以选择的大环境，但制度的实施又反过来对这种生态环境产生影响和作用。

一、民族地区的社会发展状况和自然环境

历代中央王朝在偏远的少数民族地区实行间接统治，利用土著民族首领管理本地方的事务，首先应该从这些民族地区特殊的社会历史背景及自然条件和地理环境等诸多因素去理解。

从经济社会发展状况来看，少数民族地区有其独特的生产方式，经济、政治、文化发展很不平衡，有着不同的历史传统和生活习俗，一般都有着与中原地区不同的宗教信仰。如前所述，在基层社会组织里存在着一些发挥着重要作用的制度，如家支制、山官制、瑶老制、石牌制等等，这些都是很难一下子改变的，只能因势利导，采取分别对待的治理方式。若是把“中土之法”强加于这些地区，势必事与愿违。而各民族的上层分子在本地区一般具有极强的影响力，有一套维持本地区统治秩序的独特办法，对他们恩威并用、镇抚兼施，是很有用的。

从自然条件和地理环境来看，边远少数民族地区一般自然条件恶劣，交通闭塞，地域辽阔，实难控驭。唐代统治者在设置慰岭南制时就说：“朕以服岭之表。方隅之大，南尽百越，专制万里，择将置守，常亦难之。”① 西南地区是元朝实行土司制的重点地区，这一地区的地理环境可以从元臣陈天祥所言而得知一斑：“……西南远夷之地，重山复岭，陡涧深林，竹木丛茂，皆有长刺，军行径路在于期间，窄处仅容一人一骑，上如登天，下如入井，又其毒雾烟瘴之地，皆能伤人。”② 这里的一些偏远地区，元

① 《粤西文载》卷二，《制敕》。

② 《元史》卷一六八，陈天祥传。

朝军力虽至，政治势力却难以深入，因为来自内地的朝廷命官将这些地方视同畏途，多不敢赴任。

二、民族格局与民族关系

中国有着多元民族共处的悠久历史。费孝通先生 1989 年提出的“中华民族多元一体格局”是对中国民族格局的形成发展最具解释力的理论之一。其要点包括：（1）从地理生态系统的角度说明中华民族各民族成员之间存在着一种天然的密切联系。东亚大陆“四周有自然屏障，内部有结构完整的体系，形成一个地理单元……这一片地理上自成单元的土地一直是中华民族的生存空间”。“民族格局似乎总是反映着地理的生态结构，中华民族并不例外。”①（2）提出了中华民族各民族成员起源的多元论和本土论。从各民族起源的多元性来说明我国几千年来延续至今的民族多元现象有它的历史渊源，也说明今后我国民族结构中的多元现象将长期存在。（3）认为自新石器时代便开始了五千年来中国各地文化之间的交流与渗透，“从多元之上增加了一体的格局”②。（4）汉族的形成在多元一体的格局中产生了一个凝聚的核心。

在多元一体的格局中，中国各民族之间的关系，从本质上看，是在漫长的历史进程中，经过政治、经济、社会、文化各方面愈来愈密切的接触、联系和交流，形成一股强大的内聚力。尽管历史上各民族之间有友好交往也有兵戎相见，有统一也有分裂，但他们还是互相吸收、互相依存、逐步接近，共同缔造和发

---

① 费孝通：《中华民族的多元一体格局》，载费孝通等：《中华民族多元一体格局》，第 4 页，中央民族大学出版社，1999 年版。

② 费孝通：《中华民族的多元一体格局》，载费孝通等：《中华民族多元一体格局》，第 8 页，中央民族大学出版社，1999 年版。

展了统一的多民族的伟大祖国，促进了中国的发展。这是历史上中国民族关系的主流。①

中国历史上的民族格局和民族关系的状况，要求多民族国家的政权里各民族共同参与，要求处于优势地位的民族照顾到发展弱势的民族，要求在维护国家统一的中央权威的同时给予少数民族以一定程度的自我管理权。

三、中央与地方关系

中国古代的中央与地方关系，大体存在中央集权、地方分权两种基本模式。中央集权与地方分权是中央与地方对权力配置的不同要求，是国家权力纵向结构的两个方面，都有其存在的合理性。“集权是国家的本质，国家的生命基础。”② 中央集权代表着秩序，是政权得以稳固、社会得以发展的根本保障。秦、隋、宋、元、明、清诸王朝属于比较典型的专制主义中央集权，夏、商、魏晋、南北朝、唐后期则属于地方分权或地方割据。③

纵观中国古代两千多年的封建社会，在中央与地方的关系方面，虽然有的时期出现比较严重的地方割据和国家分裂，但是历代王朝都尽力采取手段和措施强化中央集权。中央集权是主流。自秦始皇统一六国后，即实行郡县制，废除传统的分封制，天下不再是基于天子血缘关系的诸侯封地，而是中央掌控下的地方行政区域，其辖区界线由中央确定，主管官员由中央任免。此制为历代王朝沿袭而基本未变。至隋唐，针对一度混乱的局面，进一

① 参见翁独健：《民族关系史研究中的几个问题》，《中央民族学院学报》，1981年第4期。

② 《马克思恩格斯全集》第41卷，第396页，人民出版社，1962年版。

③ 金太军、赵晖等：《中央与地方政府关系建构与调谐》，第80－81页，广东人民出版社，2005年版。

步采取皇帝集大权于一身，天子执大政于一体的强权举措。隋文帝时，凡朝中政务，不分巨细，均亲自处理。唐太宗时，君臣共议国政，并将皇权确定为最高立法权。皇帝诏令具有最高法律效力，创立三省六部二十四司的官僚行政机构，并制定、运用法典加以确定和巩固。从此，秦汉以来所建立的君主专制政体走向制度化。自北宋开始，封建皇权走向极权化，宋太祖赵匡胤为加强中央集权，不仅层层削弱地方权力，还剥夺了朝中大臣的权力。到明清两朝，这种极权统治又有了进一步发展。

就中国的历史环境和具体条件而言，中央集权与地方分权相比，进步性、合理性较多。宋元明清时期，中央集权逐步取代地方分权而居于绝对上风，或许表明了这种优胜劣汰的历史选择。但是，高度集中的中央权力又是与宋元以后专制制度相适应的历史产物，主要适合于封建社会后期的中国社会，是为维护家天下的王朝大一统而服务的。从这种特定性质、目标及后果来看，极端中央集权也留下了明显的弊端及深远的负面影响。

四、封建土地所有制与农耕经济

封建经济模式对国家政权结构的影响很大。在西周封建领主制经济条件下，领主通过层层封赐，世袭占有田地和隶属民。在封土内，贵族领主不仅有经济权，而且对生活在封土上的属民享有统治权和领属权。魏晋南北朝时期的豪族大地主占有、役使人身依附较强的佃客，含有西周领主制的某些残余。总之，土地所有权、行政权以及对农奴、隶属民的占有权或领属权的结合，是领主制经济对封建社会前期较长时间的地方分权割据产生决定性影响的关键所在。

秦汉至明清的多数时期内，地主土地所有和租佃制占主导地位。这种经济形态对中央与地方关系的影响和作用，与领主制经济截然不同。总的来说，地主租佃制经济有利于中央集权。在租佃制经济形态下，地主采取租佃剥削佃农。地主对土地及佃农的占有均不稳定，而且不能亲自掌握行政权、军事权、司法权。这些权力从土地所有权中游离出来，长期为郡县制官吏所掌握，并逐级上收，形成中央集权之势。

中国有着早熟的农耕经济。农业生产仰赖天时，受气候和地理环境的影响很大，水利灌溉和治水工作因而具有无与伦比的重要性。而由政府集中力量来从事水利事业，导致了集权国家的产生[①]，有的外国学者因而直接将东方社会称为治水社会。[②] 受治水工程的推动，中国很早就在农业社会的基础上建立起较发达和成熟的官僚体系，形成了中央集权的统一国家。[③]

五、“大一统”观与“和”文化

“大一统”的思想产生于先秦时期。《诗经·小雅·北山》中的“溥天之下，莫非王土；率土之滨，莫非王臣”，就体现了“大一统”的思想倾向。几乎所有的先秦诸子理论都认为应该有独一无二的君主来统一天下，都从不同的角度呼吁应该建立一个中央集权的政府，都要求“定于一”。孔子在《春秋·公羊传》说：“《春秋》内其国而外诸夏，内诸夏而外夷狄。王者欲一乎天下，曷为以外内之辞言之？言自近者始也。”在这里，孔子的国家大一统思想中并未排除夷狄于“天下”之外，而是视为“天下”的一个组成部分。在孔子之后，孟子明确提出了（天下）

① 《马克思恩格斯论中国》，第22、23页，人民出版社，1953年版。

② ［美］卡尔·A·魏特夫：《东方专制主义——对于集权力量的比较研究》，徐式谷等译，第20页，中国社会科学出版社，1989年版。

③ 黄仁宇曾指出过中国古代国家早熟的现象，如“嬴秦不待社会多元化，先已构成集权体制”，见《中国大历史》，第33页，三联书店，1997年版。

“定于一”① 的思想。明确指出“四海之内若一家，故近者不隐其能，远者不疾其劳，无幽间隐僻之国，莫不驱使而安乐之”②。墨子提出“尚同”的政治主张，要求各级正长直到天子必须“一同天子之义”。战国时代的慎到认为，只有“民一于君”，再“事断于法”，才是治国之道。申不害致力于维护君主专制的“君人南面之术”，认为国君必须集大权于一身，“明君如身，臣如手；君设其本，臣操其末；君治其要，臣事其详；君操其柄，臣事其常。”③ 韩非子主张君主“擅势”、专权于一身，一再提醒君主绝对不能与臣下“共权”，“权势不可借人，上失其一，臣以为百。”④ 通过儒、墨、法等先秦诸子学派的倡导和弘扬，“大一统”的观念更加深入人心。

在秦代，李斯向嬴政提出“灭诸侯，成帝业，为天下一统”⑤，建议“一法度衡石丈尺、车同轨、书同文字”⑥。这些都为秦始皇所采纳。汉代贾谊根据当时各诸侯王“制大权以逼天子”的形势，向文帝建议实行削藩，打击地方分裂割据势力。董仲舒创建了“天人感应”的神学国家权，给中央集权的皇权蒙上了一层神秘的色彩。桓谭认为治国需“王霸”并用，所谓“霸功”就是“尊君卑臣，权统由一，政不二门，赏罚必信，法令著明，百官修理，威夸必行”。“王霸”并用，就能实现“俱有天下，而君万民，垂统子孙，其实一也”⑦。在唐代，柳宗元在《封建论》中比较了郡县制与分封制的优劣，强烈主张实行中央集权

① 《孟子·梁惠王上》。
② 《荀子·王制篇》。
③ 《君本治要》，卷三六所引《申子·大体篇》。
④ 《韩非子·内储说下六微》。
⑤ 《史记·李斯列传》。
⑥ 《史记·秦始皇本记》。
⑦ 《新论·王霸》。

的郡县制。宋代的司马光竭力推崇由礼维系的封建纲纪，以此来实现天子的一统天下。经过历代思想家和政治家的弘扬、实践，大一统的思想逐步成为正统的观念，对于中央集权制的形成和发展，对于统一的多民族国家的确立和巩固无疑产生了一定的影响。

“贵和”是中国传统文化中的一个突出特征。人们平常说“和为贵”、“和衷共济”、“协和万邦”等等，就是中华民族“和”的精神的具体表现，也表明了传统“和”文化渗透到了社会生活的各个领域、各个阶段，影响着千百年来中国人的思想观念、行为规范，也体现在中央王朝对待境内少数民族问题上。

从思想渊源来看，“和”文化的主要内涵有：（一）“和为贵”的和谐论思想。孔子在《论语·学而》中主张“礼之用，和为贵”，在《中庸》中认为“和也者，天下之达道也”。在中国的先贤们看来，“和实生物”①，不仅自然界“致中和”（《中庸》），而且人类也是因为“受此天地中和之气以得生育”②。既然如此，人们在处理人与人、民族与民族之间的关系上也要以“和”为贵。正如《易传》中所说：“保合太和，乃利贞。首出庶物，万国咸宁。”（二）“己所不欲，勿施于人”的仁和理念。儒家思想认为，要摆脱战争和贫穷的恶性循环，除了靠发展经济来创造更多的财富外，还必须做到人与人之间相互仁爱，也就是“仁者爱人”。孟子发展了孔子的思想，提出“老吾老以及人之老，幼吾幼以及人之幼”③。墨子主张“兼爱”、“非攻”，荀子提出“仁眇天下，义眇天下，威眇天下”，孟子也认为“天时不如地利，地利不如人和”，坚持“仁者无敌”的思想。（三）“和而

① 《国语·郑语》。

② 《左传·成公十三年》。

③ 《孟子·梁惠王上》。

不同”的亲邻善邻和平观。古代“和同之辩”从政治家、思想家史伯、晏子开始，中经孔子，直到孟子和荀子，数百年间经过不同学派的反复论辩，基本上达成了“和而不同”这样的共识，即要把“和”作为最高的价值目标来追求，但又要尊重、容纳“不同”的存在，只有这样才能相济相成。（四）“义利双行”的务实睦邻思想。务实王道的主要倡导者荀子反对专恃武力、专尚权谋、欺诈的霸道政治行为。他认为：“王夺之人，霸夺之与，强夺之地。夺之人者臣诸侯，夺之与者友诸侯，夺之地者敌诸侯。臣诸侯者王，友诸侯者霸，敌诸侯者亡。”[1] 他既倡导仁义，又强调要具备强大的实力作为后盾，仁义加实力才能国力昌盛、物丰民富，才能更好地维护和平。荀子的这一思想被后世所继承和发展。历代统治者在民族政策上采取镇抚兼施、恩威并用、“以夷制夷”的策略，应该也可以从上述思想中找到文化的缘因。

① 《荀子·王制篇》》。

第二章　近现代中国社会与民族区域自治制度的确立

自1840年鸦片战争以后，近现代中国发生了前所未有的大变局。外国资本主义列强的入侵、掠夺、压迫，使中国面临着领土、主权的空前危机，在救亡图存、反抗外来侵略的风起云涌的百年斗争中，中华民族由一个自在的民族实体，凝聚成一个自觉的民族实体，民族主义成为近现代中国革命的一面大旗。已走向腐败无能的晚清政府被迫对西方列强开放，与此同时，先进的中国知识分子纷纷向西方学习，以图救国强国富民之路。在西学东渐的历史潮流中，西方的民主政治思想逐步在中国大地上传播，民主取向的联邦思潮曾几度影响中国的未来走向。1917年苏联十月革命一声炮响给中国送来了马克思主义。在马克思主义与中国工人运动相结合的过程中诞生的中国共产党，开始以马克思主义科学的世界观和方法论来考察中国的命运，并在革命实践中提出了新的建国方案。本章内容在于分析中国共产党选择民族区域自治制度的近现代社会生态，包括马克思主义民族自治理论的指导、近现代尤其是20世纪上半叶的社会思潮背景、民国时期的国家结构形式和民族政策的制度条件以及民族区域自治从理论到现实的转变演进历程，在此基础上揭示民族区域自治制度确立的内在逻辑和历史合理性。

第一节　思想理论指导：马克思主义民族自治理论

马克思主义民族自治理论指的是马克思主义经典作家关于民族平等、民族自决、民族自治、社会主义国家结构形式等方面的重要论述及其相互联系的理论。民族区域自治是中国共产党在领导中国人民取得新民主主义革命胜利后在全国确立的一项基本政策和制度。而中国共产党的施政方针就其本质来讲，是以马克思主义理论为指导的。马克思主义自治理论构成了新中国选择单一制下的民族区域自治的思想理论基础。

一、马克思主义民族自治理论的主要内容

（一）关于解决民族问题的前提条件

马克思主义认为，民族问题不是什么孤立存在的现象，而是和社会制度与政权问题紧密联系的，是革命总问题中的一部分。把国家民主化作为解决民族问题的前提条件，就是这些观点合乎逻辑的结论。

所谓国家民主化，就是指一个国家具备民主的政治制度。十月革命前，列宁曾将俄国、奥匈帝国和瑞士民族问题的情况加以比较，借以说明国家民主化的重要性。当时俄国还没有完成资产阶级民主革命，内部没有民主，民族问题日益加剧；奥匈帝国也像俄国一样，内部存在着严重的民族压迫；而瑞士这个国家，由于实行了较为充分的民主政治（如各种民族语言完全平等的原则），从而使民族纷争减少到了最低限度，相对来说实现了“民族和平”。列宁以瑞士为例，指出在资本主义世界里，只有在实

行了彻底民主主义的国家里，才有实现民族和平、解决民族问题的可能。

但是，在资本主义世界里，瑞士这个例子是极其个别的。即便如此，瑞士的民主也只是资产阶级的民主，它在资本主义世界是实行彻底民主主义的国家，但是对马克思主义者来说并非叹为观止。在资本主义制度下，要废除民族压迫，彻底解决民族问题是不可能的。所以列宁又曾强调说："只有社会主义才能结束民族纷争。"① "要铲除民族压迫，必须有社会主义生产这个基础，但是，在这个基础上还必须有民主的国家组织、民主的军队等等。"② 因此，马列主义所说的国家民主化，一般说来，是指通过革命，推翻资本政权，建立起社会主义民主制度，只有这样才有可能为彻底解决民族问题开辟道路。

（二）关于民族平等

既然国家民主化是解决民族问题的前提条件，那么，民主的内在要求是什么？早在资产阶级大革命中启蒙思想家就提出了"平等、自由、博爱"的民主原则。1845 年恩格斯在伦敦举行的各民族人民庆祝大会上就指出："民主在今天就是共产主义……民主已经成了无产阶级的原则，群众原则……民主这个概念中包含着社会平等的要求。"③ 无产阶级的平等观并不满足于资产阶级的一般号召，而是赋予它以新的内容。恩格斯在《反杜林论》中说："无产阶级抓住了资产阶级的话柄：平等应当不仅是表面的，不仅在国家的领域中实行，它还应当是实际的，还应当在社会

---

① 《列宁全集》第 19 卷，第 243 页，人民出版社，1959 年版。
② 《列宁全集》第 22 卷，第 319 页，人民出版社，1959 年版。
③ 《马克思恩格斯全集》第 2 卷，第 664 页，人民出版社，1957 年版。

的、经济的领域中实行。”① 列宁在指出民主是一种国家形式的同时，又强调：“民主意味着形式上承认公民一律平等，承认大家都有决定国家制度和管理国家的平等权利。”②

民族平等思想是一般平等观念在民族关系领域中的运用、扩展和引申。马列主义最初提出民族平等原则的基本出发点是反对民族压迫，反对民族歧视。民族平等的核心是同等的地位和权利。

马克思主义经典作家的民族平等理论内容极为丰富，概括起来主要有以下几个方面③：

其一，承认和坚持一切民族的一律平等。坚决反对任何民族享受任何特权。从一个国家来说，国内各民族一律平等；从世界范围来说，世界所有民族一律平等。民族不分大小一律平等；民族无论先进与落后一律平等；聚居和散居民族一律平等。

其二，承认和坚持各民族在社会生活的一切方面的一切权利上完全平等，并“无条件地保护一切少数民族的权利”④。不仅在政治上完全平等，而且在经济上、文化上及一切社会生活领域内完全平等。

其三，承认和坚持各民族在形式上、法律上，乃至事实上的完全平等。不仅在执政党的党规及国法中要有民族平等的明确规定，而且要在实际生活中加以实施和保障，还要大民族（原来的压迫民族）采取措施，包括照顾、帮助，甚至牺牲自己的某些利益，“以对待自己的不平等来抵偿生活上实际形成的不平等”⑤。

---

① 《马克思恩格斯选集》第3卷，第448页，人民出版社，1995年版。
② 《列宁全集》第31卷，第96页，人民出版社，1985年版。
③ 参见金炳镐：《民族理论通论》，第381页，中央民族大学出版社，1994年版。
④ 《列宁选集》第2卷，第566页，人民出版社，1972年版。
⑤ 《列宁全集》第36卷，第631页，人民出版社，1959年版。

（三）关于国家结构形式

马克思主义的国家学说原则上是反对联邦制的。尤其是历史上已经形成了统一国家，有集中制的中央政权的国家，如果再提出解散统一的国家，实行联邦制，显然是一种倒退，为马克思主义的国家学说所不能容许。马克思和恩格斯曾针对处于封建割据状态的德国，强调当无产阶级取得胜利后，“不仅要建立统一而不可分割的德意志共和国，并且还要坚决使这个共和国的一切权力集中于国家政权之下”①，要求“实行最严格的中央集权制”②。恩格斯还指出：“无产阶级只能采取单一而不可分割的共和国的形式。”③

如前所述，列宁举了瑞士的例子来说明它是资本主义彻底民主主义的榜样。1913 年，以李普曼为代表的崩得分子借此攻击列宁，即马克思主义者反对联邦制和分权制，主张中央集权制，而列宁为什么举联邦制国家瑞士作例子？为了回答诸如此类的问题，列宁写了著名的《关于民族问题的批评意见》④，文中有关国家结构形式的主要内容有：

（1）资本主义为了自己的发展，要求有尽可能大尽可能集中的国家，反对封建的分散落后状态；

（2）在其它条件相同的情况下，统一集中的大国总是比分散的小国更有利于无产阶级的革命团结，广泛开展反对资产阶级的斗争；

（3）只要各个不同的民族组成了统一的国家，马克思主义者

① 《马克思恩格斯全集》第 5 卷，第 3 页，人民出版社，1965 年版。
② 《马克思恩格斯全集》第 1 卷，第 390 页，人民出版社，1956 年版。
③ 《马克思恩格斯选集》第 4 卷，第 413 页，人民出版社，1995 年版。
④ 《列宁全集》第 20 卷，第 1－35 页，人民出版社，1958 年版。

决不主张实行任何联邦制，也不主张实行任何分权制；

（4）中央集权的大国是从中世纪的分散状态走向将来全世界社会主义统一的巨大历史步骤，除了通过这种国家（同资本主义有密切联系的国家）以外，没有也不可能有其它走向社会主义的道路；

（5）马克思主义者所坚持的集中制是民主集中制，决不可把它与其它的如封建集权制混为一谈。

（四）关于民族自决

民族自决是指被统治民族自己决定自己命运，从异族群体的国家中分离出来，组织独立的民族国家的权利。它是在法国大革命中诞生的一项至今仍有效的公正原则，实质上是人民主权思想在民族和民族关系上的自然延伸和运用。

马克思和恩格斯是主张和倡导民族自决的。在谈到波兰民族问题时，马克思曾指出："必须在运用民族自决权原则的基础上，并通过在民主和社会主义基础上恢复波兰的办法，来消除俄国在欧洲的影响。"① 马克思也坚决主张爱尔兰从英国分离出去，"即使分离以后还会成立联邦。"②

进入帝国主义时代后，列宁认为："民族自决也就是争取民族彻底解放、争取彻底独立和反对兼并的斗争，社会主义者只要不背弃社会主义，就不能拒绝这种斗争，不管采取什么形式，直到起义或战争为止。"③ 他还强调："所谓民族自决，就是民族脱离异族集体的国家分离，就是成立独立的民族国家。"④ "民族自

① 《马克思恩格斯全集》第19卷，第164页，人民出版社，1963年版。
② 《马克思恩格斯全集》第31卷，第381页，人民出版社，1972年版。
③ 《列宁全集》第23卷，第25页，人民出版社，1958年版。
④ 《列宁选集》第2卷，第509页，人民出版社，1995年版。

决权从政治意义上来讲，只是一种独立权，即在政治上同压迫民族自由分离的权利。”①

马克思主义经典作家所主张和倡导的民族自决主要是针对被压迫，特别是被异族压迫的民族而言的，绝不是可以不加区分的适用于一切民族，特别是同一国内的各民族。列宁主张把民族有权分离与民族是否分离这两个问题分开来谈。他进一步指出："只有民族压迫和民族冲突使共同生活完全不堪忍受，并且阻碍一切经济关系时，他们才会赞成分离。"② 这就等于排除了民族分离的随意性或任意性。此外，列宁还曾把民族自决权比作配偶之间的离婚权，承认离婚权并不是鼓励离婚，甚至不排除反对或阻碍某个离婚案件。

（五）关于民族区域自治

如导论所述，民族区域自治是从地方自治发展而来的。地方自治首先出现在西欧封建社会内部。在当时获得这种权利的新兴城市被称为“公社”。资产阶级民主共和国政体的国家，就是在中世纪城市公社的基础上发展而成的。马克思恩格斯曾经指出："工人阶级必须坚持建立统一而不可分的国家的，同时必须强调地方自治，并肯定自治制度的必要性和适宜性。"③

列宁的民族区域自治思想，是在批判超地域的“民族文化自治”和崩得分离主义时提出来的。民族区域自治也是一种地方自治，但它不仅具有一般自治地方的职能，而且还是解决民族问题的一种政策和制度。列宁认为："建立拥有完整的统一的民族成分的自治州，哪怕是最小的自治州，对于消灭任何民族压迫都具

① 《列宁选集》第2卷，第719页，人民出版社，1995年版。
② 《列宁全集》第20卷，第423页，人民出版社，1958年版。
③ 《马克思恩格斯选集》第1卷，第390－391页，人民出版社，1995年版。

有极其重要的意义。”针对崩得分子提出民族人口达不到200万的地区不适合推行区域自治，他说：“如果很方便，如果经济流通需要，为什么不能成立有50万居民，甚至只有5万居民的民族自治州?”① 这是一个富有启发意义的思想。列宁提出民族区域自治，可以说同他的国家学说有着密切关系。列宁曾经指出，国家的根本问题是政权问题。民族区域自治，实际上就是满足各民族当家作主的政治要求，通过和运用自治政权这一“杠杆”来解决民族问题。

列宁进一步把民族区域自治同民主国家和民主集中制联系起来，认为根据民主原则建立集中统一的大国，必须实行民族区域自治。“一个民主国家必须承认各地区的自治权，特别是居民的民族成分复杂的地区和专区的自治权……一个民族成分复杂的大国只有通过地区的自治才能够实现真正民主的集中制。”②

地方自治是中央与地方分权的一种形式，而民族区域自治是地方自治的一种特殊类型，具有地方自治的一般特征。列宁第一个把地方自治问题和民族问题直接联系起来，把民族的区域自治看作无产阶级国家解决民族问题的普遍原则。他明确指出：国家结构上的民主集中制不仅不排斥自治和具有特殊的经济和生活条件、特殊的民族成分等等的区域自治，相反的，他必须既要求地方自治，也要求区域自治。“非常明显，如果不保证每一个在经济上和生活上具有比较大的特点以及具有特殊的民族成分等等的区域享受这种自治，那就不可能设想有现代的真正民主国家。”③

按照列宁提出的指导原则，俄国社会主义工党于1913年作出决定：必须实行广泛的区域自治和完全的地方自治，并且根据

① 《列宁全集》第20卷，第33页，人民出版社，1958年版。
② 《列宁全集》第25卷，第73页，人民出版社，1988年版。
③ 《列宁全集》第25卷，第149－150页，人民出版社，1988年版。

当地居民自己对经济和生活条件、居民民族成分等等的估计，确定地方自治地区和区域自治地区的边界。

从以上几个方面的论述我们可以看出，马克思主义坚持在建立民主制度的前提下，在集中统一的多民族国家内实行民族区域自治；提出了按照民主集中制原则处理好中央集权和地方分权的适度问题；列宁还对民族区域自治的区划等具体问题作了原则的论述。这些理论论述对于新中国选择单一制下民族区域自治制度产生了重要的指导作用。

二、马克思主义民族自治理论在苏联的实践

苏联是世界上第一个社会主义国家，是世界历史上最早以立法的形式承认各民族平等的无产阶级国家，也就是说苏联是马克思主义民族自治理论第一次得以付诸实践的国家。然而，苏联建立起来的却是以民族共和国为单位的联邦制。

马克思主义的国家学说是反对联邦制的。那么，为什么苏联没有采取单一制的国家结构形式来实现民族区域自治呢?

在十月革命以前的较长时间里，列宁、斯大林是一致反对在俄国实行联邦制的。列宁早在1903年就说过：“鼓吹联邦制和民族自治，不是无产阶级应做的事情。”[①] 他说：“只要各个不同的民族组成统一的国家，马克思主义者决不主张实行任何联邦制，也不主张实行任何分权制。”[②] 1913年列宁在给斯·格·邵武勉的信中又说：“我们无条件地拥护民主集中制。我们反对联邦制。”[③] 1917年3月28日，斯大林还专门写过《反对联邦制》的

① 《列宁全集》第6卷，第295页，人民出版社，1972年版。
② 《列宁全集》第20卷，第29页，人民出版社，1958年版。
③ 《列宁全集》第19卷，第501页，人民出版社，1959年版。

文章，发表在《真理报》上。但是，1917 年 2 月（指俄历）革命以后，俄国边疆地区的各民族已经成立了许多小国家，实际上已经处于完全分离和彼此完全隔绝的状态，而国内外反革命势力的武装干涉已经迫在眉睫，急于用单一制的共和国联合俄国各民族建国几乎是不可能的。因此列宁在这一年 8 月至 9 月所著的《国家与革命》里转述了恩格斯关于“联邦制共和国或者是一种例外，是发展的障碍，或者是由君主国向集中制共和国的过渡，是在一定的特殊条件下的‘前进一步’”的观点。① 从而可见，由于俄国的现实情况而使列宁对联邦制开始转变了看法，承认它是一种“过渡”，是在一定特殊条件下的“前进一步”，但同时强调，联邦制只是作为走向完全统一的一种过渡形式，最终还是要建立中央集权的民主共和国。当时的俄国只能以联邦制来结束分离状态，重新使俄国各民族统一起来。于是，1918 年 1 月在《被剥削劳动者人民权利宣言》中，第一次体现了在俄国建立联邦国家的思想，即“俄罗斯苏维埃共和国是建立在自由民族的自由联盟基础上的各苏维埃民族共和国的联邦”②。后来在 1919 年 3 月举行的苏联共产党八大提出了按照苏维埃方式组织的各个国家实行联邦制的联合，作为达到充分团结的过渡形式之一。

在 1922 年 12 月召开的第一次全苏联苏维埃代表大会上，根据列宁和斯大林的提议，成立了各苏维埃民族自愿建立的国家联合，即苏维埃社会主义共和国联盟（苏联）。1924 年召开的全苏第二次代表大会制定了全苏第一部宪法，明确规定苏联是按自愿及平等原则联合起来的统一的、联盟的、多民族的苏维埃社会主义工农国家。

在联邦制的框架下，苏联的外交统归最高苏维埃联盟，在联

---

① 《列宁选集》第 3 卷，第 232 页，人民出版社，1995 年版。
② 《列宁全集》第 26 卷，第 396 页，人民出版社，1991 年版。

合国保留了苏联、白俄罗斯、乌克兰3个席位。苏联有15个加盟共和国，下辖20个自治共和国、18个自治州和民族专区。各加盟共和国和自治共和国有国旗、国界、国徽，但各国公民之间往来不用护照，各盟员国的宪法必须由最高苏维埃批准，内容不能与苏维埃宪法相抵触，经济计划也如此。苏联最高苏维埃由联盟院和民族院组成。联盟院按人口选举代表组成；民族院按自治单位选举代表组成。闭会期间以苏维埃最高主席团为最高权力机关。政府机关是部长会议，设部长会议主席、各部部长。除外交、军事以外，法制、税制、币制也是统一的。自苏联建立后，各盟员国的权力缩小，实际上只相当于一般地方行政单位。就中央与地方的实际关系而言，苏联的联邦制与一般单一制国家没有太大的区别。[①] 苏联宪法中关于“民族自决和分离的权利”规定实际上长期里如同摆设。

在一定意义上，中国共产党是在苏联的帮助下按照列宁的建党学说建立起来的马克思主义政党，在新民主主义革命时期，又长期作为共产国际的一个支部受到苏联在各方面的指导，因此，苏联以民族共和国为单位的联邦制不能不对中国共产党的建国方案产生直接的影响。

第二节　社会思潮背景：国家民族主义与地方联邦主义

民族区域自治首先是中国共产党的一种理论构想，然后付诸若干实践，最后在其成为全国执政党后把它确立为国家的一项重

① 何润：《马克思主义民族理论经典导读》，第137页，中央民族大学出版社，1998年版。

要政策和制度。这个过程是20世纪上半叶完成的，有着特定的国际环境和国内政治生态所决定的社会思潮背景。其中最主要的是民族主义和地方主义。

这里所说的民族主义指的是与近代中华民族的觉醒相联系、与现代中国民族国家的形成密切相关的概念，为了避免与今天所说的“狭隘的民族主义”、“大民族主义”等等概念相混淆，在“民族主义”之前加了“国家”一词。毛泽东在《中国革命和中国共产党》这篇著名的文章里，一方面说“中国是一个由多数民族结合而成的拥有广大人口的国家”，另一方面又说“中国……是一个伟大的民族国家”①。在这里，前一个“民族”（ethnic group）是就国家的民族构成而言的，后一个“民族”（nation）是与民族主义、与政治国家一个层面上的概念。英国社会学家安东尼·史密斯认为，先有了“民族主义”（nationalism）然后才出现“民族”（nation）②。美国学者科尔曼也指出，“由于每个民族的形成过程不同，所以每一个民族的民族主义都以不同的方式表达，而且随着时代而改变。不过，民族主义的目标都在团结一个民族、建立一个独立的民族国家”③。近现代中国的民族主义作为当时国际环境和时代背景下的产物，其主要取向是现代民族国家的建立及其独立、统一。

在民族国家的语境中，地方主义和联邦主义是有着某种相关性的两个概念，地方主义作为一种表达人们对某一特定地方认同和维系乃至扩大该地方利益的观念和行为，是人类社会发展过程中自然产生的一种社会现象和文化现象。但国家产生以后，地方

---

① 《毛泽东选集》第2卷，第622、623页，人民出版社，1991年版。

② Smith Anthony D.，*National Identity*，Reno：University of Nevada Press 1991，p. 9.

③ 洪泉湖：《民族主义》，载邵宗海等编《族群问题与族群关系》，第5页，台北：幼狮文化事业公司，1995年版。

主义又有了政治层面的意义，即指人们的地方政治认同和维系乃至扩大该地方利益的政治意识和政治行为。联邦主义则一般是指一个民族国家中权力由中央与组成联邦的成员单位分享的思想和制度安排。在中国近现代民族国家形成和发展过程中，地方主义和联邦主义形成了一种互动关系，“联邦主义的制度安排是民族国家构建中对地方主义挑战予以积极回应的产物，从这个意义上也可以说，地方主义是民族国家构建中联邦主义这种新型国家结构形式的催生婆。反过来说，联邦主义则成为一种既可能发挥地方主义正面功能，又可能遏制其负面功能的制度选择。”① 因此，我们可以把20世纪上半叶的地方主义与联邦主义这两种思潮并称为地方联邦主义。地方联邦主义植根于晚清以后国内政治生态和政治格局，可以说是作为传统封建极端中央集权专制主义的对立面而出现的，其主要取向是现代政治民主。

从社会思潮的角度来看，民族区域自治是在统一取向的国家民族主义和民主取向的地方联邦主义两种思潮的合力作用下发生的。

一、国家民族主义的潮起

中国近现代历史被深深地打上了民族主义的烙印。“一部中国近代史，就是一部西方列强入侵步步加深的历史。这是一部中国人民的苦难、屈辱与怨恨不断增强的历史，一部越来越广泛的社会阶层投入到救亡图存运动中去的历史，当然也是中国民族主

① 王续添：《地方主义、联邦主义与新国家构建中的制度选择——考察1910年代中国政治的一个视角》，载《教学与研究》，2007年第4期。

义形成的历史。”[①] 而在中国近现代的一百多年历史过程中，“凡是能掀起一时人心的政治、社会、文化的运动，分析到最后，殆无不由民族主义的力量或明或暗地主持着”，可见，民族主义是“中国近代史上一个最重要的主导力量”。[②]

学术界一般认为，古代中国根本没有世界观念，只有“天下”概念，即所谓“天处乎上，地处乎下，居天地之中者曰中国，居天地之偏者曰四夷，四夷外也，中国内也”[③]。华夏中心论使古代中国人不会将别的国家看作是与自己地位平等的伙伴或对手，也不会把自己视为国家体系中的普通一员。所有别的国家，不是藩属就是化外的蛮夷。然而，近代西方的坚船利炮粉碎了大中国的千年神话。“我们”与“洋人”之间，从泱泱大国、谦谦君子与蛮夷的教化关系，发展到“保种图强”的呼吁。这个“种”既不是作为统治民族的满族，也不是占人口多数的汉族，而是隐约地泛指儒教文化熏陶下的文化圈。然而，中国无法统一在儒家文化软实力之下“图强”。因为这个文化圈的概念太过模糊，太文化了，也太士大夫气了。可以说，“保种图强”是儒家士大夫的一种危机心理表现或者满清皇权的意识形态，不可能造成广泛的社会政治运动。中国如同一盘散沙的状况，在西方列强的殖民主义和帝国主义政策下日益彰显，“任人宰割”的历史已然证明儒家文化在当时的条件下根本不具有整合中国政治、经济、文化同西方民族国家抗衡的能力。对抗西方要有一个“民族”的概念，而清朝皇权是无法整合出整体性的“中华民族”概

① 曹锦清、陈保平：《中国七问》，第107－108页，上海科技教育出版社，2002年版。

② 余英时：《中国现代的民族主义与知识分子》，载《近代中国思想人物论：民族主义》，第558页，台北时报出版社，1981年版。

③ 转引自张汝伦：《现代中国思想研究》，第112页，上海人民出版社，2001年版。

念的。要解决中国生存的危机，只有建立一个像西方一样的强有力的国家。西方建立民族国家的历史和民族主义思潮，适逢其时地给了中国人极大的启示。①

面对统一中华民族、建立现代民族国家这一历史使命，恰恰是西方给中国送来了对抗列强的思想武器。② 国家民族主义在20世纪被中国人所接受，成为现代中国的主要意识形态之一，在相当程度上还与社会进化论在中国的传播有关。“天演物竞之理，民族之不适应于时势者，则不能自存。”③ 帝国主义对弱势民族和国家（包括中国）的扩张和侵略，使人们认识到，要想不被灭亡，只有组成一个民族国家与之竞争。19世纪末20世纪初，当西方不同流派的民族主义开始传入中国之时，一些较为敏锐的中国知识分子立即对此表现出浓厚的兴趣，将其视为拯救中华民族的法宝。他们根据各自不同的政治立场和学术态度，选取各自所需要的观点，结合中国所面临的民族矛盾现实，建立起不同派别的民族主义理论。其中，关于中华民族是一个有机整体的民族主义理论逐渐为更多的人所接受。这种民族主义理论把中国境内各民族当作一个大的中华民族整体，列强对中国任何一部分的侵略都是对整个中华民族的侵略，中国境内各民族应一律平等，主张在此基础上联合成一个大的中华民族，一致对付东西列强。

中国近代民族主义思潮可大致以1900年为界分为前60年和后50年两个阶段。前一阶段的民族主义可分为以保守的儒教卫道为代表的“儒家原教旨”民族主义和近代化进程中产生的务实的民族主义。前者主张回到传统，并非近代民族主义思潮的主

① 房宁、王炳权：《论民族主义思潮》，第60－63页，高等教育出版社，2004年版。

② 徐迅：《民族主义》，第245页，中国社会科学出版社，2005年版。

③ 梁启超：《新民议·叙论》，载王德峰编：《国性与民德——梁启超文选》，第39页，山海远东出版社，1995年版。

流。后者有以林则徐、魏源为代表的海防派，以李鸿章、张之洞为代表的洋务派，以康有为、梁启超为代表的变法派，以载泽、端方为代表的君主立宪派，以张謇为代表的实业派，以前期孙中山为代表的革命派等构成了近代前60年民族主义的主流。进入20世纪后，民族主义思潮有了很大的发展，几乎所有的社会思潮都包含着“民族主义的关怀，都可视为民族主义的不同表现形式”①。五四运动的实质在很大程度上是指向民族主义与追求个性独立和思想自由。之后，对中国现代民族国家的构建影响最为深远的民族主义思潮主要有两种，一种是以孙中山为代表提出的以民族主义为要义的三民主义，另一种是以马克思主义为指导的、中国共产党所坚持的民族解放道路。

从20世纪上半叶民族主义思潮的实践来看，以孙中山民族主义为旗帜，国民党通过一系列战争于1928年基本上统一了中国，但现代民族国家在中国只能说在形式上得以建立。因为，作为现代民族国家必须具备几个主要特征：完全自主和领土统一；中央集权；主权人民化；国民文化同质性；统一的民族市场等。②国民政府统治下的中国实际上还只是形式上的统一，中央权威还没有很好地建立起来，军阀割据根深蒂固。特别是1931年后日本的入侵，使中国处于四分五裂的状况，半殖民地半封建的性质加深了。中国面临着空前的亡国亡种的民族危机。而这又极大地刺激了中华民族的团结和斗志，以中华民族为一致认同的民族主义在抗日战争中达到高潮。抗日战争的胜利是民族主义的伟大胜利，它激发了中国人民建立一个统一、强大、民主的共和国的强

① 罗厚立：《从思想史视角看近代中国民族主义》，载李世涛主编：《知识分子立场——民族主义与转型期中国的命运》，第218页，时代文艺出版社，2000年版。

② 参见宁骚：《民族与国家——民族关系与民族政策的国际比较》，第271－280页，北京大学出版社，1995年版。

烈愿望。中华人民共和国的建立，标志着鸦片战争以来的民族民主革命的最后胜利，中国彻底结束了半殖民地半封建社会的状况，中华民族作为一个伟大的民族从此站起来了，至此，一百多年来中国构建现代民族国家的任务才真正完成。

二、地方联邦主义的勃兴

一个历史悠久、有着中央集权传统的中国，在近代西方民主政治学说和国内革命的冲击下，地方联邦主义应运而生，其主要原因可以从两个方面来分析：

其一，清末以降国家与社会关系的变化，国家重心下移和地方性力量扩张。鸦片战争以后尤其是太平天国运动发生后，在内外夹击之下，中央王朝维系国家安全和社会稳定的能力大幅下降，不得不让中央以外的地方力量担负起拯救国家（王朝）、恢复和重建统治秩序的责任。但在政治生活中，权力和责任总是要统一的。让地方性力量承担起国家更大更多的责任，也就必须让他们分享更大更多的权力，包括在军权、财权、决策权、人事权、司法权、外交权等主要方面。此后，清王朝虽然形式上还保持着中央集权的大一统局面，但国家权力体制不断发生着实质性的改变，日益形成权力分散、权力重心下移的“多中心”局面。这种局面一直延续到民国时期。

其二，政治精英和知识精英的联邦主义主张和诉求，既有对美国联邦制向往和移植的一面，也有以地方主义解决现实问题的一面。如章士钊、张东荪、章太炎、丁佛言、李剑农等就是其中的代表。孙中山及其追随者也有着对美国联邦制和民主制的憧憬和追求。对此，有的学者指出，“盖社会上之论者，皆已深知，中国自清末起，省区尾大不掉之势已成，特别是辛亥革命军兴起以来各省都督，自拥重兵俨然列国，加上省界意识已成，行联邦制度，乃是势顺而易之举。何况以本省之人，施本省之政，既合服务桑梓之情，对本省之政痛，易于着手改进，且进而能使各省竞争国家政治更添进步之动力，所以社会人士，颇多乐于附和此说”①。

20世纪上半叶，中国出现过三次较大影响的地方联邦主义思潮及其实践。第一次是清末民初，第二次是1910年代末至1920年代初，第三次是1940年代中期。

清末的维新志士和革命党人都积极鼓吹实行地方自治，到20世纪初年，中国舆论界出现了宣言地方自治的高潮。在民间舆论的推动下，出使法国的大臣孙宝琦、沈家本等先后上书主张实行地方自治。1907年，清廷谕令试办自治。次年颁布《九年预备立宪逐年筹备事宜清单》，其中对地方自治的实施作了规划。1909年，清政府正式颁布《城镇乡地方自治章程》和《城镇乡地方自治选举章程》。民国初年，各地继续推行地方自治，并进而要求把自治的范围扩大到省。袁世凯独揽政权后，借口各地自治机关“良莠不齐”、“妨碍行政”，于1914年下令停办各级地方自治。

反对袁世凯独裁的人士随即提出了联邦制的主张。戴季陶的《中华民国与联邦组织》、张东荪的《地方制度之终极观》、丁世峄的《民国国是论》便是其中的代表。到1920年前后，因南北和会无结果，北方直皖战争爆发，南方军政府瓦解，联省自治运动再次兴起。1920年直皖战争后，直系占据中央政权，吴佩孚手握重兵，迷恋“武力统一”，是联省自治的主要障碍。1924年吴佩孚在第二次直奉战争中失败，他才回过头来拥护联省自治，然而此时潮流已经改变。

---

① 胡春惠：《民初的地方主义与联省自治》，第51页，中国社会科学出版社，2001年版。

中国共产党推动了第三次地方自治运动。从1945年4月毛泽东的《论联合政府》、七大党章到1947年10月的《中国人民解放军宣言》，都是主张联邦制建国的。1946年1月，中共代表团向政治协商会议提出的《和平建国纲领草案》中专门列有地方自治一章。在中共的推动下，政治协商会议一致通过的《和平建国纲领》规定了地方自治的内容。由于国共两党在整军方案上没能达成一致，以及东西方冷战爆发的国际新形势，内战不可避免，包括地方自治在内的一整套和平建国计划也随之寿终正寝。

国家民族主义和地方联邦主义两种思潮相互影响、相互作用，形成了对中国近现代社会发展的历史合力。如，由于民族主义兴盛，统一观念深入人心，使人们对西方舶来的“联邦”一词讳莫如深，“提到联邦便认为存心破坏统一”[①]，因而有意将“联邦”称之为“联省”、“联省自治”等。而地方联邦主义的影响，使人们在构思新中国的统一方案时自然会考虑到以地方自治的方式来解决国内民族问题。

第三节　制度政策演变：民国时期的国家结构形式与民族政策

马克思说：“人们自己创造自己的历史，但是他们并不是随心所欲地创造，并不是在他们自己选定的条件下创造，而是在直接碰到的、既定的、从过去承继下来的条件下创造。一切已死的先辈们的传统，像梦魔一样纠缠着活人的头脑。”[②] 中国的民族区

① 萧公权：《宪政与民主》，第8页，清华大学出版社，2006年版。

② 《马克思恩格斯选集》第1卷，第585页，人民出版社，1995年版。

域自治是在单一制下解决国内民族问题的基本政策和政治制度，其直接的历史制度条件是民国时期的国家结构形式和民族政策。

一、国家结构形式的制度选择与实践行程

国家结构形式是指一个国家内部整体与部分、中央与地方的相互关系，是在纵向上划分和调节国家权力的一项基本制度，是国家政治制度的一项基本内容。自从有了国家，就有了国家结构形式。“但是，当代宪法学中的国家结构形式概念，通常指的是定型化的，通过宪法规范和法治实践体现出来的在国家机构体系内纵向分配国家权力行使权的一定模式。”① 因此，国家结构形式有原始形式和近现代形式两个基本发展阶段。古代国家原始的结构形式大致可归纳为城邦制、联盟制、帝国制、等级分封制、君主专制中央集权制等几种类型，而近现代国家结构形式只有单一制和联邦制两种。单一制与联邦制的根本区别，在于主权权力是由全国性政府独占还是由其与区域性政府分享；由全国性政府独占主权权力的是单一制，由全国性政府同区域性政府分享主权权力的是联邦制。②

在中国，早在奴隶制时代就实行了等级分封制。而从秦始皇统一中国、废封建、置郡县到清王朝灭亡，君主专制中央集权制持续了两千多年。1911 年辛亥革命推翻了中国最后一个封建王朝，面临着现代民族国家的建构，包括国家结构形式的现代选择。1911 年 11 月，当梁启超公开拒绝接受袁世凯提供的清朝官职时，他指出，国家面临的基本问题有两个：政体应该是君主制还是共和制；政体的组织应该是联邦制的还是一元制的。前一个

① 童之伟:《国家结构形式论》，第 108 页，武汉大学出版社，1997 年版。
② 童之伟:《国家结构形式论》，第 146 页，武汉大学出版社，1997 年版。

问题已被革命解决了，而后一个问题尚待作出回答。①

民国时期中国的国家结构形式问题学术界还未有定论，这是因为近现代国家结构形式是在民族国家建构中确立的，如前所述，中国现代民族国家实际上直到中华人民共和国成立时才最后形成，这就使得民国时期的国家结构形式有着不定型性的特点。我们认为，总的来说属于单一制，但具体内容很复杂而且有过发展演变的过程。② 下面从国家宪法规范和实际运行两个方面予以分析。

（一）制度选择

现代意义上的第一个联邦制国家是美国。在一些较早接受西方政治思想和制度文化的中国先进分子（从魏源到孙中山）的视野里，以美国为典型的联邦共和制无疑是理想的民主政体模式。辛亥革命的爆发为中国资产阶级革命党人实践其联邦制的政治理想提供了难得的历史机遇。1911 年 12 月，各省都督代表联合会在武汉通过的《中华民国临时政府组织大纲》，就采纳了美国联邦制的某些思想，是一部颇具联邦色彩的施政文件。武昌起义后，多数省份先后宣布脱离与清廷的隶属关系而独立。而各省独立则生出了浓厚的分离意识，大多数省政府提出要在官员任免、财政、立法甚至军事上实行自治。但各省又有联合和统一的要求，它们自然倾向于以地方分权的精神组织新的国家机构。因此，联邦建国的主张一度盛行。

然而，形势的发展为人们始料不及。地方分权、各自为政，

① ［美］费正清主编：《剑桥中华民国史》（上卷），第 252 页，中国社会科学出版社，1993 年版。

② 参见侯德泉、侯晚梅：《民国时期国家结构形式的制度选择与实践行程》，载《社会科学辑刊》，2005 年第 3 期。

造成财政分割，中央政府财政困难；而军政费用、新旧内外债的偿还，均需大量款项，中央只得靠借钱度日。同时，由于俄国和英国的操纵，在蒙古、新疆和西藏出现了分离倾向的现实危险。在这种时局下，孙中山等革命党人改变了在国家结构问题上的原有观点。孙中山在其就任中华民国临时大总统时所发表的宣言书中，提出了五个统一，即民族之统一，领土之统一，军政之统一，内治之统一，财政之统一。宣言中虽强调应重视各省的自主权力，重视中央与各省之间的权力平衡，但已没有再提联邦制。

孙中山在辞去了临时大总统职务之后，坚决反对在中国实行联邦制，但主张在国家结构形式上应吸收西方联邦制中的地方自治的内容，即采取中央与地方均权的单一制。由于南京临时政府存在的时间很短，因而孙中山关于中央和地方均权的单一制思想及其制度安排来不及推行。袁世凯初任临时大总统时，宣誓要遵守《临时约法》，也默认了地方自治，但不久就不耐烦了，而试图建立以个人为核心的自上而下的中央集权的行政制度。1913 年 10 月，袁世凯就任正式大总统后，开始修正临时约法。新约法于 1914 年 5 月公布。《中华民国约法》实际上废除了资产阶级民主共和制，确立了封建军阀总统独裁制。随后袁世凯复辟帝制，更是从根本上否定了联邦制在中国实行的可能。

袁世凯覆灭后，先后控制北京政权的皖系、直系、奉系等北洋军阀都从根本上沿袭了袁世凯统治时期的制度。需要指出的是，1923 年公布的《中华民国宪法》（也被称为曹锟宪法）是中国第一个以“宪法”命名的文献。曹锟宪法的一个突出的特点是规定了“国权”和“地方制度”。第五章“国权”第二十二条规定：“中华民国之国权，属于国家事项，依本宪法之规定行使之；属于地方事项，依本宪法及各省自治法之规定行使之。”① 第十二

① 陈荷夫编：《中国宪法类编》，第 406 页，中国社会科学出版社，1980 年版。

章“地方制度”第一二五条规定：“省依本宪法第五章第二十二条之规定，得自制定省自治法，但不得与本宪法及国家法律相抵触。”① 这些规定既有明显的单一制特征，也有明确的中央与地方分权的内容。

蒋介石国民党建立了南京国民政府并在形式上统一了中国后，便宣布结束“军政时期”而开始对全国人民实行“训政”。1931 年 6 月，国民政府公布了《中华民国训政时期约法》。训政约法确认了国民党在全国的统治权和蒋介石的最高独裁者地位，确认了国民政府隶属于国民党及国民党党中央对约法的解释权。约法第一章“总纲”规定：“中华民国永为统一共和国。”② 第七章“政府之组织”规定：“国民政府总揽中华民国之治权”“省置省政府，受中央之指挥，综理全省政务，其组织以法律定之。”③ 从而确认了单一制的国家结构形式。同时，规定依据孙中山建国大纲实行地方自治和中央与地方均权制。1946 年 11 月通过的《中华民国宪法》基本上坚持了 1931 年的《约法》精神，而又加强了中央集权的规定。

（二）实践行程

国家结构形式的实践，就是制度的运行过程，是中央与地方关系的实际状况。而中央与地方的关系又集中体现为中央集权与地方分权的矛盾。

民国时期，统治者都极力加强中央集权，但成效不大，从未牢固地掌握过对全国领土、人口及其它资源的控制，而地方割据

① 陈荷夫编：《中国宪法类编》，第 418 页，中国社会科学出版社，1980 年版。
② 陈荷夫编：《中国宪法类编》，第 448 页，中国社会科学出版社，1980 年版。
③ 陈荷夫编：《中国宪法类编》，第 453－454 页，中国社会科学出版社，1980 年版。

势力始终存在，并一直与中央进行着反控制反夺权的争斗。

辛亥革命之后，中国地方政府体制发生了巨大变化。各省以革命时期的都督府为最高机关，都督掌管着地方军政与民政。袁世凯上台后，为了收地方权力于中央，先后采取了地方“军民分治”、废除都督制、镇压二次革命、解散国会和各省议会等办法，利用武力和政治权术来加强中央集权，利用中央政府及他个人积累的权力谋求实现帝制，结果不仅将他自己推上绝路，而且严重损害了中央集权的声誉。一直致力于建立一个一元制、中央集权国家的袁世凯实际上统辖的是“一个事实上的联邦政府”①。

袁世凯死后，中央政权彻底衰败，国家权力为各军阀势力所分割。直、皖、奉系等大军阀集团为了夺取中央政权，西南军阀及其他众多的小军阀为了保全其地方势力或向外作有限度的发展，彼此不断混战，国家四分五裂，中央与地方的关系完全处于无序状态。控制着中央政权的大军阀也极力消灭地方割据势力以实现“武力统一”，但其权威不仅遭到位居中央地位的其他大军阀的挑战，连地方军阀也打着“自治”的旗号与之抗衡，视中央为虚设，不向其上缴财政收入。

国民党统治时期，中央政府的权力也受到广泛的限制。为了加强中央集权，消除地方割据状况，蒋介石采取了一系列措施。其一，以武力统一兼政治分化为基本手段，以“攘外必先安内”为基本政策。其二，为消除北洋军阀统治时期遗留下来的地方军事机关兼管地方政务的现象，蒋介石在中原大战结束后提出了“军人不得兼任地方政务官”的原则。其三，着力整治当时地方财政割据的状况。应该说，国民党采取的以上一系列措施多少起到了集权的作用，至少实现了中国大陆在形式上的统一，这是比

① ［美］费正清主编：《剑桥中华民国史》（中译本第一部），第 240－241 页，上海人民出版社，1991 年版。

北洋军阀统治时期有所进步的地方。然而，到抗战时期，由于大半国土沦陷，国民政府管辖区域仅西南西北数省，而陕甘宁边区则是共产党独立领导下的特区，蒋介石国民党的中央集权已潜伏着很大的危机。抗战胜利后不久，蒋介石就发动了全面内战，从而更加背离民心，军事上的失利使地方实力派的离心倾向进一步增大。国民党政权在大陆的完全覆灭，在一定程度上是由于未能处理好中央与地方的关系问题。

民国时期加强中央集权的成效不大在于中央权威虚弱，而中央权威虚弱的根源主要在于以下几个方面：其一，帝国主义列强在半殖民地中国“划分势力范围的分裂剥削政策”①；其二，封建军阀势力的长期存在；其三，中央集权的个人独裁性质使其始终存在着合法性危机。

与合理的中央集权对应的地方分权不是地方割据，而是地方自治。地方割据与地方自治的本质区别在于，前者是一种“官治”，后者则是一种“民治”。由于地方自治是抑制中央过度集权、实行民主政治、建立廉洁政府的一项有效措施和重要制度，因此，自晚清以来，它一直是中国广大民众关心的一个问题，民国时期也一直有着不同程度的实施。

民国时期国家结构形式的实践表明，中央集权缺乏相应的权威，地方分离割据势力是中央政府无法消除的心痛；地方自治举步维艰，往往为中央或地方的官僚政治所利用。有的学者所指垢的“集权但欠足够的权力，地方分权但欠足够的民主”② 的问题在民国时期非常突出。对于这种畸形的中央与地方关系，中国共产党早在1922年6月发表的对时局的主张中就指出：“军阀政治

① 《毛泽东选集》第1卷，第49页，人民出版社，1991年版。

② 郑永年、王旭：《论中央地方关系中的集权和民主问题》，载《战略与管理》，2001年第3期。

是中国内忧外患的源泉……封建式的军阀不消灭，行中央集权制，便造成袁世凯式的皇帝总统；行地方分权制，便造成一班武人割据的诸侯，那里能够解决时局？”① 军阀政治是官治。以独裁为特征的中央集权和地方割据都是一种官治，官治是民国时期国家结构形式实践中的病原。合理的中央权威呼唤民主政治，地方分离的顽症需要中华民族真正独立统一的良方。

二、民国时期的民族政策

民国时期的民族政策可以分为两个大的阶段，第一个阶段为北洋军阀统治时期，第二个阶段为国民党统治时期。

民国初年处理民族问题的重要理论依据主要有两个，一是孙中山的“五族共和”思想，二是由袁世凯议定、辛亥革命党人认同的“优待皇室八条”、“待遇皇族四条”、“待遇满、蒙、回、藏七条”。前者奠定了各民族平等的理论基础，指明了辛亥革命的目标不是反满，而是推翻清政府的专制统治。后者在承认各民族平等、宗教信仰自由的基础上，不仅解决了推翻清政府后大批的皇室满族官员、贵族、王公的安置问题，同时也继承了清政府对蒙、藏等边疆民族的优待政策，对稳定边疆有积极的意义。这些原则性的规定体现在从《中华民国临时约法》到《中华民国约法》、《中华民国宪法》等根本大法中。

北洋军阀时期，由于战乱频仍，中央政府无暇处理大量存在而又日益复杂的民族和边疆问题，仅对迫在眉睫和影响较大的蒙藏等问题作出了反应。在处理西藏问题上，在恢复达赖喇嘛、派专人入藏疏通、安置逃往内地避难的班禅等几件事中所采取的有

① 中央档案馆编：《中共中央文件选集》第1册，第33-46页，中共中央党校出版社，1989年版。

关政策是值得肯定的。在蒙古问题上，袁世凯坚持外蒙为中华民族大家庭中的一员，决不可分裂。同时，北洋军阀在少数民族地区实行的“移民殖屯”、派兵屯垦、强占豪夺、抓丁派役也遭到各族人民的强烈反抗。

国民党统治时期民族政策的理论基础是1924年孙中山在国民党一大上重新解释的民族主义。国民党一大宣言指出，“国民党之民族主义，有两方面之意义，一则中国民族自求解放，二则中国境内各族一律平等。”“国民党敢郑重宣言，承认中国以内各民族之自决权。于反对帝国主义及军阀之革命获得胜利以后，当组织自由统一的（各民族自由联合的）中华民国。”在这次会上，孙中山亲手拟定的《国民政府建国大纲》中规定：“对于国内之弱小民族，政府当扶植之，使之能自决自治；对于国外之侵略强权，政府当抵御之，并同时修改各国条约，以恢复我国际平等、国家独立。”①

从国民党历次代表大会及中央全会的文件来看，国民党统治时期的民族政策是对孙中山民族主义思想的继承、发挥和重新解释，也有根据不同历史时期的问题提出的具体民族政策。择其要者有：

（1）1929年国民党三大决议案中提出，“于民族主义之上，乃求汉、满、蒙、回、藏人民密切的团结，成一强固有力之国族，对外争国际平等之地位。于民权主义之上，乃求增进国内诸民族自治之能力与幸福，使人民能行使直接民权，参与国家之政治。”“诚心扶植各民族经济、政治、教育之发达，务期同进于文明进步之域，造成自由统一的中华民国。”

（2）1935年国民党五大宣言第八条“重边政，弘教化，以

---

① 荣孟源主编：《中国国民党历次代表大会及中央全会资料》（上），光明日报出版社，1985年版。

固国族而成统一”中规定，“对于边疆各地与住在西南各省间之民族，其一切施政纲领，以尽先为当地土著人民谋利益为前提。”“自后国内蒙族、藏族、新疆回族，以及散住内地各小族，选举代表，必须在当地有确实籍贯者，期能充分表达各族人民之情意。”“国家对于各族之教育，必须宽筹经费，确立预算。”“关于上列各地之经济建设，应取保育政策，于其原有之产业与技能，应尽量设法使之逐渐改良，俾人民直接获益。”

（3）1935 年通过的“宪法草案”对蒙古、西藏和其他民族地区出席国民大会的代表、参加立法院的委员等作了规定，规定“西藏自治制度，应予以保障。”

（4）1945 年国民党六大通过的政纲政策案中“关于民族主义者”一项里，提出“实现蒙、藏各民族之高度自治，并扶助各民族经济、文化之平衡发展，以奠定自由统一的中华民国之基础”。

（5）1946 年国民党六届二中全会提出“调整边疆政府，并尽量引用边胞参加中央及地方之行政，以贯彻本党之边疆政策”①。

组织机构和制度方面，国民政府在中央成立部级的蒙藏委员会，管理蒙、藏、新疆等地的民族事务。蒙古地方保留着清代以来的盟、旗制行政机构，西藏则保留噶夏地方政府和宗谿制行政机构。其他民族地区由所在省管理，实行流官制度。到中华人民共和国成立前夕，仅在西南和南方个别民族地区尚保留有土司制。为了沟通中央与地方关系，监督政策的实施，国民政府还设置了有关的机构。依据国民党中央所制定的关于民族问题的决议、指令，亦制订了一些实施决议案的具体措施和政策。

---

①　以上五项引文皆来自荣孟源主编：《中国国民党历次代表大会及中央全会资料》（上），光明日报出版社，1985 年版。

国民党统治时期的民族政策与历史上封建王朝的有关政策相比是一个大进步，因为这时已经有了形式上的宪政，有了“国族”概念和“自治”的理念。但是，由于统治阶级的历史局限性，民族平等和自决自治的政策原则在实际过程中的贯彻落实却颇为有限。比如，民族同化和民族歧视的现象还大量存在。境内的满族、乌兹别克族等曾经不敢承认自己的民族身份，当局对南方的侗族、布依族等采取过强行同化的政策。又如，在少数民族地区实行的“分而治之”、推行汉族地区的保甲制度等高压政策，将蒙古族地区的热河、察哈尔、绥远三个特别区改为行省从而使蒙古族被强行分裂，都曾激起过当地少数民族的反感和抗争。

第四节　历史必然选择：民族区域自治制度在新中国确立

民族区域自治首先是中国共产党的民族政策主张，中国共产党在全国执政后，又通过法律程序使这一政策成为国家意志，从而上升为国家制度。1949 年 9 月，中国人民政治协商会议第一届全体会议通过的《中国人民政治协商会议共同纲领》明确规定：“各少数民族聚居的地区，应实行民族区域自治，按照民族聚居的人口多少和区域大小，分别建立各种民族自治机关。”① 民族区域自治被载入具有临时宪法性质的《共同纲领》，实现了由党的民族政策主张到国家基本制度的转变，标志着民族区域自治作为基本政治制度在我国已经确立。

---

① 中共中央统战部编：《民族问题文献汇编》（1921 年 7 月—1949 年 9 月），第 1289 页，中共中央党校出版社，1991 年版。

一、民族区域自治制度的确立

中国共产党成立初期对中国国内民族问题的认识和政策主张，始见于1922年7月通过的《中国共产党第二次全国代表大会宣言》："统一中国本部（东三省在内）为真正民主共和国"；"蒙古、西藏、回疆三部实行自治，成为自主自治邦"；"用自由联邦制，统一中国本部、蒙古、西藏、回疆，建立中华联邦共和国"。[①] 1923年7月，在《中国共产党党纲草案》中提出了"民族自决"的主张："西藏、蒙古、新疆、青海等地和中国本部发生关系由该各地民族自决。"[②] 由此可见，中国共产党建党初期主张用联邦制和民族自决来解决国内民族问题。而新中国确立的是单一制下的民族区域自治制度，这就是说，中国共产党的民族政策主张从1922年到1949年建国前夕有一个发展演进和转变的过程。由于在这二十多年中国社会生态环境非常复杂而又风云变幻，中国共产党领导的新民主主义革命历程也极不平凡，因此，其民族政策主张的发展、转变的内容及其原因也是极其复杂的。但基本脉络是两条，一是由主张民族自决到民族区域自治的转变，二是由主张联邦制到单一制的转变，最后这两条思想脉络融合、交叉为单一制下的民族区域自治。

（一）从民族自决到民族区域自治

事实上，在1922年的《二大宣言》和《二大决议案》中，就多次出现"自治"一词。然而，中共"二大"提出的"蒙古、

① 中共中央统战部编：《民族问题文献汇编》（1921年7月—1949年9月），第18页，中共中央党校出版社，1991年版。

② 《中国共产党党章汇编》，第257页，人民出版社，1979年版。

西藏、回疆三部实行自治，成为自主自治邦”中的“自治”，明显含有承认这些民族独立的内涵，与中华人民共和国成立后的民族区域自治的“自治”是性质截然不同的概念，也与一般政治学上的“自治”概念相去甚远（参见本书之“导论”部分）。因此，中国共产党建党初期是主张“民族自决”，而非“民族自治”。

中国共产党建党初期为什么要主张“民族自决”，承认国内民族可以独立和分离？学界一般从当时中国共产党在政治上还不成熟、苏联的样本影响等方面来分析，这显然是合理的。而有的学者从共产国际影响的角度来探讨，认为最主要最直接的原因是中共“二大”完全接受了共产国际在 1922 年 1 月远东劳动者大会上有关民族问题的决定及有关外蒙独立问题的立场，这也是有说服力的论证。①

从 1922 年“二大”到 1945 年“七大”，中国共产党一直都强调“民族自决”。例如，1931 年 11 月中华工农兵苏维埃政府第一次全国代表大会通过的《中华苏维埃共和国宪法大纲》规定：“中国苏维埃政权承认中国境内少数民族的自决权，一致承认到各弱小民族有同中国脱离，自己成立独立国家的权利。蒙、回、藏、苗、黎、高丽人等，凡是居住在中国境内的，他们有完全自决权：加入或脱离中国苏维埃联邦，或建立自己的自治区域。”②

1944 年 3 月，周恩来在延安各界纪念孙中山先生逝世 19 周年的演说中说道：“须承认中国境内的民族自决权。在中国或中华民国的范围内，是存在着汉蒙回藏等民族的事实，我们只有在

① 参见王柯：《民族与国家：中国多民族统一国家思想的系谱》，冯谊光译，第 148－253 页，中国社会科学出版社，2001 年版。

② 韩延龙、常兆儒编：《中国新民主主义革命时期根据地法制文献选编》第 1 卷，第 11 页，中国社会科学出版社，1981 年版。

承认各民族自决的原则下平等的联合起来，才能成功的‘组织自由统一的（各民族自由联合的）中华民国’。”①

对比上述两个文献，可以看出，中国共产党提出的“民族自决”，实际上可以分为两个时期。前期的“民族自决”，明确“承认民族独立”；而后期的“民族自决”，则实质上否定了民族独立，设定国家的形式为多民族平等共同组织的中华国家。② 那么，这两个时期之间有没有具体而明确的时间界线呢？

早在1929年，中共中央在《给云南省委的指示》中就指出，“现时在宣传的口号上却是民族自决，而不是民族独立。”③ 然而，与1931年的《中华苏维埃共和国宪法大纲》相比，可以看出，否定了“民族独立”的“民族自决”论，仍然还只限于某时某地，还不是普遍性的观点。

中国共产党正式放弃对境内民族独立的承认及终止“民族自决”的提法，都是在认识和处理蒙古民族问题中实现的。20世纪30年代中期后，蒙古族社会的一部分上层人士由于受到日本入侵中国的“九一八”事变、华北事变的影响，而采取各种渠道和手段，甚至不惜建立日本的傀儡政权，不断进行着将内蒙古地区从中国分裂出去的尝试，使得内蒙古的民族问题越来越具有国际政治的色彩。中国共产党逐渐意识到，内蒙古的“民族独立”有被日本侵略者利用的危险。1936年8月，《中共中央关于内蒙工作的指示信》指出：“内蒙古绥远，形势非常紧急，日本帝国主义所制造的蒙古独立政府已经成立，其军队正向绥东大举进攻，目

---

① 中共中央统战部编：《民族问题文献汇编（1921年7月—1949年9月）》，第730页，中共中央党校出版社，1991年版。

② 王柯：《民族与国家：中国多民族统一国家思想的系谱》，冯谊光译，第254页，中国社会科学出版社，2001年版。

③ 中共中央统战部编：《民族问题文献汇编》（1921年7月—1949年9月），第110页，中共中央党校出版社，1991年版。

前在变整个内蒙古为日本殖民地，以求再并吞全中国与进攻苏联。”① 基于这种认识，中共中央在 1937 年 2 月发出的《关于内蒙古工作给少数民族委员会的信》中，正式放弃了它多年来一直提倡的承认蒙古民族独立的政策：“……根据这一中心任务，应着重解释蒙汉的联合一致抗日，这比任何时候都更重要。在目前宣传蒙人的独立或分裂，甚至与汉族的统治者对立，这是非常不妥当的。而且会给日本以便利。”②

自 1937 年以后，中国共产党尽管在整个抗日战争时期仍举着“民族自决”的旗帜，然而在实质上已经放弃了承认国内民族独立的政策主张。而且，关于“民族自决”的主张不再像第二次国内革命战争时期那样作为中共及其领导下的革命政权和人民军队所追求的革命目标之一，而只是作为一种策略提出来，也主要是在抗战初期的论述中比较多见，到 1945 年提出内蒙古实行区域自治之后，就被民族区域自治的政策主张所代替了。

也就在中共中央完全放弃承认境内民族独立的政策后，毛泽东在 1938 年 11 月的中共六届六中全会上所作的政治报告《论新阶段》中，在中国共产党的历史上第一次比较全面地阐述了“民族区域自治”的思想：承认各少数民族与汉族“有平等权利”；承认各少数民族在共同对日原则下“有自己管理自己事务之权”；主张各少数民族与汉族“联合建立统一的国家”；主张在民族杂居的地方，省、县政府“须设置由当地少数民族的人员组成的委员会”，“管理和他们有关的事务，调节各族间的关系”；“尊重各少数民族的文化、宗教、习惯”，“赞助他们发展用各族自己语言

① 中共中央统战部编：《民族问题文献汇编》（1921 年 7 月—1949 年 9 月），第 416 页，中共中央党校出版社，1991 年版。

② 中共中央统战部编：《民族问题文献汇编》（1921 年 7 月—1949 年 9 月），第 451 页，中共中央党校出版社，1991 年版。

文字的文化教育”；“纠正存在着的大汉族主义，提倡汉人用平等态度和各族接触”；禁止任何对少数民族“带侮辱性与歧视性的言语、文字狱行动”①。

在有关民族区域自治的法制建设上，由中共陕甘宁边区中央局提出并经中共中央政治局批准而于1941年5月1日颁布，由边区参议会于1941年11月通过的具有宪法性质的文件《陕甘宁边区施政纲领》规定：“依据民族平等原则，实行蒙、回民族与汉族在政治经济文化上的平等权利，建立蒙、回民族的自治区，尊重蒙、回民族的宗教信仰与风俗习惯。”② 这是最早用法令的形式规定在少数民族聚居区实行区域自治。在实践上，中共曾经在第二次国内革命战争和抗日战争时期建立过一些民族自治政权，如1936年在宁夏的豫旺、海原两县东部10个区的范围内建立了豫海县回民自治政权，《陕甘宁边区施政纲领》生效后在盐池县、新正县和陇东的回民聚居区建立过几个民族自治乡（镇），1945年在伊克昭盟南部建立了一个蒙古族自治区。虽然这些民族自治政权存在的时间不长，但产生了深远的历史影响，为以后实行民族区域自治提供了初步的经验。1945年10月，中共中央作出关于内蒙工作方针的指示：对内蒙的基本方针，在目前是实行区域自治。1947年5月，内蒙古自治政府宣告成立。民族区域自治在内蒙古取得的成功，为中国共产党在夺取全国政权后在全国范围内普遍实行民族区域自治的政策和制度提供了重要的经验。

（二）从联邦制到单一制

如前所述，中国共产党在1922年党的“二大”上就开始提

① 中共中央统战部编：《民族问题文献汇编》（1921年7月—1949年9月），第595页，中共中央党校出版社，1991年版。

② 中共中央统战部编：《民族问题文献汇编》（1921年7月—1949年9月），第678页，中共中央党校出版社，1991年版。

出了“建立中华联邦共和国”的主张，从此以后，中国共产党一直长期坚持这一主张。到40年代中期，中国共产党还在全国范围里推动了联邦思潮。1945年毛泽东在“七大”《论联合政府》的报告中提出的“我们的一般纲领”里，仍然是说：“在新民主主义的国家问题与政权问题上，包含着联邦的问题。中国境内各民族，应根据自愿与民主的原则，组织中华民主共和国联邦，并在这个联邦基础上组织联邦的中央政府。”七大通过的党章当然也是提的联邦。甚至1947年10月的《中国人民解放军宣言》，也是提中国境内各少数民族“平等自治及自由加入中华联邦”。我们现在读到的《论联合政府》、《中国人民解放军宣言》的通行版本里，这些提法没有了，是后来才删去的。①

然而，在抗日战争开始以后，特别是1938年中国共产党六届六中全会之后，也就是在完全放弃承认境内民族独立的政策之后，一方面中国共产党及其领导下的革命政府继续主张联邦制，另一方面在一些重要文件中出现了中国境内少数民族与汉族“联合建立统一的国家”的提法。中国共产党在抗战爆发后较少直接提及联邦制而较多强调境内各民族联合建立统一的国家，主要缘于对“中华民族”这一概念的内涵有了更深入而确定的认识。虽然自近代以来，“中华民族”的概念在各族人民共同反抗列强侵略的过程中已经逐渐形成，但对这一概念的理解有一个不断深化的过程。中国共产党在建党之初，对“中华民族”概念的理解还欠充分。在抗战爆发前，在中国共产党的重要文献中有时把“中华民族”等同于“中国境内各民族”，而有时又把“中华民族”等同于汉族，从而将境内各少数民族排除于中华民族大家庭之

① 参见吴志菲：《龚育之的家国情怀》，载《人物》杂志，2005年第2期。转引自人民网2005年3月15日“龚育之详说开国的历史细节”：http：//culture. people. com. cn/GB/40479/40480/3243351. html

外。随着抗战的进行，中国各民族同仇敌忾、共御外侮的事实标志着他们已经结合成一个统一的现代民族——中华民族，境内各民族都是中华民族的组成部分。中国共产党这时已深刻地认识到了“中华民族”的概念内涵，因而在它和它所领导的抗日政府的文献中，就不再只是把汉族视为“中华民族”，而是把“汉、满、蒙、回、藏、苗、瑶、彝、番等”中国境内各民族形成的统一体视为“中华民族”或“全中华民族”。例如，《关于抗战中蒙古民族问题提纲》就明确提出：“蒙古民族是中华民族的一部分。”① 这种新的认识和解释不仅构成了“中国境内各民族联合建立统一的国家”这一主张的逻辑前提，而且构成革命获得胜利后建立单一制的统一的共和国这一决策的主要的理论依据。②

新中国成立前夕，党中央、毛泽东就是否实行联邦制的问题特别征求过李维汉的意见。李维汉认为，中国与苏联的国情不同，不宜实行联邦制。理由是：“（一）十月革命后苏联少数民族约占全国总人口的47%，与俄罗斯民族相差不远。我国少数民族只占全国人口的6%，并且呈现出大分散小聚居的状态，汉族和少数民族之间以及几个少数民族之间往往互相杂居或交错聚居。(二）苏联实行联邦制是逼出来的。本来，马克思、恩格斯、列宁、斯大林都主张在统一的（单一制的）国家内实行地方自治和民族区域自治，只在例外的情况下允许联邦制……俄国经过二月革命和十月革命，许多非俄罗斯民族实际上已经分离为不同国家，布尔什维克不得不采取联邦制把按照苏维埃型式组成的各个国家联合起来，作为走向完全统一的过渡形式。我国则是各民族在中国共产党领导下由平等联合进行革命，到平等联合建立统一

① 史筠：《民族法制研究》，第51页脚注，北京大学出版社，1989年版。
② 宁骚：《民族与国家——民族关系与民族政策的国际比较》，第594页，北京大学出版社，1995年版。

的人民共和国，并没有经过民族分离。同时，我研究了斯大林把自治分为行政自治、比较广泛的政治自治、更加扩大的自治、最高自治形式即条约关系四级的论述，觉得其中行政自治一级适合中国国情，建议采用。”[①] 中共中央采纳了这一建议。

1949 年 9 月 7 日，周恩来向已到达北平的几百名政协代表作了题为《关于人民政协的几个问题》的报告，其中专门说：“关于国家制度方面，还有一个问题就是我们的国家是不是多民族联邦。现在可以把起草时的想法提出来，请大家考虑。中国是多民族国家，但其特点是汉民族占人口的最大多数，各少数民族总起来还不到全国人口的 10%。不管人数多少，各民族间是平等的。这里主要的问题在于民族政策是以自治为目标，还是超过自治范围。我们主张民族自治，但是今天帝国主义者又想分裂我们的西藏、台湾甚至新疆，在这个情况下，我们希望各民族不要听帝国主义者的挑拨。为了这一点，我们国家的名称，叫中华人民共和国，而不叫联邦。”[②]

1949 年 9 月 29 日，中国人民政治协商会议第一届全体会议通过的《共同纲领》明确规定：“各少数民族聚居的地区，应实行民族区域自治，按照民族聚居的人口多少和区域大小，分别建立各种民族自治机关。”[③] 民族区域自治被载入到具有临时宪法性质的《共同纲领》，实现了由党的民族政策到国家重要制度的转变，标志民族区域自治的基本政治制度在我国得以确立。

---

① 转引自黄涛：《中国共产党民族政策的重大转变——从联邦制到民族区域自治制度》，载《中南民族大学学报》（人文社会科学版），2003 年第 4 期。

② 参见吴志菲：《龚育之的家国情怀》，载《人物》杂志，2005 年第 2 期。转引自人民网 2005 年 3 月 15 日 “龚育之详说开国的历史细节”：http：//culture. people. com. cn/GB/40479/40480/3243351. html

③ 中共中央统战部编：《民族问题文献汇编》（1921 年 7 月—1949 年 9 月），第 1289 页，中共中央党校出版社，1991 年版。

二、历史的选择

关于当代中国为什么要选择民族区域自治制度，在政策宣传和教科书上似乎已有定论。2005 年国务院发布的《中国的民族区域自治》白皮书认为，新中国作出这一重大历史抉择，主要是基于对中国国情的把握：其一，统一的多民族国家的长期存在，是实行民族区域自治的历史依据；其二，近代以来在反抗外来侵略斗争中形成的爱国主义精神，是实行民族区域自治的政治基础；其三，各民族大杂居、小聚居的人口分布格局，各地区资源条件和发展的差距，是实行民族区域自治的现实条件。这一权威解释，实际上除了第三点涉及选择民族区域自治的原因外，主要只是概括了中国之所以实行单一制国家结构形式的依据和条件。而学界的分析一般是从实行民族区域自治已有几十年实践经验的角度，从它在国家基本政治制度中的重要地位及其实践中的应然功能来归纳的。

在这里，笔者试图从社会生态的视角对这一问题作一初步探讨。总的来说，新中国确立单一制下的民族区域自治制度，是历史的选择，是制度基因在特定社会生态环境下进化的结果。展开来说，主要有以下几个方面的根据：

其一，马克思主义民族自治理论的创造性运用。毫无疑问，马克思主义民族自治理论在苏联的实践是一次历史性的飞跃。同样，以马克思主义理论为指导而建党建国的中国共产党，在新中国确立民族区域自治制度也是对马克思主义民族自治理论的创造性运用，因为它既符合马克思主义民族自治理论的基本精神，又没有照搬苏联的模式；因为中国化的民族自治理论经历了民主革命时期 20 多年的探索，不断地贴近中国的国情和现实需要，经历了由思想理论到实践，由革命时期的根据地、解放区的部分实践到革命胜利后全国范围内的实践，从而不断积累了它的合理性、合法性和科学性。

其二，中国民族格局和民族关系发展的历史选择。关于这一点，宁骚先生作了很好的分析。他认为，中国民族格局的统一性决定了新中国必须采取单一制的国家结构形式，而民族格局的多元性又要求中国共产党以民族区域自治来贯彻民族平等的原则。[①]如前所述，中国共产党在建国前夕已经深刻地意识到中国民族格局和民族关系的特点。

其三，“因俗而治”制度文化传统的现代升华。中国古代的中央集权制、对少数民族地区的“因俗而治”等制度传统同大一统观、“和”文化一起已经延续了两千多年，实际上已经糅合成为一种被普遍接受认可的价值观了。法国著名的历史学家费尔南德·布罗代尔认为，历史分为三层。最下面一层是人的基本价值观和生活方式，这一层好比河床，在很长时间内不会发生变化；中间一层是“社会”，好比河的潜流，有变化但是不易被观察到；最上面一层是“政治”，好比流动不已的河流表面，变化最为频繁。[②] 正因为如此，清末民初的中国尽管承受了前所未有的巨大冲击，经历了千百年来未有之社会变动，但民国时期仍然选择了单一制的国家结构形式，民族政策方面也是在继承的基础上实行变革。单一制下的民族区域自治的确立符合历史发展的内在逻辑。

其四，社会思潮的合力作用。鸦片战争以后的百年中国，经历了现代民族国家形成的艰难过程，在这一过程中，国家民族主义和地方联邦主义的影响和推动是巨大的。从社会思潮的角度，

① 宁骚：《民族与国家——民族关系与民族政策的国际比较》，第568－583页，北京大学出版社，1995年版。

②《北京论坛：学者PK学者》，载《南方周末》，2005年11月24日。

民族主义指向国家的统一、各民族的团结合作，内在地要求新生的民族国家实行单一制；地方联邦主义指向国家的民主、各民族当家作主，必然要求避免那种一刀切的所谓纯粹的单一制，而要求把民族自治与地方自治结合起来。

其五，民主革命实践的必然结果。近代中国人民与帝国主义、封建主义、官僚资本主义三座大山进行了长期艰苦卓绝的斗争，这一过程把各族人民空前地团结起来，紧密地联结起来。中国共产党领导的新民主主义革命走的是农村包围城市的道路，在这种长期的革命斗争中，各族人民同甘共苦，结成了深厚的战斗友谊。中国革命的胜利，是各族人民共同奋斗的结果。因此，新中国建立后，没有理由把中国各民族在革命过程中所形成的团结分裂开来。革命战争岁月，在许多少数民族聚居区，很早就在党的领导下建立了革命根据地，建立了以少数民族为主体的革命政权。农村包围城市的革命道路，决定了中国各族人民的平等联合无须经过民族分离和建立独立的各民族共和国来实现，而是从平等联合的革命统一战线自然地发展到平等联合的统一的人民共和国，以民族区域自治的政治形式来解决国内民族问题。

第三章　民族区域自治的政治体系分析

个体的生命单位都是由基本要素有机构成的生命系统，而这种生命系统又总是存在于一定的生态环境之中。“政治体系也是一个生态学的概念，因为它强调了政治领域与环境之间的相互作用。”① 国内民族理论界一般根据民族区域自治法的文本规定从建立民族自治地方、设立自治机关、行使自治权这三个方面来阐释民族区域自治的内容。② 本章尝试从政治体系的视角分析民族区域自治的结构、功能及合法性问题。

第一节　作为政治体系的民族区域自治

很多政治学者都探讨过政治体系或政治系统的问题。其中在当代影响较大的，如美国政治学家加布里埃尔·A. 阿尔蒙德和小G. 宾厄姆·鲍威尔认为，政治体系这一概念强调各部分之间的相互依存及其与环境之间的相互作用，因而可以说是一个生态学的概念，它可以使人们注意到社会内部政治活动的整体范围。“政治体系不仅包括政府机构，如立法机关、法院和行政部门，

---

① ［美］加布里埃尔·A. 阿尔蒙德、小G. 宾厄姆·鲍威尔：《比较政治学：体系、过程和政策》，曹沛霖等译，第4页，上海译文出版社，1987年版。

② 参见金炳镐：《民族理论通论》，第496－501页，中央民族大学出版社，2007年版。

而且包括所有结构中与政治有关的方面。其中有亲属关系、社会等级集团等传统结构，还有诸如动乱之类的社会非正规现象，以及政党、利益集团和大众传播工具之类的非政府性组织等。”各种相互关联的角色组成结构，相互作用的结构则构成政治体系。[①]罗伯特·A. 达尔提出把政治体系定义为一种政治关系的模式，即任何在重大程度上涉及控制、影响力、权力或权威的人类关系的持续模式。[②] S. N. 艾森斯塔得则概括了政治体系的三个基本特征：（1）政治体系是一个地域社会的这样一种组织，它合法地垄断了这一社会的强制力量的权威性运用和调节；（2）对于它成为其中一个组成部分的那个体系的维持，它负有特定的责任；（3）因此，其组织实施严厉的世俗性制裁，以贯彻社会的集体目标、维持其内部秩序和调节其外部关系。[③] 在一个社会之中履行这些特殊功能的所有角色或群体，不管它们是否可能还承担着其它事务，都构成了这个社会的政治体系。这些定义尽管各有侧重，也有不同的理解，但在一些基本方面上是一致的，如都承认合法的权力是贯穿政治体系活动的主线，都认为这一概念涉及一定的组织机构。因此，国内学者有的把政治体系表述为“一定的政治角色围绕一定的政治权力在实际的政治生活中所形成的政治关系结构，是某种与环境相互作用的政治单元”[④]；有的把政治体系界定为社会政治组织和政治制度的有机构成。[⑤]

---

① ［美］加布里埃尔·A. 阿尔蒙德、小 G. 宾厄姆·鲍威尔：《比较政治学：体系、过程和政策》，曹沛霖等译，第 4 – 5 页，上海译文出版社，1987 年版。

② ［美］罗伯特·A. 达尔：《现代政治分析》，王沪宁等译，第 15 – 18 页，上海译文出版社，1987 年版。

③ ［美］S. N. 艾斯森塔得：《帝国的政治体系》，阎步克译，第 6 页，贵州人民出版社，1992 年版。

④ 周平：《民族政治学导论》，第 15 页，中国社会科学出版社，2001 年版。

⑤ 王浦劬：《政治学基础》，第 233 – 234 页，北京大学出版社，1995 年版。

中国的民族区域自治是在国家统一领导下，各少数民族聚居的地方实行区域自治，设立自治机关，行使自治权。在实际运行中，民族区域自治形成了一种以自治权为核心的政治体系。在这种政治体系中，贯穿于其中的主线是依法行使的民族自治权。

民族自治权到底是一种权利（right）还是一种权力（power)？“权力”与“权利”这两个在英文里区别很明显的概念，在汉语里却很容易混淆。在日常使用中，“自治权”的简称含糊了人们对它的理解，而学界也没有对它作出明确的界定，大多情况下把它理解为“权利”，有的提出“自治权作为一种少数民族群体的权利必须转换为自治地方国家机关权力”①。笔者认为，自治权既是一种权利，又是一种权力，必须根据具体的语言环境来理解。当我们说少数民族的自治权时，指的是一种群体权利；当我们说自治机关行使的自治权时，则指的是一种公共权力，是用以维护、保障自治地方内全体居民权利，特别是少数民族平等权利的公共权力。权力来自于人民，用来维护、保障人民（包括公民个体和群体）的权利。自治机关在国家统一领导下，代表民族自治地方内各族人民行使自治权，这种自治权是权力与权利一体两面的统一。

民族自治权作为民族自治地方的自治机关所行使的公共权力，是自治机关根据法律法规的规定，结合当地民族的经济、政治和文化的特点，自主地管理本地方、本民族内部事务的一种特定的权力。这种权力是其他地方政治体系所不具有的，它涉及民族自治地方的经济、政治、文化和社会生活的方方面面。在实行单一制的中国，这样的权力是根据宪法和法律在少数民族聚居区建立民族自治地方、设立自治机关后才产生的。就其权力的来源

---

① 周勇：《探究中国“区域自治”和“民族自治”结合之路”》，载王铁志、沙伯力主编：《国际视野中的民族区域自治》，第170页，民族出版社，2002年版。

来看，它不是少数民族作为一个民族所固有的政治权力，而是由国家通过宪法和法律所授予的。这既区别于某些少数民族在历史上的一定时期曾经拥有过的独立主权，也不同于联邦制国家内各邦或州所拥有的政治自主权。它是一种国家授权，而不是独立主权。在中国，民族自治地方的"自治权是国家统一领导下的、宪法和法律规定前提下的自主权"① 自治机关所获得的自治权力与对国家和人民所应履行的特殊责任是对等的。

民族自治地方的自治机关行使《宪法》第三章第五节规定的地方国家机关的职权，同时依照《宪法》、《民族区域自治法》和其他法律的规定行使自治权，根据本地方实际情况贯彻执行国家的法律、政策。上级国家机关保障民族自治地方的自治机关行使自治权。自治机关的自治权主要包括：（1）自主管理本民族、本地区的内部事务；（2）制定本自治地方的自治条例和单行条例；（3）上级国家机关的决议、决定、命令和指示中如有不适合民族自治地方实际情况的，可以报请批准变通执行或停止执行；（4）使用和发展本民族语言文字；（5）尊重和保障少数民族宗教信仰自由；（6）保持或者改革本民族风俗习惯；（7）自主安排、管理、发展经济建设事业；（8）自主发展教育、科技、文化等社会事业。因此，自治权是涉及经济社会各方面的一种综合性的自主权，自治机关在实际工作中所行使的权力，作为一级国家政权机关的一般职权与行使自治权这种特殊权力是浑然一体、不可分割的。

民族自治权是民族区域自治的核心。这是由以下几个方面的原因决定的：

首先，自治权是少数民族当家作主，自己管理本民族内部事

① 金炳镐：《自治机关建设与自治权的行使》，载毛公宁、王铁志主编：《民族区域自治新论》，第242页，民族出版社，2002年版。

务的主要标志。民族区域自治是具有中国特色的社会主义民主制度，它的根本目的就是让少数民族充分享受当家作主的权利，自己管理本民族内部事务。民族区域自治制度只有通过自治机关行使自治权才能实现。自治机关行使自治权的多少，行使水平的高低，以及自治权覆盖面的大小都决定着民族区域自治的实现程度和少数民族是否真正当家作主。

其次，自治权是实现民族平等、团结的重要保障。民族平等，首先是权利上的平等。各民族只有在一切权利平等的基础上，才能自愿地联合起来，团结起来。平等是基础，是条件，没有民族平等就没有民族团结。

其三，自治权是实现民族地区经济社会又好又快发展，促进各民族共同繁荣的必要保证。人民是历史的创造者，人民群众的积极性和创造热情，是推动社会生产力发展的动力。充分行使民族自治权，就能调动民族自治地方广大人民群众的社会主义积极性和创造性，加速民族地区的经济文化的发展；同时，可以保障民族自治地方的自治机关在国家的集中统一领导下，发挥管理地方经济文化建设事业的职能作用，坚持从本地本民族特点出发，扬长避短，发挥优势，更好地推进经济文化发展。

其四，自治权是衡量民族区域自治实施成效的基本尺度。民族区域自治这一项基本政策执行得如何，这一项重要的政治制度实行得如何，需要有一个尺度来衡量。这个尺度，就是民族自治权。民族区域自治搞得好不好，要看这个民族自治地方有没有民族自治权，能不能用好用活用够民族自治权。

在民族区域自治生命系统的基本要素中，自治权对其他的构成要素起着决定性的作用。如果没有自治权，少数民族的自治地位就失去了权力的维护，其特殊利益要求的表达和满足就得不到制度保证，自治地方就如同虚设，自治机关及其民族化就没有任何意义。

截至2008年底，中国国内民族自治地方共制定了637件自治条例、单行条例及对有关法律的变通或补充规定。例如，在执行全国性法定节假日的基础上，西藏自治机关将“藏历新年”、“雪顿节”等藏民族的传统节日列入自治区的节假日；根据西藏特殊的自然地理因素，西藏自治区将职工的周工作时间规定为35小时，比全国法定工作时间少5小时；1981年，西藏自治区人民代表大会常务委员会从西藏少数民族历史婚俗等实际情况出发，通过了《西藏自治区施行〈中华人民共和国婚姻法〉的变通条例》，将《婚姻法》规定的男女法定婚龄分别降低两岁，并规定对执行变通条例之前已经形成的一妻多夫和一夫多妻婚姻关系，凡不主动提出解除婚姻关系者，准予维持。其它方面的自治权也都得到有效落实。

民族自治机关自治权的行使主要存在两方面的问题：一是民族区域自治法规与国家其他政策法规在某些条文上存在不一致或矛盾的现象，民族区域自治法规的一些原则性规定在国家的其他一些政策法规中没有得到全面贯彻；二是民族自治地方的自治机关未能用足、用活、用好现行的法定自治权。

从总的情况看，国家其他政策法规在政治方面，尤其是关于民族平等、民族团结等方面与民族区域自治法规是协调一致的，在具体执行中也很少出现问题。问题较多的是有关经济方面的一些政策法规。如，随着经济体制改革，有些针对少数民族的优惠政策难以实施，减免项目名存实亡，一些优惠政策因实行新的税制而不复存在。在国家政策法规体系中，有不少涉及对民族地区实行照顾、优惠的内容，但这些优惠政策多是原则性的规定，缺乏具体的强制执行的认定，因而在国家其他政策法规中就难以全面贯彻。

面对上级国家机关所制定的与民族区域自治法规有关规定不配套、不衔接、相抵触、搞“一刀切”甚至弱化自治机关特殊权限的政策规定，自治机关也存在着不善于变通执行或停止执行的问题。宪法和《民族区域自治法》已界定了自治机关行使自治权的超越和限制这两种机制。“超越”就是指较之非自治地方国家机关独有的特殊自治权限，“限制”则是指在行使自治权的实践中不能有违法行为，必须把二者有机地结合起来。然而，由于对超越和限制的内容、标准的认识不足、把握不准，也由于事实上存在的唯上、唯红头文件的工作作风问题，有的自治机关在实践中往往只注意到或者说只行使与非自治地方国家机关相同的权限，未能用足、用活、用好现行的法定自治权。当然，如果只片面强调自治权，而忽略与非自治地方国家机关相同的权限，也无疑是有害的。

在民族区域自治的政治体系中，自治权是维系其存在的根本依据，它凝聚着各种政治角色，也是衡量民族区域自治实施成效的基本尺度。自治机关围绕着一定的自治权而建立，由参与政治的各种相互联系的角色组成，形成民族区域自治体系的政治结构。

民族区域自治体系与社会环境相互影响、相互作用。一方面，社会环境通过影响民族自治地方、自治民族、自治机关、自治权等基本要素而影响民族区域自治的运行；另一方面，自治机关依法行使自治权，是其功能的实现，是民族区域自治对社会环境的影响和作用。作为一种有目的的行为，民族区域自治必然提出自身追求的目标及在一定条件下所使用方式的正当性问题，即合法性问题。

第二节 民族区域自治的政治角色与结构

阿尔蒙德和鲍威尔认为，“政治角色是政治体系的基本单位之一”，只有从角色这一概念开始，才能进一步分析结构和政治体系。[①] 中国的民族区域自治是地域性民族自治，分析这种政治体系的角色和结构必须以民族自治地方为基础。

一、地域依托：民族自治地方

民族自治地方是在国家统一领导下，以少数民族聚居区为基础，实行民族区域自治的行政区划，是整个国家行政区划的重要组成部分。遵循法定原则建立不同层级的民族自治地方，是实行民族区域自治的前提和基础。民族自治地方的建立、区域界线的划分、名称的组成，由上级国家机关会同有关地方的国家机关和有关民族的代表充分协商拟定，按照法律规定的程序报请批准。自治区的建置由全国人民代表大会批准。自治区的区域划分以及自治州、自治县的建置和区域划分由国务院批准。民族自治地方一经建立，未经法定程序，不得撤销或者合并；民族自治地方的区域界线一经确定，未经法定程序，不得变动。确实需要撤销、合并或者变动的，由上级国家机关的有关部门和民族自治地方的自治机关充分协商拟定，按照法定程序报请批准。

（一）建立民族自治地方的条件

建立民族自治地方，必须以少数民族聚居区为基础，此外，还必须根据当地的民族关系、经济发展状况，并参酌历史情况来确定。

所谓根据当地的民族关系状况，包括两个方面：一是要充分考虑拟建立民族自治地方的少数民族聚居区的民族关系的历史状况；二是要综合考虑民族自治地方建立后是否有利于巩固和发展

① ［美］加布里埃尔·A. 阿尔蒙德、小 G. 宾厄姆·鲍威尔：《比较政治学：体系、过程和政策》，曹沛霖等译，第 14 页，上海译文出版社，1987 年版。

民族平等、团结和共同繁荣的民族关系。任何一个建立民族自治地方的少数民族聚居区，都不可能是纯而又纯的单一民族居住区，而是或多或少地存在两个或多个民族杂居的状况。对两个或两个以上的少数民族联合建立的民族自治地方，更需要认真考虑这些问题。

实行民族区域自治，建立民族自治地方，其目的就是为了保障民族平等，促进民族地区经济、政治、文化和社会的全面进步，促进各民族的共同繁荣。根据当地的经济发展状况，包括该地区经济发展的基础和程度、未来的发展走向以及拟建立的民族自治地方与周边地区的经济联系问题。

参酌历史情况涉及经济、政治、文化和社会各方面，主要表现为：在历史上形成的行政隶属关系、行政管理模式，在多民族共同体中各民族所处的地位和发挥的作用；在共同的生产和生活实践中，形成的比较稳定的经济关系、民族语言和习惯，以及宗教信仰等。全面考量这些因素，对于民族自治地方的设立，是非常必要的。

（二）民族自治地方的类型

按照行政区域划分，民族自治地方分为自治区、自治州、自治县三级；划分三级行政地位的依据，是少数民族聚居区人口的多少、区域面积的大小。自治区是与省、直辖市平行级别的一级行政区域单位，自治州是与设区、县的市平行级别的一级行政区域单位，自治县是与县平行级别的一级行政区域单位。民族自治地方的名称，除特殊情况外，按照地方名称、民族名称、行政地位的顺序组成。

按照实行区域自治的少数民族的多少，可以将民族自治地方分为单一民族自治地方和多民族自治地方。单一民族自治地方是以少数民族聚居区内一个少数民族为实行区域自治的民族而建立的。如广西壮族自治区是以壮族为实行区域自治的民族建立起来的，四川省凉山彝族自治州是以彝族为实行区域自治的民族建立的，云南省丽江纳西族自治县是以纳西族为实行区域自治的民族建立的。这类民族自治地方并非只有实行区域自治的民族，而是一般都包含了其他少数民族和相当一部分汉族人口。多民族自治地方是以少数民族聚居区内两个或者两个以上的少数民族为实行区域自治的民族建立起来的。如湖北省恩施土家族苗族自治州是以土家族和苗族为实行区域自治的民族建立起来的，广西壮族自治区龙胜各族自治县是以苗族、瑶族、侗族、壮族为实行区域自治的民族建立的。在五个民族自治区中，没有这种类型。当然，这类民族自治地方也有其他少数民族和汉族人口居住。

按照民族自治地方内有无低层级自治地方来划分，可将民族自治地方划分为两类：一类是在一级民族自治地方的行政区划内，不含有其他少数民族的较低层级的民族自治地方。如西藏自治区、宁夏回族自治区。在这两个自治区内，不包含实行区域自治的本民族之外的其他少数民族的自治州和自治县。另一类是在一级民族自治地方行政区划内，包含有一级或者两级其他少数民族的较低层级的民族自治地方。如新疆维吾尔自治区之内辖有伊犁哈萨克自治州和布克赛尔蒙古自治县等两级民族自治地方（全区有哈萨克、回、柯尔克孜、蒙古等 4 个民族的 5 个自治州，以及哈萨克、回、蒙古、塔吉克、锡伯等 5 个民族的 6 个自治县，还有 43 个民族乡），四川省凉山彝族自治州内辖有木里藏族自治县等一级民族自治地方。需要指出的是，在民族自治地方内设立的较低层级的民族自治地方应当是其他少数民族聚居的地方，而不是本级民族自治地方中实行区域自治的少数民族再申请设立以本民族为实行区域自治的民族或者为实行区域自治的民族之一的下级民族自治地方。比如，广西壮族自治区内不再设立壮族自治州或者自治县，在云南大理白族自治州内不再设立白族自治县。

在民族自治地方内，根据情况可以设立民族乡。依照宪法第99条的规定："民族乡的人民代表大会可以依照法律规定的权限采取适合民族特点的具体措施。"1993年国务院颁布的《民族乡行政工作条例》规定："民族乡是在少数民族聚居的地方建立的乡级行政区域。少数民族人口占全乡总人口30%以上的乡，可以按照规定申请设立民族乡；特殊情况的，可以略低于这个比例。"《民族乡行政工作条例》还对民族乡人民政府结合本乡的具体情况和民族特点，因地制宜地发展经济、文化、教育、科技等各项事业，以及上级人民政府对民族乡在各方面的帮助和支持，作了具体规定。当然，在民族自治地方内设立的民族乡也应当是实行区域自治民族以外的其他少数民族聚居的地方。

民族乡与普通乡镇一样，是中国最基层的一级行政区域单位，但不是一级民族自治地方。设立民族乡是因为一些少数民族聚居地域较小、人口较少并且分散，不宜建立自治地方。通过设立民族乡的办法，使这些少数民族也能行使当家作主、管理本民族内部事务的权利。在非民族自治地方内也有设立民族乡。

（三）民族自治地方建立的概况

如前所述，早在民主革命时期，在中国共产党领导下就有过民族区域自治的若干实践，并于1947年5月成立了中国第一个省级少数民族自治地方——内蒙古自治区。中华人民共和国成立初期，国家根据《共同纲领》，按照"慎重稳进"的方针，在少数民族聚居区逐步推行民族区域自治。建立民族自治地方的工作最初为组织专家调查组、中央访问团，然后进行大规模的民族识别，再在此基础上开始民族区域自治的试点。从1950年开始在少数民族聚居区建立民族自治区，在民族杂居区建立民族民主联合政府，到1953年6月，在全国共建立了130个各级自治区。

为了进一步推行民族区域自治工作，1952年8月，中央人民政府批准颁布了《民族区域自治实施纲要》，对民族自治地方的民族组成、类型、区域界限、行政地位、名称等问题都作了明确的规定。1954 年 9 月颁布实施的第一部《中华人民共和国宪法》关于建立民族自治地方的规定解决了之前存在的两个问题：一是改变了过去将乡、区、县、专区和专区以上五级民族自治地方统称为自治区的做法，而将民族自治地方分为自治区、自治州、自治县三级，这就避免了名称上的混乱；二是县以下的区和乡村不再设立民族自治地方，因为这些地方因人口太少和行政区域太小而无法行使自治权。对于不宜建立一级民族自治地方的少数民族聚居地区，宪法规定将其改为建立民族乡，以适应聚居民族成分特殊情况。

这里有必要提及建国初期的民族民主联合政府。当时在民族杂居区及未具备实行民族区域自治条件的民族聚居区建立民族民主联合政府，其直接目的主要是要解决人民代表会议的代表名额问题，或可看作是民族自治地方的一种过渡或补充。1952 年政务院通过《关于地方民族民主联合政府实施办法的决定》，规定建立民族民主联合政府的地方有几种情况：汉族人口占绝对多数，少数民族人口占 10% 以上的地方；少数民族人口不足 10%，但民族关系显著的地方；民族自治地方内汉族居民特别多的地区；两个以上民族聚居区，尚未具备实行区域自治条件的。1955 年 12 月，国务院根据宪法规定而发布了《关于改变地方民族民主联合政府的指示》。指示规定，过去建立的民族民主联合政府，凡适合建立自治州、自治县的，改建为自治州、自治县；凡适合建立民族乡的，可改建为民族乡；凡不适合建立自治州、自治县或民族乡的，改为专区、一般县和乡。民族民主联合政府曾起到过保障民族杂居区少数民族平等权利的历史作用。

1954 年宪法有力地推动了中国民族自治地方的建立和发展。到 1959 年 4 月第二届全国人民代表大会召开的时候，我国已经建立了4个自治区、29个自治州和54个自治县，实行区域自治的少数民族达到30多个，并建立了一批民族乡。

内蒙古自治区经过近十年的调整，恢复了内蒙古故地的统一整体。内蒙古自治区成立之初，其辖区只有东部已解放的五个盟。1949年划入原辽北省的哲里木盟和原热河省的昭乌达盟。1952年划入察哈尔省的多伦、宝昌、化德三个县。1954年，绥远省被撤销，其辖区划入内蒙古自治区。1956年又划入原热河省的赤峰等6县及甘肃省的巴音浩特蒙古自治州和额齐纳自治旗。

新疆维吾尔自治区成立于1955年。在酝酿建立自治区的过程中，关于自治区的名称问题曾有过争论。有人主张用“维吾尔斯坦”，有的不同意冠以维吾尔民族名称，有的在继续使用“新疆”作为地理名称上也有分歧。经过干部群众反复讨论协商，取得了一致。

广西壮族自治区和宁夏回族自治区都成立于1958年。它们在建立过程中都有过两种方案的选择。在广西，将原广西省改为壮族自治区被称为“合”的方案；将广西西部壮族聚居区单独划为自治区则为“分”的方案。最后在“合”的方案上达成共识。在宁夏，主要讨论的问题为是否将平凉专区各县市和天水专区张家川回族自治县划入自治区，考虑到平凉专区历史上的回汉关系问题，最终确定选“小”不选“大”。

西藏自治区是在和平解放、民主改革的基础上建立起来的。1951年5月，中央人民政府与西藏地方政府签订《关于和平解放西藏办法的协议》（简称“十七条协议”），西藏实现和平解放。1956年4月，西藏自治区筹备委员会在拉萨成立。1959年3月，西藏上层统治集团中的一些分裂分子为维护封建农奴制度“永远不变”，在国外势力的支持下发动全面武装叛乱，图谋所谓“西藏独立”。中央人民政府和西藏自治区筹委会领导西藏人民迅速平息叛乱，并实行民主改革，推翻了政教合一的封建农奴制度，废除了封建等级制度、人身依附关系和各种野蛮刑罚，百万农奴、奴隶获得翻身解放，成为国家和西藏地方的主人。1965 年 9 月，西藏自治区成立。

新中国成立以来，民族自治地方建立的情况如果划分为 1949—1958 年、1959—1978 年、1979—2003 年这样三个时期，我们可以明显看出“两头好、中间差”的发展特点。如下表：

新中国成立以来各个时期民族自治地方建立情况列表（单位：个）

	1949－1958 年	1959－1978 年	1979－2003 年
自治区	3	1	0
自治州	28	0	2
自治县（旗）	52	9	59
合计	83	10	61

从中华人民共和国成立到 1958 年，由于人民当家作主，以《共同纲领》、《宪法》和《民族区域自治实施纲要》为法定依据，大多数民族自治地方在这一时期建立起来了。在 20 世纪 50 年代后期“左”的思潮泛滥时期，曾刮起一股取消、合并民族自治地方之风。如，把河北省的孟村、大厂两个回族自治县（1955 年成立）合并、取消，至 1962 年才恢复。又如，将原广东省海南黎族苗族自治州（1952 年建立）与海南行署合署办公，自治州形同虚设，也是直到 1962 年才恢复自治州。“文革”期间，肆意取消自治地方建置的情况更是有过之而无不及。如云南怒江、迪庆、德宏、西双版纳 4 个自治州被取消，内蒙古的东三盟、西三旗被划给相邻的 5 个省区，甘肃省的裕固族自治县被分割给其他几个县。党的十一届三中全会以后，随着思想路线上的拨乱反正，民族自治地方的建设工作也迎来了新的春天。1982 年《宪法》和 1984 年《民族区域自治法》（2001 年进行了修改）的颁布实施，使中国民族自治地方建设进入了一个新的发展阶段。截

至2003年底，中国共建立了155个民族自治地方，其中包括5个自治区、30个自治州、120个自治县（旗）。根据2000年第五次全国人口普查，在55个少数民族中，有44个建立了自治地方，实行区域自治的少数民族人口占少数民族总人口的71%（少数民族有1亿多人口，占全国总人口8%以上），民族自治地方的面积占全国国土总面积的64%左右。此外，还建立了1173个民族乡，作为民族区域自治的重要补充形式。11个因人口较少且聚居区域较小而没有实行区域自治的少数民族中，有9个建有民族乡。

（四）民族自治地方行政区划调整问题的实例分析

湘西自治州是1952年8月成立的，当时为湘西苗族自治区。从1950年开始，州境内的土家人就提出他们不是苗族而是另外一个民族。到1957年1月，经过多次专家调查论证和各级政府大量的群众工作，土家人终于被识别为一个单一民族。这样就出现了一个怎么实行自治的问题，即“单独自治”还是“联合自治”的问题。解放前，在很长的历史里，中原汉族统治者（客家）利用土家统治阶层来“约束”苗人，乃至镇压苗人（尤其是“生苗”），苗人确实吃过土家土司、地主、富农、商人的亏。但历史上的民族矛盾归根结底还是阶级矛盾。另外，土家族被识别后，在知识分子中土家族明显多于苗族，总人口也处于上风，土家族聚居地区的面积、地形区位、物产也占有优势。湘西在实行自治的方式上是经过充分协商的，几乎全州各族人民都参加了。从各次座谈会上和2万多人的来信中看，主张“单独自治”的仅79人，其余的人都主张“联合自治”。[①] 最后确定实行联合自治，于

① 《湖南省湘西土家族访问团访问工作初步总结报告》（1957年7月11日），载中国共产党新疆维吾尔自治区委员会党史研究室编：《中国共产党与民族区域自治制度的建立和发展》（下），第467页，中共党史出版社，2000年版。

1957 年 9 月成立湘西土家族苗族自治州。实行联合自治的主要理由是：第一，民族分布的大杂居、小聚居不宜分治；第二，从巩固民族团结和发挥各方面积极性出发，必须联合；第三，联合自治有利于社会主义建设。

在土家族实行区域自治的问题讨论中，也提出了一个行政区划调整的问题。“单治”和“合治”都是为了实行民族区域自治，因此民族区域自治是首要的问题。当时民族学专家向达、潘光旦在全国政协代表会议上联合发言中提出的方案并没有引起广泛的关注。向达、潘光旦提出的方案即土家族从湘西州分离出来，新建的土家族自治区域应包括与湖南接界的川鄂两省的一些土家居住区在内。事实上，这个方案在当时操作起来决非易事，它涉及三个省级行政区划的重新调整，也和当时全国大搞建设和民族大团结的政治气氛很不相宜。行政区划是在长期的历史进程中形成的，有着政治的、经济的、自然地理等方面的合理性。

然而，时过 40 年后，湖北省民委机关刊物《民族大家庭》1997 年第 6 期又全文刊登了那篇发言报告。民族联合自治所涉及的行政区划问题一直为理论界所议论。

《战略与管理》2000 年第 6 期发表了《经济社会发展的行政区划限制分析——以湖南湘西为例》一文。文中通过分析湘西州酉水北土家族聚居区与酉水南苗族聚居区的地理区位、自然状况与人文特点，提出了一个大胆的行政区划调整的设想：将湘西州一分为二，即把酉水以北的三个土家族聚居县，向东北就近并入土家族聚居的张家界市；酉水以南的五个苗族聚居的县市，就近向南并入有苗族聚居的怀化市。提出这个设想的理由主要有以下几个方面：

其一，酉水北土家族聚居区与酉水南苗族聚居区的地理区位有明显界限，自然状况有明显的差别。土家族的发展水平，与满族、回族属同一类型，即为操用汉语的少数民族，其经济、教育发展水平较高。苗族聚居区处于“语不同文”的人文环境，汉语文化教育的滞后，导致苗族地区经济社会发展的缓慢，与酉水以北土家族聚居区的差距越来越大。

其二，清代、民国、1949 年解放至 1952 年 7 月，历代中央政府对湘西州酉水以北的保靖、永顺、龙山、大庸、桑植等县土家族聚居地，与酉水以南的花垣、吉首、凤凰、泸溪、古丈等南五县苗族聚居县地，大多是采取区别对待、分区管理与分类疏导的。

其三，湘西州酉水以北五个土家族聚居县中的大庸、桑植二县，于 1988 年底从湘西州析出，与从常德市析出的慈利县建立了地级行政区张家界市。像张家界这样特大型国际级旅游资源的开发，本应带动一大片地区即湘西北土家族地区，但现在只能带动两三个县而已，尚未充分利用张家界市的幅射吸纳功能来带动整个湘西北贫困地区的开发。迄今“湘西北”土家族聚居区仍一分为二。湘西州南部五县市与怀化市北部苗区相连成一片，之间无高山深谷阻隔，相反有铁道、国道、省道相交往，民间交往密切。

其四，湘西州域幅员配置有着自然弱势。州府吉首市发展空间的不足，制约了吉首市向中等城市的发展；而怀化市的自然环境与交通通信条件，拥有发展成株洲市式的中等城市的前景。

这篇论文的分析的确不乏有价值有启发的内容，可以供决策者参考。但是，作者在强调经济发展因素的同时，忽视了几个重大的问题。首先，忽视了湘西各民族文化在长期融合的历史过程中已经有了一体化的基础，特别是实行联合自治以来的 50 多年，民族关系和谐发展，土家族和苗族已经形成了“你中有我、我中有你”谁也离不开谁的关系。历史上湘西土家族和苗族“分治”的时间并不比“合治”的时间长。其次，忽视了经济全球化的趋势不可逆转，区域经济协调发展早已打破了小地方的行政界线。湘西州经济的发展不仅有自己的特色和优势，而且已经与相邻的张家界市、怀化市形成了区域配合，行政上的条块分割也得到有效地遏制。土家族聚居区与苗族聚居区的经济发展水平确实有差距，但是，在一个行政区划内发展的不平衡亦属正常。第三，最主要的是忽视了民族区域自治的问题。湘西州一分为二，北部并入张家界市，南部并入怀化市。就算土家族实现了单独自治（其实也不然，慈利县和原大庸县的汉族人口居多），但是怀化市是以汉族为主的地级市，西部、北部和南部的 5 个自治县主要是侗族聚居区，侗族与湘西苗族之间在历史上更缺乏“亲和力”、“凝聚力”。那么，新的怀化市又面临着一个困难更大的联合自治问题。作者明确提出，撤掉原有的湘西州后，新建的张家界市和怀化市“应继续享有原来的各项民族优惠政策和扶贫政策”。但是，原来的州级自治机关没有了，湘西的少数民族自治权将会失去有效的制度保障和法律依据，民族关系的协调将缺乏强有力的组织基础。

民族区域自治必须是民族因素与区域因素、政治因素与经济因素、现实因素与历史因素的有机统一，必须以保障民族自治权为核心，这是几十年实践总结出来的基本经验。

二、政治角色：自治地方的各族人民

在民族区域自治体系中，自治地方内各民族人民因为与自治机关的自治权发生联系，直接或间接参与政治而成为政治角色。一般选民、自治机关的人大代表、公务员等都是直接纳入政治体系的角色。当然，正如不同民族的人们之间的社会交往并不都属于民族关系一样，并不是自治地方内每个人每时每刻都在“扮演”该体系的政治角色，也并不是每个角色的作为都一样。“角色”的概念强调了参与政治的实际行为，以及这种参与的实际作为。

政治角色的基本单位是个人。“一个角色就是一种规则化的行为模式，它是通过人们自己的和他人的期望和行动而建立起来的。”① 影响民族区域自治体系的政治角色行为模式的因素是多方面的，可能涉及多重社会关系，但对于一般政治角色而言，民族的群体归属意识及民族关系无疑是很重要的。因此，政治角色往往表现为民族群体的形式，其中，实行区域自治的民族（通常简称为自治民族）具有重要的影响力。

少数民族达到一定的聚居程度和规模是实行民族区域自治的必要条件，或者说，只有达到一定聚居程度和规模的少数民族才能实行区域自治。规模太小的少数民族聚居区，不能建立民族自治地方。在中国，建立民族自治地方的行政区划，只有自治区、自治州和自治县三级，民族乡是民族区域自治制度的一种补充。那么，在聚居的程度方面有没有具体的规定？或者说，是否对自治民族在该地区的人口比例有明确的规定？德国学者汉斯－乔基姆·海因茨曾指出：“地方性自治作为一种群体保护的方式仅仅适用于下述的情况，即，被保护的群体生活在一个地理上孤立、界限明确的地域范围内，并构成了当地居民中的多数。”② 他把“构成了当地居民中的多数”作为地方性自治的必要条件。中国的情况却不完全是这样，而是在具体实践中形成了一套适合中国国情的做法。以下以广西为例分析中国民族自治地方的自治民族人口比例问题。

---

① ［美］加布里埃尔·A. 阿尔蒙德、小 G. 宾厄姆·鲍威尔：《比较政治学：体系、过程和政策》，曹沛霖等译，第 62 页，上海译文出版社，1987 年版。

② ［德］汉斯－乔基姆·海因茨：《国际法上的自治》，周勇译，载王铁志、沙伯力主编：《国际视野中的民族区域自治》，第 222 页，民族出版社，2002 年版。

在1958年3月建立广西壮族自治区之前，曾有过两种方案，一种承袭原先广西省的建制，将其直接改建为壮族自治区，被称为“合的方案”；另一种是把广西划分为两部分，即保留广西省的建制，但仅使其管辖该省的东部地区，而把该省的西部壮族聚居地区划出来建立壮族自治区，被称为“分的方案”。主张“分的方案”的一个重要理由，就是原先广西省的汉族比壮族人多，当时广西全省人口1759万，其中汉族人口1027万，占总人口的58.4%，壮族人口约650万，占总人口的36.9%。主张“合的方案”的理由在于：第一，鉴于当时各民族人口的分布情况（即普遍存在的杂居散居的现状），建立一个纯粹单一的壮族自治区不可能。第二，“分的方案”不利于发展经济。据当时的估算，壮族聚居区约占全省面积60%，汉族聚居地区约占全省面积的30%，其他少数民族聚居地区约占全省面积的10%。汉、壮两族聚居地区的面积同他们的人口比例恰好相反。如果把广西汉、壮两族双方的人口和土地面积结合起来，就正是门当户对，取长补短。如果依据“分的方案”，地域的划分将汉族聚居的东部农业区和壮族以及其他少数民族聚居的西部工矿业区分割开来，不利于共同发展。第三，“合的方案”更有利于民族团结和合作，因为汉族的人口较多，文化、技术水平较高，将汉族与壮族等其他少数民族联合在一个地方行政单位内，正可以帮助少数民族发展当地经济。① 讨论的结果，“合的方案”成为广西壮族自治区成立的基础。

从以上对广西壮族自治区成立所采取方案的分析可以看出，民族区域自治制度安排更注重广西作为一个省级区划的地方利益

① 李维汉：《关于建立壮族自治区问题的一些看法和意见》，载《统一战线问题与民族问题》，第491－502页，人民出版社，1981年版。

和该地区各民族相互合作关系的发展[①]，而这种情况并不只存在于广西。据统计，到2003年末，五个自治区中少数民族人口占该地区总人口的比重，内蒙古为21.25%，广西为38.17%，西藏为95.93%，宁夏为35.52%，新疆为60.13%，[②]实行区域自治的民族人口所占比重当然还要低于这个比率。

由于大杂居、小聚居的人口分布状况，中国的民族区域自治以少数民族聚居区为基础，但不简单地以某一个或某几个少数民族在当地人口中所占的比例为依据，这样有利于使更多的少数民族平等地享有区域自治的权利。

实行区域自治的民族，其自治地位的标志主要表现在这几个方面：民族自治地方的名称一般体现了实行区域自治的民族的名称；民族自治地方的人民代表大会常务委员会中应当有实行区域自治的民族的公民担任主任或副主任；自治区主席、自治州州长、自治县县长由实行区域自治的民族的公民担任；民族自治地方的自治机关在执行职务时如同时使用几种通用的语言文字，可以以实行区域自治的民族的语言文字为主。

民族区域自治制度同时保障民族自治地方内其他少数民族和汉族的平等权利，如在民族自治地方的人民代表大会中，除实行区域自治的民族代表外，其他居住在本行政区域内的民族也应有适当名额的代表；民族自治地方的自治机关所属工作部门的干部

---

① 周恩来在阐述有关这一问题时认为："不论是从全国来看，还是从一个省来看，都需要合……汉族人口众多，经济文化比较发达，但地大、物博都在他们（少数民族）那里。从全国来说是这样，广西也是这样。将来发展工业，扩大农业，都要大力开发少数民族地区，都需要把地大、物博和人口众多、经济文化发达结合起来……合则两利，分则两害。"参见周恩来：《民族区域自治有利于民族团结和共同进步》，载《中国共产党主要领导人论民族问题》，第152页，民族出版社，1994年版。

② 中华人民共和国国务院新闻办公室：《中国的民族区域自治》（白皮书）附录，2005年2月。

中，应当合理配备实行区域自治的民族和其他少数民族的人员；民族自治地方的自治机关录用工作人员时，对实行区域自治的民族和其他少数民族的人员应当给予适当照顾等等。

在民族区域自治的实践中，既要维护实行区域自治的民族的自治地位，又要保障民族自治地方内其他少数民族和汉族的平等权利，二者之间难免会产生矛盾，引起民族关系问题，需要根据民族平等团结的根本原则妥善解决。事实上，民族区域自治正是为了贯彻这一根本原则而实行的基本政策。

在中国，有的民族自治地方是由两个或两个以上的少数民族为实行区域自治的民族建立起来的（如湖北省恩施土家族苗族自治州、广西壮族自治区龙胜各族自治县等），有的在一级民族自治地方内包含有一级或两级其他少数民族的较低层级的民族自治地方（如新疆维吾尔自治区之内还辖有伊犁哈萨克自治州和布克赛尔蒙古族自治县等两级民族自治地方，四川省凉山彝族自治州内辖有木里藏族自治县等一级民族自治地方等）。这样，在民族自治地方内，实行区域自治的民族之间、实行区域自治的民族与其他少数民族和汉族之间的关系有时就很复杂，而市场经济条件下民族间跨地域人口流动的增加又可能强化这种复杂性。

三、政治结构：自治地方的自治机关

政治结构是由各种相互联系的政治角色组成的。作为民族区域自治体系的政治结构，自治地方的自治机关是代表实行区域自治的少数民族和居住在本行政区域内的其他各族人民行使自治权的直接主体，是自治权的组织保障。民族自治地方的自治机关是行使法律规定的自治权的地方国家机关。中国《宪法》和《民族区域自治法》规定的民族自治地方的自治机关是自治区、自治州、自治县的人民代表大会和人民政府。除自治地方的人民代表大会和人民政府这两个权力、行政机关外，其他任何机关都不属于自治机关。自治地方的政府职能部门，包括厅、委、局、科等，都在政府统一领导下工作，不单独享有自治权，不是自治机关。各种派出机构，如自治区所属的地区公署等也不是自治机关。自治地方的人民法院和人民检察院，分别是国家的审判机关和检察机关，为了维护社会主义法制的统一和尊严，它们按照统一的国家法律行使审判权和检察权，不属于自治机关的范畴。自治地方的党委是自治地方的领导核心，保证党的方针政策在自治地方的贯彻执行，必须绝对服从党中央的领导，不存在自治权问题，更不是自治机关。①

民族自治地方的自治机关是国家的一级地方政权机关，是人民民主专政的国家政权在民族自治地方的具体表现形式，是中国国家机构体系的重要组成部分。民族自治地方的人民代表大会和人民政府既是一级地方国家政权机关，又是自治机关。因此，它与一般地方国家机关相比具有两重性质。一方面，自治机关同一般地方国家机关一样，都实行人民代表大会制和民主集中制原则，自治地方的人民代表大会和人民政府的产生、任期和职能等与同级地方人大和政府相同。民族自治地方各级人民政府，都是国务院统一领导的国家行政机关，都服从国务院的统一领导，这是它们的共性。另一方面，民族自治地方的人民代表大会和人民政府作为自治机关，国家对它们的组成方式、职权范围、管理方式等又有许多有别于其他地区的法律规定，“民族”特色表现突出，这是它的特殊性。民族自治地方自治机关的性质表明，它除了行使宪法规定的地方国家机关职权外，还依照《宪法》和《民族区域自治法》的规定行使自治权。

---

① 段尔煜、刘宝明：《民族自治地方行政管理学》，第58页，中央民族大学出版社，1994年版。

政治角色是通过定期选举、公务员考试、选拔干部等录用制度而组成并维持政治结构的，同时，一定的录用制度又因此而约束或管制政治角色的行为。这样，在角色与结构之间的关系中，录用制度就显得很重要。在民族区域自治体系中，自治机关的民族化是录用中的重要问题。

（一）自治机关的民族化及少数民族干部的比例问题

自治机关民族化是实行区域自治的民族的特点在自治机关的体现，主要通过配备本民族的干部，使用本民族的语言文字，运用本民族喜闻乐见的民族形式，实现自主管理本民族、本地区内部事务，实现当家作主。民族干部、民族语言文字、民族形式是自治机关民族化的主要内容。实现自治机关的民族化，才能使民族自治权得到尊重和发展，得到充分地行使，使民族自治地方的经济文化得到发展，民族团结得到加强。[①] 自治机关民族化既需要在理论上正确认识，更需要在实践中不断研究新情况解决新问题。

理解我国民族自治机关民族化的概念必须将它与原苏联在解决民族问题的过程中曾提出过的“机关民族化”概念相区别。斯大林曾在《民族问题与列宁主义》一文中指出，各民族共和国各民族地区的“所有管理机关，从党的和工会的机关到国家的和经济的机关都民族化”[②]，而我国的民族自治机关民族化是在坚持民族平等团结原则的基础上，既照顾到自治民族的自主管理的要求和需要，体现自治民族的自治地位，又注意到非自治民族的民主平等权利的实现。“原苏联所提的机关民族化与我国所提的自治

① 金炳镐：《民族理论通论》（修订本），第507－508页，中央民族大学出版社，2007年版。

② 《斯大林全集》第11卷，第303－304页，人民出版社，1955年版。

机关民族化，虽然在其强调民族干部、民族语言文字、民族形式等的内容上有些相似，但在范围等方面是有明显的区别的。”① 乌兰夫曾经指出：我国的民族区域自治“基本问题有两个，一个叫民族化，一个叫自治权”。② 20世纪八九十年代，我国民族理论界围绕着民族化的概念、民族化与“三个离不开”、民族干部共产主义化与民族化、自治机关的党委机关是否需要民族化、自治机关民族化与自治机关干部民族化等问题展开了热烈的讨论，这些讨论深化了对我国民族自治机关民族化问题的认识。③

《中华人民共和国全国人民代表大会和地方各级人民代表大会选举法》规定：在同一少数民族人口不到当地总人口15%时，少数民族每一代表所代表的人口数可以适当少于当地人民代表大会每一代表所代表的人口数，人口特别少的民族至少也应有一名代表。选举法对少数民族每一代表所代表的人口数，针对不同情况分别作出了规定。在聚居区内，同一少数民族的总人口数占境内总人口数30%以上的，每一代表所代表的人口数应相当于当地人民代表大会每一代表所代表的人口数；在聚居区内，同一少数民族的总人数占境内总人口数15%以上，不足30%的，每一代表所代表的人口数，可以适当少于当地人民代表大会每一代表所代表的人口数，但该少数民族的代表名额不得超过代表总名额的30%；在聚居区内，同一少数民族的总人口数不及境内总人口

① 金炳镐：《民族理论通论》（修订本），第508－509页，中央民族大学出版社，2007年版。

② 乌兰夫：《民族区域自治的光辉历程》，载《人民日报》，1981年7月14日。

③ 参见杨荆楚：《自治机关民族化的几个问题》，载《民族研究》，1984年第6期；刘成：《论自治机关民族化问题》，载《内蒙古大学学报》（哲学社会科学版），1988年第3期；金炳镐：《对自治机关自治权和民族化的一点理解》，载《湖北少数民族》，1987年第4期；《关于民族区域自治的几个理论问题——民族理论专题学术讨论会综合报道》，载《民族理论研究通讯》，1983年第4期；郭正礼：《论自治机关民族化有关的几个问题》，载《辽宁大学学报》，1983年第4期。

15%的，每一代表所代表的人口数可以比当地人民代表大会每一代表所代表的人口数少1/2；实行区域自治的民族人口特少的自治县，经省、自治区的人民代表大会常务委员会决定，可以少于1/2。人口特少的其他民族，至少应有代表一人。散居的少数民族应选当地人民代表大会的代表，每一代表所代表的人口数可以少于当地人民代表大会所代表的人口数。有少数民族聚居在境内的市、市辖区、县、乡、民族乡、镇的人民代表大会代表的产生，按照当地的民族关系和居住状况，各少数民族选民可以单独选举或者联合选举。《选举法》的这些规定，体现了宪法关于民族平等团结的原则。

自治机关民族化的关键问题是民族干部的培养使用。要使民族自治地区的自治机关真正行使自治权，关键在于从质和量方面都大力培养使用民族干部，这样才能在内容和形式上做到民族化。截至2009年，全国共有290多万少数民族干部，约占干部总数的7.4%。全国公务员队伍中，少数民族约占9.6%。[①]

关于少数民族干部的比例问题，长期以来存在着两种很有代表性的意见：其一认为不应讲比例，应按统一标准来选拔任用，讲比例才是不公平和不平等的；其二是认为少数民族干部应占有同人口相当的比例，各级党政领导班子、各个部门、各条战线、各行各业都应严格按照这个比例才能体现民族平等。本人认为，这两种看法各有其合理性，但在实际工作中应从民族地区的具体实际出发。前一种看法虽然符合市场经济下的用人规则，但可能导致忽视少数民族的自治权利；后一种看法虽然照顾到了民族地区的实际，但如果一味强调比例，将比例推广到各个领域对于民族地区的发展也是不利的。就西部民族地区来讲，各民族的整体

① 国务院新闻办公室：《2009年中国人权事业的进展》（白皮书），载《人民日报》，2010年9月27日。

文化素质存在着较大差别，过分强调比例很可能会降低干部队伍素质，也不利于调动广大汉族干部的积极性，可能影响到对东部人才的吸引和人力资源的合理配置，可能导致民族地区人才的外流。

笔者在湘西土家族苗族自治州曾接触到不少汉族干部，其中有一些人情绪不稳定，人心思走，原因是升迁机会少，待遇低，而这些人多是五六十年代积极响应党的号召支边的人员或其后代。因此，在目前干部总量不足、素质较低的情况下，西部民族地区调整干部政策，首先应根据本地区的少数民族干部队伍的实际确定比例，不要不切实际地将干部比例和人口比例画等号，但可以将人口比例作为努力的目标，这样也可以充分调动汉族干部的积极性。其次是将用人政策进行区分，可以在政治领域强调或推行比例，但在其他领域，尤其是经济领域应该较多地引入市场经济所要求的竞争机制。再次是要不断提高公务员队伍的素质，改变行政型干部多于技术型干部的局面，以适应经济社会的良性发展。

民族自治地方少数民族干部的比例问题，已引起社会的广泛注意。2001 年修改的《民族区域自治法》做出了如下的规定：一是将 1984 年《民族区域自治法》规定的“自治区主席、自治州州长、自治县县长由实行区域自治的民族的公民担任。自治区、自治州、自治县的人民政府的其他组成人员，要尽量配备各实行区域自治的民族和其他少数民族的人员”中“尽量配备”改为“合理配备”；二是将 1984 年《民族区域自治法》规定的“民族自治地方的自治机关所属工作部门的干部中，要尽量配备实行区域自治的民族和其他少数民族的人员”中“尽量配备”改为“合理配备”。两字之差，却关系重大。

《民族区域自治法》一方面规定，民族自治地方的自治机关根据社会主义建设的需要，采取各种措施从当地民族中大量培养各级干部，各种科学技术、经营管理等专业人才和技术工人，充分发挥他们的作用，并且注意在少数民族妇女中培养各级干部和各种专业技术人才。民族自治地方的自治机关录用工作人员的时候，对实行区域自治的民族和其他少数民族的人员应当给予适当的照顾。另一方面也一直规定，民族自治地方的自治机关可以采取特殊措施，优待、鼓励各种专业人员参加自治地方各项建设工作。在人口流动增强、人才资源竞争日益激烈的市场经济条件下，鼓励、吸引各种专业人才为自治地方的发展做贡献，显然同样重要，有着丰富的政策含义。

总之，根据几十年来的民族区域自治经验，机关干部民族化，必须同本民族自治地方的具体情况相结合，不宜机械地规定比例，应当综合考虑境内各民族的人口情况、历史情况和他们的政治权利，在确保实行区域自治的民族能够充分行使自治权的前提下，使汉族和其他少数民族的干部占有适当的、必要的比例。

（二）自治机关建设的基本要求

有一位法国总理顾问曾于1995年指出："中国国家机构的现代化是中国现代化的关键所在。"① 民族自治地方的自治机关一方面与其他一般地方政权机构同属于国家的一级地方权力和行政机构，具有相同的职能；另一方面又因行使管理本民族内部事务的自治权而具有特殊的组成方式、职权范围和管理方式。这就对民族自治机关的建设提出了比一般地方政权机构更高的要求。

一般而言，组织机构是其职权、职能的载体和外在形式，其设置由职能而定，服从和服务于有效行使职权，高效履行职责。自治机关建设是一项系统工程，应按照民族化、民主化、制度

---

① 转引自温军：《民族与发展：新的现代化追赶战略》，第40页，清华大学出版社，2004年版。

化、高效能、服务型等基本要求整体推进。

民族化集中体现了自治机关建设的特殊要求。自治机关的职权、职能，既有与非自治地方相同的一级地方机构职能，又必须行使自治权这种特殊的职权。但由于长期以来自治机关的设置和运行机制与非自治地方“一刀切”，不管职权、职责、功能的异同，趋于形成同一个模式，导致权力高度集中、党政不分、政企不分、政资不分、政事不分等弊端，造成自治机关特殊权限在纵向和横向上的流失。

民主是自治的内在要求，或者说，自治只有在民主的环境中，在民主化的机构运行中才可能存在和持续发展。可以说，民主是民族区域自治的核心价值，是其灵魂所在。古代中国封建王朝在民族地区实行过“因俗而治”的制度，但由于没有现代民主，因而不能称之为自治。中国民族区域自治制度的形成和发展的基础是国家的民主化，作为其基本要素的自治机关必须是按照民主集中制建立起来的，并不断地推进社会主义民主建设。自治机关的民主建设必须纳入国家社会主义政治现代化和法治进程的轨道中，应着力打造法治政府、透明政府、责任政府。

按照现代法治理念，对于公民和社会而言，行为规范的基本原则是“禁止性”原则，即法律法规没有禁止做的事，都是可以做的，是不违法的；而对于政府而言，法治理念则强调政府只能做法律法规规定的事情。这一理念体现了对人权的尊重和保障，对权力和行政机关的行为约束。在透明方面，一个重要内容是推进政务公开，尊重和保障自治地方内各族人民的知情权、参与权，自觉接受人民群众对自治机关行使权力的监督。责任问题一直受到各国政府及学界的重视。英国学者詹姆斯·布赖斯通过对各国不同政治体制的比较，得出了这样的结论：衡量一种制度优劣的最好标准，就是看这种政府是否有利于明确政府部门及其工作人员的责任，并是否有利于追究其责任。不同的组织结构及其体制机制设计会直接影响到责任是否明确，只有有利于明确责任的组织才是有效的、有能力的。[①] 责权一致是解决自治机关建设中有关全面履行职能、职权划分、职责交叉、部门利益、执行力和公信力等问题的关键。

制度化指民族自治机关的建设和机构改革要按照宪法、民族区域自治法及民族自治地方的自治条例、单行条例来进行，完善各种体制机制，特别是选举制度和公务员录用选拔制度。制度化要求对宪法和法律法规的执行有一整套有效的监督机制和问责机制。对于违反法律法规或不作为者，应形成一套审查制度。

效率问题主要涉及自治机关明确职能和精简机构两个方面，只有在明确职能的前提下精简机构才是有意义的。1988 年国务院机构改革的最重要措施是“三定”——定职能、定机构、定编制。所谓“三定”，是根据经济体制改革的进程、政府职能总体配置的要求和各个部门的具体情况，首先确定各部门的职能，然后再根据职能确定各部门的机构设置和人员编制的做法。党的十一届三中全会以来，我国历次行政管理体制和机构改革都将转变职能作为重点。转变职能是适应由计划经济向市场经济体制转变而提出来的，最初是指“转变政府的经济管理职能”。随着政府职能转变的逐步推进，职能转变的内涵也发生了明显的变化，由最初的经济管理职能发展为“经济调节、市场监管、社会管理和公共服务”四项主要职能。其中，社会管理和公共服务职能已成为新世纪新阶段政府全面履行职能的重点。对于民族自治地方来说，履行社会管理和公共服务职能的一个重要方面就是有效地调控民族关系。在明确职能的基础上，必须坚持不断地精简机构、

① 参见［英］詹姆斯·布赖斯：《现代民治政体》（下卷）第 70 章，张慰慈等译，吉林人民出版社，2001 年版。

提高效率。在这方面党的十七大提出了一系列政策方针，如推行电子政务；加大机构整合力度，探索实行职能有机统一的大部门体制，健全部门间协调配合机制；精简和规范各类议事协调机构及其办事机构，减少行政层次，降低行政成本，着力解决机构重叠、职责交叉、政出多门问题；统筹党委、政府和人大、政协机构设置，减少领导职数，严格控制编制等。

建设服务型政府是新世纪新阶段党中央提出的重要发展战略之一。民族自治机关的民族化、民主化、制度化、高效率，目的在于建设一个服务型的自治机关。

以上几个方面的基本要求，民族化是最能体现民族自治机关特色的方面，其他几个方面既是一般地方机构的普遍要求，也与民族区域自治的内在精神相一致，必须结合民族自治地方的特殊情况来有效落实。

第三节　民族区域自治的功能与合法性

按照伊斯顿的理论，系统分析将一个政治系统简单地比作为一个“箱子”，从外部社会环境流进箱子内的便是输入。然后，在这个箱子或系统内，这些输入又通过不同的政治结构和过渡转变成输出或政策；后者反过来又影响社会环境——经济、文化、社会结构、生态等等，或者政治系统本身。然后，这些影响通过种种不同的复杂的社会过程再流回（反馈）到政治系统中。以这种方式，它们又开始影响下一轮的输入。①

在第二章，我们实际上已经分析了生命系统的输入问题即社

① ［英］戴维·米勒、韦农·波格丹诺编：《布莱克维尔政治学百科全书》，邓正来等译，第752页，中国政法大学出版社，1992年版。

会环境对民族区域自治制度确立的制约和影响。当然，生命系统不可能是静止的，民族区域自治制度确立后，社会环境还将不断地对民族区域自治制度的调整和改善施加影响和制约。在这里，我们来探讨民族区域自治对环境的影响和作用，也就是其功能的实现。

政治体系的功能为其结构的活动结果或影响。作为国家政治体系内的次级系统，民族区域自治体系又存在着个体系统、局域系统和整体系统三个层次。在一个特定的民族自治地方内，形成了民族区域自治的个体系统。由于有的自治区或自治州包含着一级或两级若干较低层级的自治地方，因而在这样的自治州或自治区内就形成了民族区域自治的局域系统。民族区域自治在全国的实行，构成了这一制度的整体系统。在民族区域自治的个体系统或局域系统中，各构成要素之间相互作用而影响该民族自治地方或局域内的民族关系及经济社会发展；在全国的整体系统中，通过实施民族区域自治而有效调控国内民族关系及中央与地方、自治地方与非自治地方、自治地方与自治地方之间的关系。民族区域自治的实际运行，就是自治机关行使自治权的过程，即其对社会环境的作用和影响，即其功能的实现。

政治体系具有多功能性。民族区域自治体系的功能取决于其内部结构，表现在政治、经济、文化、社会各方面①，但其功能的实现程度也有个体的差异，在实际运行中又受到一定历史条件下具体社会环境的影响和制约。以下根据政治体系的内在结构，结合半个多世纪以来的成功经验，对中国民族区域自治的基本功能予以分析。

① 参见吴仕民：《论中国民族区域自治制度的功能》，载毛公宁、王铁志主编：《民族区域自治新论》，第 155 – 164 页，民族出版社，2002 年版。

一、政治功能

作为一种政治体系，民族区域自治在政治方面的作用和影响是其最直接的功能。民族自治地方的自治权是保障自治地方内全体居民权利，特别是少数民族平等权利的公共权力。尊重、维护、保障少数民族的平等权利是社会主义民主的重要内容，而这只有通过在少数民族聚居地方依法设立自治机关，行使自治权，通过民族区域自治这一基本政治制度才能实现，才不容易被忽视。因为，制度更具有根本性、全局性、稳定性和长期性。

自治机关是自治地方各族人民利益表达的机构，它拥有一定的特殊自主权，因而能成为少数民族利益诉求的特殊渠道。自治机关通过利益聚合，制定和实施相关政策，有利于实现自治地方内各族人民的权利要求。

少数民族直接或间接参与本民族、本地区内部事务管理的决定和执行，既符合民主的自律原则，又强化了各民族之间的凝聚力和平等意识。民族区域自治促进了自治地方各族人民富有成效的政治参与的积极性，有利于培养民主素养，奠定民主政治的基础，推动整个国家的民主法治进程。在单一制的国家结构形式下，自治地方的自治机关有维护国家统一、维持本地区安全稳定、保证国家宪法和法律在本地区得到遵守和执行的职责。

二、经济功能

从国外的民族自治政策实施的经验来看，这一政策往往是政府与试图分离的少数族群发生冲突后双方达成协议的结果，或者是少数族群的分离运动迫使当局妥协的产物。而中国的民族区域自治并不都是与民族冲突的因素相联系的。中国民族自治地方的建立，不仅考虑政治因素，而且也考虑经济因素。中国的民族区域自治，表现出一种无产阶级的博大胸怀，不仅着眼于保障少数民族的政治权利，更重要的是着眼于民族地区和少数民族的全面发展，首先是经济的现代化。

自治机关把管理经济、发展生产、改善民生作为自己的重要职责。民族自治地方拥有发展经济的自主权，可以在不违反宪法和法律的原则下，采取适合本地区和本民族特点的特殊政策和灵活的措施发展生产力。民族自治地方地域辽阔、资源丰富。自治机关依法管理本地方的自然资源，并可以根据法律的规定和国家的规划，优先合理的开发利用。国家在民族自治地方进行资源开发时，要对该自治地方进行适当的经济补偿，其中包括作出有利于自治地方经济建设的安排，照顾当地少数民族的生产和生活。

邓小平曾经指出："实行民族区域自治，不把经济搞好，那个自治就是空的。"① 这已成为当代中国坚持和完善民族区域自治制度的一个重要指导思想。

三、文化功能

民族是文化的共同体。尊重和维护少数民族的平等权利，就包含了尊重和维护各具特色的多元文化的存在和发展。民族自治机关的自治权对于保护和发展本地区各民族的传统文化有着重要的意义。组织、支持有关单位和部门，收集、整理、翻译和出版少数民族历史文化典籍，保护少数民族的名胜古迹、珍贵文物和其他重要历史文化遗产，是自治机关的重要职责之一。民族区域自治的实施，显然有利于对自治地方内少数民族传统生活方式

① 《邓小平文选》第1卷，第167页，人民出版社，1989年版。

（风俗习惯、宗教信仰等）的尊重。

正确对待少数民族的传统文化，是国家和自治机关的重要职责。对于传统文化中的有生命力的成分，应当予以扶持；对于传统文化中的精髓部分，应当大力弘扬光大。当然，对于那些不适应时代而有着明显消极因素的某些东西，应该坚持先进文化的前进方向，在社会主义核心价值体系的引领下，以少数民族可以接受的方式，在现代化进程中予以改造，这也符合民族长远发展的需要。

文化既具有民族性，也具有时代性。民族传统文化已经在越来越多地融入到现代化之中。当今时代，文化越来越成为民族凝聚力和创造力的重要源泉，丰富精神文化生活越来越成为各族人民的热切愿望。在上级国家机关的帮助支持下，民族自治地方的自治机关因地制宜自主地发展本地区的教育、科学、体育、卫生等各项事业，激发各族人民的文化创造活力，鼓励不同民族文化的交流和学习，促进了各族人民的全面发展，使他们的基本文化权益得到更好保障，使社会文化生活更加丰富多彩，使人民精神风貌更加昂扬向上。

四、社会功能

民族区域自治体系的社会功能集中表现为对各种关系的协调。

在民族自治地方内，既有同一级行政区划内的民族关系，又有局域系统内不同层级民族自治地方之间复杂的民族关系。民族区域自治制度既要维护实行区域自治的民族的自治地位，又要保障民族自治地方内其他少数民族和汉族的平等权利，从而有助于民族关系的和谐。民族区域自治法对民族自治机关调节自治地方内的民族关系作了具体而明确的规定。

在地方与中央的关系上，民族区域自治法既规定了自治地方的自治权，又明确了上级国家机关的职责。在民族区域自治的实践中，爱国主义的观念愈益深入人心，自治机关把国家的整体利益放在首位，积极完成国家交给的各项任务；上级国家机关对自治地方的帮助和各种政策倾斜，也使自治地方的各族人民真正享受到国家统一和进步发展所带来的成果，从而把自己的命运与国家整体利益拧在一起。因此，民族区域自治既有助于增强自治地方内本民族本地区的凝聚力，也有助于增强对中华民族和统一国家的认同。“在多民族国家内部，中央集权与边疆少数民族地区之间的张力一直存在，而民族区域自治最大限度地实现了二者之间的协调。”①

在自治地方与非自治地方的关系上，国家实施西部大开发等发展战略和政策方针是坚持和完善民族区域自治的必然要求。通过在公平的基础上合理利用民族自治地方和非民族自治地方的优势资源，缩小民族自治地方与汉族聚居区的发展差距，有助于国家区域间的协调发展和可持续发展。少数民族的平等权利得到普遍尊重和制度保障，促进了全国范围内各民族的团结友爱和共同繁荣。

政治体系要为权力关系提供其运作的结构框架，必须具有合法性。这里的合法性指的是社会秩序和权威被自觉认可和服从的性质和状态。从“路径依赖”的角度来看，民族区域自治是马克思主义民族平等理论与中国制度文化传统相结合的产物；从制度选择的主体来看，民族区域自治是中国共产党领导全国各族人民进行民主革命实践的经验总结；从社会思潮的角度来看，民族区域自治制度是现代中国民族主义与民主主义共同影

---

① 周传斌：《民族区域自治制度与社会和谐》，载毛公宁、王铁志主编：《民族区域自治新论》，第252页，民族出版社，2002年版。

响、合力作用的结果。这是社会环境对形成政治体系的影响，奠定了民族区域自治的历史合法性基础。而民族区域自治的现实合法性资源来自对自治权的维护和自治机关的建设，在于对社会环境的积极作用，即通过不断完善和发展以实现其正向功能的最大化。

第四章　民族区域自治与社会政治环境

在社会生态环境中，政治因素是影响民族区域自治制度的最重要最直接的变量。实际上，民族区域自治本身就是国家政治体系中的组成部分。本章将讨论民族区域自治与政治文明建设的关系，并将其置于国家政治体系中予以考察，分析民族区域自治与国家统一、自治机关与上级国家机关、自治地方与非自治地方之间的内在关联和相互作用。

第一节　民族区域自治与社会主义政治文明

政治文明是指人类政治生活的进步状态，是人类在改造社会关系过程中所形成的成果总和，是社会文明的重要尺度和主要标志之一。政治文明作为人类文明成果的重要组成部分，是对蕴含在人类政治生活中的优秀政治思想、政治制度和政治行为的综合体现，其核心是政治制度文明。胡锦涛在2005年5月召开的中央民族工作会议上指出："民族区域自治制度，是我国的一项基本政治制度，是发展社会主义民主、建设社会主义政治文明的重要内容，是党团结带领各族人民建设中国特色社会主义、实现中华民族伟大复兴的重要保证。”①

中国的社会主义政治文明有自己鲜明的特色，最根本的是把坚持党的领导、人民当家作主和依法治国有机统一起来，其重要的表现形式为实行人民代表大会制度、中国共产党领导的多党合作和政治协商制度、民族区域自治制度、基层群众自治制度等。民族区域自治体现了现代政治文明关于民族平等和发展权利的基本理念，是中国共产党从本国实际出发解决我国民族问题的伟大创举，是国家的一项基本政治制度。经过几十年的探索和完善，民族区域自治制度已经形成比较成熟的管理机构和运行机制。坚持和完善这一基本政治制度，是我国的社会主义政治文明建设的重要组成部分，对走中国特色社会主义政治发展道路具有重要意义。政治文明，就其本质上讲就是实行民主政治，实行人民的统治，承认公民一律平等，承认大家都有决定国家制度和管理国家的权利。而我国是个统一的多民族国家，有56个民族，除汉族外，有55个少数民族，他们虽然在人口上处于少数，但都是中华民族大家庭中平等的一员，他们在国家政治生活中能否享有充分的民主权利，能否尊重他们的文化和历史特殊性使其在自己聚居的地区实现当家作主的权利，成为是否真正政治民主化的重要

① 改革开放以来，党中央、国务院先后召开了三次中央民族工作会议：第一次中央民族工作会议于1992年召开。其时，苏联解体，东欧剧变，使得我国的民族关系面临严峻考验。针对这种情况，党中央决定召开中央民族工作会议，从全局和战略上研究部署民族工作，会议的主题是加强各民族大团结，为建设中国特色社会主义携手前进。第二次中央民族工作会议于1999年召开。其时，一是恰逢新中国成立50周年，二是中央决定实施西部大开发。会议重点研究在实施西部大开发战略中，把我国民族团结进步事业全面推向新世纪。第三次中央民族工作会议于2005年5月召开。这是新世纪新阶段召开的第一次民族工作会议，是新一届中央领导集体组成后召开的第一次民族工作会议。会议重点研究如何加快少数民族和民族地区经济社会发展，实现全面建设小康社会的宏伟目标。胡锦涛：《在中央民族工作会议暨国务院第四次全国民族团结进步表彰大会上的讲话》，第16页，人民出版社，2005年版。

尺度之一。而实行民族区域自治制度就是为了保障少数民族当家作主的民主权利，体现最广大人民当家作主的真实性和广泛性，实现好、维护好、发展好少数民族广大人民的根本利益。这既是我国社会主义民主政治的必然要求，也是我国社会主义政治文明建设的一项重要任务。

建设社会主义政治文明必然要发展人民民主，保障人民当家作主的权利；必然要强调依法治国，建设法治国家。政治文明建设的这两个主要方面对坚持和完善民族区域自治制度提出了要求，指明了方向。社会主义制度的建立，为全国各族人民当家作主奠定了根本的制度基础。民族区域自治制度实施半个多世纪来，少数民族在民主发展的各个方面都取得了巨大的进步，这是有目共睹的。当前，应以自治地方县级人民代表大会代表选举为突破口，稳健有序地推进人大代表的公开选举和政府官员的民主评议制度改革，使“为选民负责”、“为地方发展负责”和“为国家负责”与“立党为公，执政为民”思想有机地联系起来，把“三个代表”真正落实在基层。法制建设方面，1949 年 9 月第一届中国人民政治协商会议通过的具有临时宪法性质的《中国人民政治协商会议共同纲领》，就专章阐述了新中国的民族政策，并明确把民族区域自治确定为一项基本国策和重要政治制度。1952 年 8 月中央人民政府政务院会议通过并颁布实施《中华人民共和国民族区域自治实施纲要》，对民族自治地方的建立、自治机关的组成、自治机关的自治权利等重要事项作出明确规定。1954 年《宪法》明确规定了民族自治地方的行政区划为自治区、自治州、自治县三级，规定了民族自治地方自治机关的自治权。1982 年《宪法》恢复并扩充完善了 1954 年《宪法》中关于民族区域自治的内容和条款。1984 年颁布的《中华人民共和国民族区域自治法》，对民族自治地方的经济、政治、文化等各方面的权利和义务作了系统的规定。为了在社会主义市场经济条件下进一步加快民族自治地方经济社会事业发展，2001年全国人大常委会对《民族区域自治法》进行了修改。2005年，国务院发布《国务院实施〈中华人民共和国民族区域自治法〉若干规定》，明确规定了上级人民政府支持和帮助民族自治地方的职责。各民族自治地方根据国家宪法和法律规定，着手制定本地方的自治条例和单行条例，各有关省、自治区分别制定了民族区域自治法的实施细则和具体办法。截至2008年底，民族自治地方共制定了637件自治条例、单行条例及对有关法律的变通或补充规定，这些构成了民族区域自治法的配套法规。《民族区域自治法》明确规定：民族区域自治制度"是国家的一项基本政治制度"。民族区域自治法是国家的基本法律，不仅民族自治地方要遵守、执行，其他地区也同样要遵守、执行；其基本精神不仅贯穿于民族区域自治法律体系，也要体现在整个国家的法律体系之中。当前，应以五大自治区的自治条例制定为契机，真正保障自治机关依法行使自治权和代表实行区域自治的民族管理本民族内部事务的权利，维护民族区域自治法作为国家基本法的权威地位。

第二节　民族区域自治与国家统一

什么是现代国家？很多学者都从不同角度来对此作了理论阐释。其中，从现代国家产生发展的经验来规定其特征的，最具代表性的莫过于马克斯·韦伯。[①] 韦伯在比较世界各国国家政权发展的基础上，总结出现代国家的一些主要特征，可以说后来的学者无一不受其影响。美国学者波齐根据韦伯的论述，把现代国家规定为出现在特定领土范围内的一种独一无二的政治组织，它有

① 参见马克斯·韦伯：《经济与社会》，商务印书馆1998年版。

以下几个主要特点：具有自主性，即国家的决策并不完全是对国内外各种政治力量所提要求的反应；具有集权性，即与其它政治组织相比，国家的权力是相对集中的；国家内的各个部门具有协调性。[①] 有的学者还进一步概括指出，成熟的现代国家必须具备集中性和人民性。[②]

世界历史尤其是大国崛起的历史经验表明，现代化必须伴随着国家统一大市场的建立，这样就要建立统一的民族国家，要有强有力的中央政府。同时，还有不可或缺的一面是地方民主自治。忽略了地方民主自治的重要性，必然走向专制，危害国家发展。地方能够充分自治，正是一些国家能够兴盛起来的非常重要的原因。西方一些国家从中世纪起，地方民主自治就是保障公民自由权利的重要制度。公民自由权利得到保护，他们创业的积极性才会高涨起来。这一点，对于推动国家的现代化进程至关重要。实现地方民主自治，民主宪政才有基础；单纯强调集中，权力没有制衡，无法形成真正的现代国家。一般地方民主自治如此，地方性民族自治更是不言而喻，因为民主必然要求对群体利益的尊重，尤其是对少数族群的尊重。

民族区域自治与国家统一的关系以民族自治权与国家主权的关系为基础。胡锦涛在国务院第五次全国民族团结进步表彰大会上的讲话指出："祖国统一是我国各民族的最高利益。"[③] 在实行单一制的中国，地方民族自治权来自于中央，民族区域自治是国家政治体系的次级政治体系。中国的《宪法》和《民族区域自治法》既赋予了民族自治地方以自治权，同时明确规定，民族自治

---

① Gianfranco Poggi, *The State: Its Nature, Development and Prospects*, Stanford University Press, 1990.

② 郑永年、王旭：《论中央地方关系中的集权和民主问题》，载《战略与管理》，2001 年第 3 期。

③ 新华网，2009 年 9 月 29 日。

地方的自治机关必须把国家的整体利益放在首位，必须维护国家的统一，保证宪法和法律的遵守和执行。国家的统一是民族区域自治的大前提；单一制国家的主权权力全部属于中央，这是民族区域自治的首要条件。事实上，“自治是一种分散权力的方法，它在尊重其人口的多样性的同时，保护国家的统一”①；“政治自治”是“一种主权缺失状态”② 等理念已成为国际上的共识。

结合我国近代历史的发展和演进过程来看，民族区域自治的确立过程属于民族民主革命历程的一部分，其初衷无不具有争取国内各民族及整个中华民族独立和解放的目的，但这一政治形式在我国经历了由理论探索到革命实践的发展过程，并最终成为我国解决民族问题、处理民族关系的基本制度后，就演变成为了统一主权国家内的中央与地方关系问题。从世界范围来看，无论是单一制国家，还是联邦制国家，也无论是采取何种形式的地方自治方式，在强调国家统一的问题上都表现出了一致性，我国的民族区域自治也不例外。这种共识得以建立，实际上是在国家统一问题上国家利益与其他利益的一种价值选择。在国家利益与集体利益（或社会利益）和个人利益等的关系上，维护国家统一和主权完整是基本前提。“国家利益”是一个具有双重涵义的概念。一个涵义是国际政治范畴中的国家利益，指的是一个民族国家的利益，英文为 National interest，与之相对立的概念是集团利益、国际利益，或世界利益；另一涵义是指国内政治意义上的国家利益，即政府利益或政府代表的全国性利益，其英文为 Interest of state，与之相对立的概念是地方利益、集体利益，或个人利益。③

① ［德］汉斯－乔基姆·海因茨：《国际法上的自治》，周勇译，载王铁志、沙伯力主编：《国际视野中的民族区域自治》，第 212 页，民族出版社，2002 年版。

② Michael Hechter, *Containing Nationalism*, Clarendon Press Oxford, 2000, p. 114.

③ 阎学通：《中国国家利益分析》，第 24 页，天津人民出版社，1996 年版。

这里主要指的是后者。在国家利益与其他类型的利益进行比较，并制定政策、作出决策、出台法律的时候，应以国家统一为首要价值，权衡各种利益关系。事实上，民族（无论哪个层面上）问题与国家问题，地方利益、民族利益与国家利益是相互影响、相互作用的，是可以有机统一起来的，民族区域自治制度就是各种利益关系相统一的政治形式。

现代国家的形成必须具备几个基本的历史条件。其一是现代民族国家的兴起。在民族国家形成之后，民族主义作为一种意识形态强化了现代国家内部的凝聚力和居民对国家的忠诚感。其二是工业化推动了经济形态的转型。工业化、市场经济的发展和军事技术革命大大推动了现代民族国家的发展。贸易和经济的发展为现代国家提供了大量的财政收入，同时军事技术和组织的革新提高了中央政府控制其领土的有效性。其三是世界市场体系的形成。民族经济和国际经济取代了前现代时期的地方经济和帝国经济，各国经济的相互依赖性日见提高，世界市场体系逐步形成，日益影响着国家的角色和作用。

近年来，国内有的学者认为，当国内社会整体的法制、教育、经济、社会组织水平发展到一定程度之后，民族区域自治政策在实施中可能会产生一些消极作用：（一）有可能阻碍国家各个地区之间在经济、文化、政治等各个方面的进一步整合，甚至可能成为自治地方从外部吸引人才、技术、资金，发展经济和开拓市场的障碍；（二）在区域间利益分配的调整方面出现难度时，易助长地方保护主义倾向，阻碍资金、物资、人口、经济组织的跨地域流动与合作；（三）当区域自治固定化之后，在外部势力的影响和国内一定的政治和社会条件下，甚至有可能出现割据或独立的倾向。① 这是对国际上实行地域性民族自治的一般经验的

① 马戎：《民族社会学》，第623页，北京大学出版社，2004年版。

分析，结论是随着各地族群交流和人口迁移的不断增加，“族群与地域之间的关系也应当逐步淡化”。对于这种观点，可以从两方面来看，一方面，它对于我国的民族区域自治多少有些警示意义。要克服和防止诸如此类的消极作用，必须维护在合法性基础上的中央权威（这在一个多民族的大国中尤为重要），保障国家的法律政令在全国的畅通无阻，防范和遏制地方保护主义和民族分离主义，帮助自治地方建立和完善与市场经济相适应的各种体制，各自治地方制定的自治条例和单行条例必须从本地区的实际出发，该保护的要保护，该放开的要从实际出发以适当方式逐步放开。另一方面，地域性民族自治在我国具有历史和现实的合理性，必须坚持。国家与民族是相互依存、相互影响、相互作用的。社会主义还不是国家衰落时期，更不是国家消亡时期；同样，社会主义也不是民族和民族意识衰弱时期。只要存在民族差别和一定的民族意识，民族区域自治在中国就有存在的历史必然性。中国境内各民族的历史和民族关系状况与美国的多元文化和多族群状况是有根本区别的。前苏联的宪法中关于“民族自决权和分离的权力”规定确实有问题，但是引起前苏联解体的根本原因是中央政府地位和权威的过度削弱，而不是各加盟共和国强烈反对中央集权，绝大多数加盟共和国宣布独立只不过是在中央权威流失殆尽后顺水推舟的结果。前苏联的问题其实不是中央过度集权，而是中央领导人个人专断达到了极致，个人专断不能代表中央权威，缺乏合法性基础。建立在个人专断基础上的中央权威是危险的。中央权威和地方分权都是与民主化社会相适应的，而独裁专断和地方割据只能为专制主义社会所兼容。

当然，民族区域自治的发展必须适应社会生态的变迁，这也是不以人的意志为转移的。

国家结构形式方面，从世界范围来看，美国和德国是典型的联邦制国家，法国和日本是典型的单一制国家。简单地回顾它们在中央与地方（包括联邦成员单位）关系上的发展，可以看出明显的趋同。前者由分散走向集中，后者由集权走向分权，演变的结果是实同名异、大同小异的合作与平衡型的地方自治格局。中国的民族区域自治是单一制下的一种特殊形式。

中国自20世纪70年代末开始的改革开放，比较强调“下放权力”，而且做得确实不少，曾被钱颖一、杰弗里·萨克斯、杨小凯等经济学者称为“中国式财政联邦主义”。财政包干政策尽管极大地调动了地方政府的理财积极性和主动性，但也引发了地方经济崛起和中央财政分散的严重后果：据财政部的统计数字表明，我国中央财政收入占全国财政的比重从1984年的40.5%下降到1993年的22%，国家财政收入占国内生产总值的比重也从1980年的25.7%下降到1993年的12.6%。[①] 从下表可见，这两个比重在全世界范围比较也是比较低的：

中央财政收入“两个比重”的国际比较

国家	占国内生产总值的比重（1989年）	占全国财政收入的比重（1990年）
美国	48.70%	58.35%
英国	41.38%	88.69%
法国	46.08%	87.38%
联邦德国	45.94%	64.83%
加拿大	34.59%	47.80%
印度	15.40%	67.31%
中国	15.80%	33.80%

资料来源：国际货币基金组织，载《政府财政统计年鉴》（1992）、《中国统计年鉴》（1992）

① 项怀诚主编：《领导干部财政知识读本》，第243页，经济科学出版社，1999年版。

正是在这一背景下，国务院于 1993 年 12 月颁布《关于实行分税制财政管理体制的决定》。从 1994 年开始的分税制财政管理体制改革主要集中在中央与地方的财政收入划分和中央对地方的财政转移支付。通过改革，中央与地方的财政关系发生了明显的改变。这种变化不仅表现在中央财政的绝对数的巨额增加，而且表现在中央财政在全国财政总收入中的比重显著上升，1994 年中央财政收入的比重从 1993 年的 22.0% 猛增到 55.7%，此后基本上能稳定在 50% 左右。中央财政收入的绝对数及比重的提高，对于保证全国统一的公共权力执行具有重要的意义，从长远来看也有利于加大对民族自治地方的财政转移支付，有利于增强民族自治地方提高自身发展的能力和财政“造血”功能。

从中央财政与地方财政的关系来看，中央与民族自治地方的关系同与其它一般地方的关系相比具有某些特殊性。一般汉族聚居地区尤其是沿海发达地区在实行分税制后一、两年虽然地方财政有短暂的下降，但由于其经济发展基础较好因而很快就超过了 1993 年的水平并保持着与中央财政互相促进的良好态势。而民族自治地方在分税制之前已存在对中央财政较强的依赖性，实行分税制后由于自身的发展能力有限而在较长时期内出现财政收入普遍下降、财政赤字大幅上升的情况。中央财政对民族自治地方的财政转移支付虽然占财政转移支付资金总量的份额较大（1997 年为 46.7%），但由于转移支付资金总量占整个中央财政收入的比重很小（1994 年为 0.713%），从 1994—1998 年财政转移支付运行结果来看，总额为 60 亿元的财政转移支付相对于民族自治地方逾 500 亿元的财政赤字来说只是杯水车薪。税收返还作为财政转移支付的手段之一，对民族自治地方的财政收入作用很小，相反地对东部发达地区则十分有利。分税制改革后，民族自治地方普遍感到地方财力不足，而中央财政又不断出台减免地方税收的政策和提高开支标准，增加津贴、调整工资等政策，这种“中央财政开口子，地方财政出票子”的做法使民族自治地方的财政难以负荷。而不少专项财政转移支付要求地方财政配套资金，更加重了民族自治地方的财政负担。[①] 因此，必须尽快采取有效措施贯彻落实 2001 年修改的《民族区域自治法》和 2005 年公布的《国务院实施〈中华人民共和国民族区域自治法〉若干规定》中的有关规定，协调民族区域自治与国家统一领导之间的关系，同时发挥民族自治地方和中央两方面的积极性。

第三节　自治机关与上级国家机关

自治机关的自治权不仅包括管理本地区内部事务的权力，而且包括管理本民族内部事务的权力。前者与一般地方行政机关没有差别，而后者则是一种特殊的权力。自治权是由国家通过宪法和法律所授予，但归根到底还是来自于自治地方的各族人民。权力与责任是对等的。那么，自治机关应该负有一定的责任。在民主宪政下，自治机关对本地区的人民负责与对上级机关负责是一致的。而国家（或上级国家机关）对民族自治机关有着统一领导权，就应对其承担相应的责任。可见，“国家统一领导下的自治地方的自治权”既规定了自治机关自治权力的来源，也规定了自治机关与上级国家机关之间相互承担着对对方的义务或责任的关系，这种关系在宪法和《民族区域自治法》及其它法律法规中有明确的规定。

根据《民族区域自治法》，自治机关对国家和上级机关的责任主要有：维护国家的统一，保证宪法和法律在本地方的遵守和

① 参见陈建樾：《政府间财政转移支付及其在民族自治地方的实践》，载王戈柳主编：《民族区域自治的发展》，第 148 - 151 页，民族出版社，2001 年版。

执行；领导各族人民集中力量进行社会主义现代化建设，并逐步提高各民族的生活水平；把国家整体利益放在首位，积极完成上级国家机关交给的各项任务；妥善协调自治地方内的民族关系。其中，妥善协调自治地方内的民族关系是比较特殊的一项责任。对此，《民族区域自治法》中有6条规定。

同时，《民族区域自治法》对上级国家机关的职责有19条规定，主要内容是保障民族自治地方的自治机关行使自治权，并且依据民族自治地方的特点和需要，努力帮助民族自治地方加速发展社会主义建设事业。因此有较大篇幅规定了对民族自治地方的优惠、照顾、扶持等责任。

上级国家机关帮助民族自治地方，对民族自治地方和少数民族的照顾、倾斜政策，既符合马克思主义民族平等的基本原理和民族区域自治的内在要求，又符合我国的历史和现实国情，也有利于国家现代化的全面推进和经济社会的协调发展，因而是完全必要的。

首先，上级国家机关对民族自治地方的帮助，是马克思主义民族平等理论和民族区域自治制度的内在规定性。民族区域自治是运用马克思主义民族理论的基本原理来解决我国民族问题的基本政治制度，以保障少数民族的平等权利。马克思主义民族理论不仅要求各民族权利平等，而且要求尽可能实现各民族间事实上的实际的平等。1922年列宁在《关于民族或“自治化”问题》中强调指出：“大民族要以对待自己的不平等来抵偿生活上实际形成的不平等。”①“对待自己的不平等”也就是要对少数民族实行特殊的优惠、照顾政策。

其次，上级国家机关对民族自治地方的帮助，是由少数民族地区的特殊性决定的。和汉族聚居地区相比，我国少数民族地区

① 《列宁全集》第36卷，第631页，人民出版社，1959年版。

一般具有如下几个特点：一是社会发展进程相对滞后。我国进入社会主义阶段之前，汉族聚居区一般处于半殖民地半封建社会，资本主义有了不同程度的发展，而少数民族聚居地区有的处在农奴制的社会发展阶段，有的还停留在奴隶社会，有的甚至还未结束原始社会末期的社会经济形态。这种在社会发展阶段上的差距，使各少数民族地区在跨进社会主义阶段后，在现代化进程中面临着更多的艰难。二是与汉族之间存在着历史上遗留下来的事实上的发展差距。社会主义制度确立后，虽然消灭了民族压迫和阶级压迫，国内各民族在法律上都享有平等的权利，然而，对于少数民族而言，“由于文化上和经济上落后，这些民族的劳动群众还没有力量来充分使用他们已经取得的权利”[①]，从而无法享有或完全享有民族间事实上的平等权利。三是自然地理条件的特殊性。我国的少数民族，大多聚居在祖国的边疆，在地形上大多是草原、戈壁和山地。自然地理条件上的这种特殊性，使少数民族地区一方面交通设施极差，远离国家政治、经济、文化、教育中心，难以发挥其在国家建设和发展中应有的作用，另一方面则成为国防要冲，长期处在边界争端甚至战火频仍的环境中。这也使得其长期未能纳入国家重点建设的范围。例如广西壮族自治区，“一五”期间在全国安排的156项重点建设项目中，没有1项安排在广西。从1950年至1987年，全区全民单位固定资产投资总额累计279.04亿元，仅占全国同期同口径的1.5%，而该区在全国人口中的比例为3.81%。1988年，全区人均投资只占全国平均水平的50.7%，1989年只占40%。[②] 要扭转这种民族间发展差距扩大的趋势，实现少数民族地区的跨越式发展，不能单靠少数民

① 《斯大林全集》第5卷，第46页，人民出版社，1957年版。

② 徐杰舜、覃乃昌等：《民族自治权论》，第218页，广西教育出版社，1991年版。

族地区自身孤立而有限的努力，而应得到国家的支持和帮助。

其三，上级国家机关对民族自治地方的帮助，是国家现代化全面推进和经济社会协调发展的需要。没有少数民族地区的现代化，就不会有全国的现代化；没有少数民族的大发展，就不会有中华民族的伟大复兴。全国发展一盘棋。我国区域经济和社会发展的互补性很强，对民族自治地方实行照顾、倾斜政策，加速这些地区的全面发展，也将促进其他地区的发展，带来整个国家的共同繁荣和兴盛。1952年，毛泽东在接见西藏致敬团时尖锐地指出："如果共产党不能帮助你们发展人口，发展经济和文化，那共产党就没有什么用处。"① 1953年在对西藏国庆观礼团谈话时，他又指出："帮助各少数民族，让各少数民族得到发展和进步，是整个国家的利益。"② 把帮助各少数民族发展和进步，以实现事实上的平等，摆到了整个国家利益的全局上。"汉族和少数民族的关系"是《论十大关系》的主要内容之一，他要求"我们要诚心诚意地积极帮助少数民族发展经济建设和文化建设"③。

新中国成立以来，在实施民族区域自治制度的过程中，长期以来一直实行对民族自治地方、对少数民族的照顾、倾斜政策，取得了很大的成效。当然，在贯彻落实方面还存在很多问题。以下根据湘西州档案馆馆藏的部分相关资料对湘西州自治权行使中存在的问题作一些分析。④

（一）民族法规政策在某些方面未能很好落实

在投资政策上，历史上的投入偏低与不恰当的"一刀切"加

---

① 《毛泽东文集》第6卷，第240页，人民出版社，1999年版。

② 《毛泽东文集》第6卷，第312页，人民出版社，1999年版。

③ 《毛泽东文集》第7卷，第34页，人民出版社，1999年版。

④ 参见湘西州档案馆馆藏第54全宗，第2目，第115卷、77卷、59卷、230卷、146卷等。

大了民族地区与一般地区的差距。《民族区域自治法》第60条规定，上级国家机关在投资、贷款、税收等方面，扶持民族自治地方合理利用本地资源发展地方工业。[①] 党中央、国务院也多次强调“国家资金、物质的投入要向少数民族贫困地区倾斜”。但是，1950—1990年41年间，湘西州全民单位固定资产投资只有14.9亿元，仅占全省投资总额699.7亿元的2.1%。“七五”期间，中央给湖南省全民单位预算内投资累计51.4亿元，湘西州只得到0.7亿元，占1.3%。湘西州国土面积占全省的7.4%，人口占全省的3.8%，如果按总人口和面积比例计算，“七五”期间湖南省对湘西州少投资1.25亿元至2.3亿元。事实表明，少数民族地区不仅没有得到照顾，而且连平均份额都没有享受到。

在资源的开发上，对民族地区的利益照顾不够。《民族区域自治法》第62条规定，“国家在民族自治地方开发资源，进行建设的时候，应当照顾民族自治地方的利益，作出有利于民族自治地方经济建设的安排”。对此，湘西州《自治条例》也有相应的规定。可实际情况并非完全如此。如新晃汞矿茶田矿区，资源在湘西州的凤凰县，矿山场部设在凤凰，污染也在凤凰，但税收、利润、工源方面凤凰却没沾边。不仅如此，该县每年还得承担各种价格、运输补贴18万多元。又如凤滩电站，资源是湘西州的，淹没区90%以上是在州境内，涉及古丈、保靖、永顺三县，18个乡镇。电站1978年建成投产后，利润全部上缴，税收自治州没得1分钱，经多次反复反映，国家才从1985年起，以每度电1厘钱返回自治州作为“库区维护金”。这笔钱，每年约180万元左右，远远不能从根本上解决移民的生产生活出路。到90年代初期，库区移民人均口粮不足100公斤，4000人就业无门，上百户人家吃住在船上，过着漂泊无定的“吉普赛”生活。

① 根据档案资料，如非特别指出，主要指1984年颁布实施的《民族区域自治法》。

在企业管理上不尊重民族自治地方的自治权。《民族区域自治法》第30条规定:“民族自治地方的自治机关自主地管理隶属于本地方的企业、事业。”第63条(修改后的第68条)规定:“上级国家机关非经民族自治地方机关同意,不得改变民族自治地方所属企业的隶属关系。”但是,上级机关某些部门有时从部门利益出发,随意变更企业的隶属关系,盈利的上收,亏损的下放,使民族自治地方经济自主权得不到充分保障。这种情况在自治州烟厂、石油、盐业公司等反映了出来。湘西州的几个烟厂是州财政的主要财源(1987年卷烟税12752万元,交中央和省1929.8万元,交地方财政10822.2万元,占地方财政收入的55%),但烟草专卖后,烟草公司、烟厂的人财物、产供销全部上划。特别是乾州、桑植和永顺灵溪三个车间,被视为计划外烟厂,不让参加订货会,不让销售,还一再提出要砍掉。

在教育、卫生以及民族干部的培养使用上,缺乏强有力的措施保障民族自治权利。中央民教字[80]27号、459号文件指出:“少数民族地区根据实际需要,教职工编制应适当增加。”这项政策在湘西州并没有落实,原因是省里有关教职工编制的规定中,只有城镇与农村的区别,未考虑民族地区的特殊性。1991年,湘西州小学师生比例为1:23,低于全省的平均水平。民族地区人们居住分散,学校布点多,尽管教师苦不堪言,仍解决不了边远民族聚居区学生入学难的问题。1983年,湘西州有220万元专项民族教育经费,但财政体制变化后,专项经费纳入财政包干基数,表面上民族地区早就吃了“照顾饭”,实际上则“一拉平”,寄宿制学校因无专项经费渠道,只存在一块空牌子,得不到任何实惠,影响了师生的积极性。《湖南省实施民族区域自治法的若干规定》明确指出:“上级国家机关要帮助民族自治地方发展医药卫生事业,充实机构,培训人员,改善卫生条件。”湘西州多次打报告要求恢复民族地区和老区医疗费减免，补贴标准由 1983 年前的人均 4 分提高到人均 1 角，但始终如“泥牛入海”，不见消息。中央和湖南省多次强调要采取切实措施，加速少数民族干部的培养，尽快解决少数民族干部来源少、数量不足、素质低的问题。尽管几十年来少数民族干部成长较快，但仍然严重存在着数量不足、比例失调、结构不合理以及素质偏低的状况。据统计，到1990 年，全国每万人口中有干部300 名，湘西州只有 194 名。这一年，湘西州少数民族干部发展到 27544 人，占干部总数的61.4%，当年少数民族占人口总数67%以上。其中决策层领导职务中少数民族比例很小，州政府组成单位 35 个正职当中少数民族只有 10 个，占 28.6%；全州高级职称的专业人员 675 人，其中少数民族只有 219 人，占 32.4%。

以上主要是 20 世纪 90 年代初以前的情况。1994 年我国在财政制度方面实行分税制后，在对少数民族地区的照顾和优惠政策方面的问题更大些。在新的体制下，中央财政对民族地区的照顾政策主要通过对地方税收返还和转移支付制度体现出来。实行分税制增强了中央政府的宏观调控能力，从长远来看，有利于民族地区的发展。但是，在分税制还不规范的情况下，新体制对民族地区有一些不利的影响：一是全国执行统一的政策，不但对民族地区的特殊情况和特殊开支的因素考虑不够，而且原有的大部分特殊照顾政策措施受到冲击无法执行。二是民族地区可支配的财源减少，赤字扩大，地方财政最基本的开支需要难以保证，生产性支出比重下降。三是已有的如“支援经济不发达地区发展资金”、“少数民族贫困地区温饱基金”等政策措施，一方面数额与实际需要差距很大，另一方面都是按项目管理，实行“拼盘”办法，要求各自治地方按一定比例拿出配套资金。由于民族地区财政困难、项目难找，出现特殊政策用不上，资金用不出去，用不到位的情况，穷地方只能望“盘”兴叹。

金融、基础设施投资、资源开发等方面的照顾和优惠政策也因种种原因难以落实或少数民族不能充分享受。

（二）自治机关与上级国家机关之间的某些不协调

1989年大庸市、桑植县从自治州划出去而成立新的张家界市（地级市）的问题，省里没有征得自治州的同意，就作出决定报请国务院批准，而且是在举国上下深入学习贯彻《民族区域自治法》的热潮中进行的。几年来，自治州用于大庸市的基本建设投资几乎占去了全州的三分之一，几度春秋，含辛茹苦，搞出个旅游区，省里却要收回去。这一方面是不尊重自治州的自治机关的自治权；另一方面也影响到大庸市、桑植县的自治权利，因为新组建的张家界市不再属于民族自治地方，尽管享有自治地区的优惠政策。2001年修改后的《民族区域自治法》第14条对此种现象有了明确规定："民族自治地方一经建立，未经法定程序，不得撤销或者合并；民族自治地方的区域界线一经确定，未经法定程序，不得变动；确实需要撤销、合并或者变动的，由上级国家机关的有关部门和民族自治地方的自治机关充分协商，按照法定程序报请批准。"

在少数民族的计划生育问题上，1987年，湘西州根据中央[1984]7号文件和《民族区域自治法》的有关精神，下发了州[1987]4号文件，允许少数民族干部职工生两胎，但仅执行了三个多月便被省里给废除了。老百姓骂自治机关无能。

以上种种问题的出现，除了经济体制改革过程中不可避免的一些"副作用"外，还因为一些部门和领导对贯彻《民族区域自治法》的重要性和紧迫性没有足够的重视。有的认为贯彻落实《民族区域自治法》是民族自治地方的事，与"我"无关，于是在制定部门具体政策、规定的时候，很少考虑到民族自治地方的特点和需要。尽管一些政策或规定直接与《民族区域自治法》相抵触，但有的同志认为，现在的法律太多了，当干部的只要掌握好党的方针政策就差不多了，至于合不合法，无关紧要，结果往往出现“政策是硬的，法是软的”，甚至“政策大于法”的观念。在有些人看来，《民族区域自治法》是“水”法、“软”法、“无法”，因为触犯了其他法律都要追究责任，唯有违反《民族区域自治法》无人追究。

《民族区域自治法》序言申明：“中华人民共和国民族区域自治法是实施宪法规定的民族区域自治制度的基本法律。”这便确定了民族区域自治法的法律地位，即在我国法律体系中，民族区域自治法是一部基本法律。

《民族区域自治法》的基本法律地位主要是由《宪法》确定的立法权限决定的。《宪法》规定，全国人大是中国的最高国家权力机关和国家立法机关，它的重要职权之一就是“制定和修改刑事、民事、国家机构的和其他的基本法律。”除了修改《宪法》外，凡是由全国人民代表大会制定的、修改的法律均属调整重要的社会关系，因此称之为“基本法律”。民族区域自治法是我国法律体系中的一部基本法律，与刑法、民法等其他基本法律一样具有同等的法律地位。由于仅次于宪法，有较高的法律地位，因而也便具有了很强的权威性和约束力。

国家基本法的法律地位，决定了上级机关在贯彻实施《民族区域自治法》中有着不可推卸的职责和义务。湖南省有关部门对此做了大量的工作，制定了《湖南省实施〈民族区域自治法〉的若干规定》及其他不少关于加强民族工作的文件。笔者在湘西调查中发现，广大人民学习《民族区域自治法》以及湖南省的《若干规定》的热情很高，通过采取诸如山歌等多种当地各族人民喜闻乐见的形式学习、宣传，这些法律法规已经深入人心。但是这毕竟只是区域内的现象；区域外，这些法律却得不到应有的重视。不少群众认为，《若干规定》也是原则上的多，具体可操作的少；规定的多，执行的少。

在全国范围内，从国家机关到社会生活的各个领域，民族区域自治制度无论在观念层面还是在制度层面，其影响和作用力既不普及，也不深入。民族区域自治观念的淡薄，不仅存在于上级国家机关或企事业单位中，而且，民族自治地方的自治机关本身也存在着自治意识不强或不敢理直气壮地要求宪法和法律赋予的自治权。在中国自上而下统一的国家体制和领导体制下，特别是由于干部任免、考核、升迁、调动等制度的局限与影响，使得一些少数民族干部和在民族自治地方工作的汉族干部，特别是他们中的主要领导干部，往往从个人职位的升降、去留、褒贬等切身利益出发，在自己主持的民族自治地方的工作中，通常都是先要揣摩上级领导机关和领导者的意思，听听他们是怎么指示的，有没有“红头文件”，如有又是怎么写的；先要看看别的民族自治地方的自治机关及他们的领导人是否已经做了，如果无人先做，就要等等看，自己别作出头鸟。还有一些民族自治地方的自治机关的职能部门，机械地执行对口上级业务主管部门的决议、决定、命令和指示，遇到涉及民族自治地方因其特点需要变通或者停止执行等重大情况，也往往为了顾及上下级的关系，而不愿意事先向民族自治地方的自治机关予以请示，或者本来就缺乏这种兼顾上下级关系和照顾本民族、本地区特点的自觉性。

除了在观念上不够重视的原因外，《民族区域自治法》的执行与监督机制也不健全。我国的其它各种法律，一般都有从中央到地方的执行与监督体系，违法者要受到法律制裁，可《民族区域自治法》没有被纳入这种体系中，违反了也没有谁去追究其法律责任。

笔者认为，只有真正贯彻执行《民族区域自治法》和《自治条例》、单行条例等地方性民族法规，才能使民族自治地方有效地行使自治权。而这些法律法规的真正贯彻执行，不仅在于自治地方，更在于上级国家机关，也在于其他地方机关，根本在于在全国范围内把这些法律法规看成是中国法治进程中完备的法律体系必不可少的部分，尊重它们。法律面前全国人民平等。必须通过强有力的法律监督机制和问责机制来确保它们的执行。

针对此类情况，2005 年公布的《国务院实施〈中华人民共和国民族区域自治法〉若干规定》中作了如下的规定："各级人民政府行政部门违反本规定，不依法履行职责，由其上级行政机关或者监察机关责令改正。各级行政机关工作人员在执行本规定过程中，滥用职权、玩忽职守、徇私舞弊，构成犯罪的，依法追究刑事责任；尚不构成犯罪的，依法给予行政处分。"监督检查有关违规和不作为者的具体措施及相应的问责机制还有待尽快建立起来。

第四节 自治地方与非自治地方

自治地方与非自治地方都是社会主义国家不可分离的组成部分，都有责任维护国家统一，维护和发展平等、团结、互助、和谐的社会主义民族关系。

在阶级社会里，各民族聚居地之间的关系主要表现为征服民族与被征服民族之间的统治与被统治的关系。由于自然经济占主导地位，各民族之间大规模的交往融合主要是因为战争、朝代更迭、屯田戍边，或是因天灾人祸造成的人口迁徙。中华人民共和国成立后，民族自治地方与非自治地方完全是平等的关系。随着政治、经济、文化等各项事业的空前发展和各民族相互联系的增强，不同民族间的通婚、学习培训、务工经商、家属随迁、工作调动、分配录用、离职退休等使各民族之间的交往、联系日益增多，市场取向的经济体制改革推动了全国统一市场的形成，更加速了各民族在不同地区的流动。在中国，民族自治地方大多有汉族聚居地，非民族自治地方一般都有杂散居少数民族。

民族区域自治的可持续发展，需要维护和建设民族自治地方与非民族自治地方之间的平等、团结、互助、和谐的关系。从实践经验来看，比较有成效的做法有：非民族自治地方人民对经济文化较落后的民族自治地方的支援、帮助；民族自治地方派人员到比较发达的非民族自治地方挂职锻炼、学习；非民族自治地方与民族自治地方的人民一道共同开发西部民族地区的自然资源等等。同时也存在着一些问题，如，非民族自治地方有的单位、企业和个人对民族区域自治制度比较淡漠或不理解，以为民族区域自治法这一项国家基本法只是有关民族自治地方的事，与自己不相干，因而在涉及民族关系或民族自治地方的自治权问题时容易出错；民族自治地方在市场化改革中也有的采取了某种程度的地方保护主义和排外主义，不利于全国统一、开放、竞争、有序的市场体系的建立等等。以下对散杂居少数民族的权益问题、民族自治地方与非民族自治地方之间的人口流动问题作一些分析，因为这两个方面的问题对民族自治地方与非民族自治地方的关系有特殊的影响，而往往被人们忽视。

一、散杂居少数民族平等权利的保障

“散杂居”是针对我国少数民族分布的特点及相对于少数民族自治地方而提出的概念。民族自治地方的少数民族在其他省市及其他自治地方的大量分布，以及汉族人口在民族自治地方的大量分布构成了我国少数民族分布的“大分散、小聚居、交错居住”的格局。散杂居少数民族是指居住在民族自治地方以外的少数民族和居住在民族自治地方内但不是实行区域自治的少数民族。保障散杂居少数民族平等权利，既是民族区域自治制度的必要补充，也会影响民族区域自治的发展。因为，它们的目标取向是完全一致的。

中国的散杂居少数民族遍布全国。在阶级社会里，散杂居少数民族承受着比聚居民族更深重的压迫、歧视和凌辱；如今，他们的权益问题也容易被忽视。他们居住的交叉性、混杂性不仅为各民族成员的交往提供了更多的机会，而且又因其一般具有较高的素质和较大的流动性，使散杂居地区的民族关系比少数民族聚居地区更多了几分敏感性、复杂性和影响力。随着改革开放以来的城市化进程加速、人口流动加剧，民族杂散居的现象越来越普遍，他们的平等权利问题越来越突出。

新中国建立以来，我国十分注意杂散居少数民族的平等权利问题。从建国初期具有临时宪法作用的《共同纲领》到后来的四部宪法都对保障杂散居少数民族的权利作了规定。从 1952 年政务院通过的《关于保障一切散杂居的少数民族成份享有民族平等权利的决定》，到 1993 年由国务院批准发布实施的《民族乡行政工作条例》、《城市民族工作条例》，再到 2001 年《国务院办公厅关于扶持人口较少民族发展问题的复函》，可以看出国家对保障散杂居少数民族平等权利问题的重视。同时，我们也应看到，散杂居少数民族权利的保障也存在着不少问题，必须加强调控。

首先，必须建立健全保障散杂居地区少数民族平等权利的法律体系。应尽快考虑制定《中华人民共和国散居少数民族权益保障法》，形成以《散居少数民族权益保障法》为基本法、国务院行政法规和规章以及地方性法规和规章相配套的散居少数民族权益保障的法律体系。已颁布的《决定》、《意见》、《条例》等在保障散杂居地区少数民族平等权利上缺乏应有的法律形式和效力，相关的政策性规定也多不完善和系统（如《城市民族工作条例》仅仅是针对城市中的少数民族而制定的，对城市之外的散杂居少数民族则往往被政策、法规所遗忘），现有的相关政策、法规在具体的实施过程中也面临着一些问题（如不适合目前的形势，有些条文在制定时太宽泛而使具体执行中难以操作等）。22个人口较少民族的发展问题已经引起国家的重视，但是其中又有基诺族、珞巴族、门巴族、赫哲族、塔塔尔族、京族、德昂族、俄罗斯族、乌兹别克族、阿昌族等少数民族没有建立民族自治地方，而京族甚至没有建立民族乡，他们完全为散杂居少数民族，是弱者中的弱者，应给予更多的支持和照顾，保障他们的平等权利问题应纳入到法律体系之中。

其次，必须切实落实关于散杂居地区少数民族的各种优惠政策。关于散杂居地区少数民族的优惠政策在具体实施过程中面临着很大的困难。如许多清真饮食企业和民族特需品企业是在计划经济体制下发展起来的，在市场化改革过程中，没有相应地保护和扶持这类企业的发展。又如由于利润动机的影响，增加清真饮食网点的政策在有些城市难以落实，信仰伊斯兰教的少数民族存在着“吃难”问题，而在有些地区则存在着“清真不清”的问题等等。关于散杂居少数民族的优惠政策有许多是原则性的规定，又缺乏强制性的执行条款，因而在具体的执行过程中往往为各级政府部门所忽视，或采取推诿的态度，“争就有，不争就没有”的现象较为普遍。切实落实关于散杂居地区少数民族的各种优惠政策，就必须将这些优惠政策规范化、法律化，增加其强制执行的力度。

其三，必须进一步完善民族乡制度。民族乡制度是解决我国散杂居少数民族问题的一种有效的政治形式，在历史上起到过十分重要的作用，在现实生活中依然发挥着巨大的功能。然而，对民族乡在保障少数民族平等权利、协调民族关系、促进各民族共同繁荣等方面所起的作用，很多人认识模糊。在一些干部眼里，民族乡就是给钱给物给点“恩惠”就行了；民族乡不论是在人数上还是在经济总量上占当地比例都很小，没有必要放在重要位置；民族乡只是形式上的东西，没有特殊的内容，口头上喊喊重要性就行了。许多关于民族乡的优惠政策贯彻落实难度大，除了因为对民族乡认识不足、重视不够外，还在于这些优惠政策的可操作性不强，民族乡自身的条件所限制。我国的民族乡大多地理位置偏僻、自然条件恶劣、交通信息不便、经济社会发展水平较低，同时民族乡所在的县域经济实力也不强，财力有限，使许多基于民族乡的政策都是“上面开口子，下面出票子”，最终难以落实。另外，民族乡与自治地方相比，所享受的优惠政策是有区别的。如，硕士研究生入学考试，籍贯为民族自治地方的少数民族有照顾分数线，而来自非自治地方的民族乡的少数民族则不能享受这种待遇。

二、民族自治地方与非民族自治地方之间的人口迁移

具有一定规模、涉及不同民族间的跨地域人口迁移，必然会影响民族关系。一方面，当其他民族人口大规模地集体迁入某个地区时，会使本地民族产生威胁感，由此可能引起民族间的矛盾和冲突。这种威胁感既可能来自于在自然资源方面（如土地、草场、水源等），也可能来自在社会资源方面（如就业机会、入学机会、住房、社会福利、政治权力等），本地居民会感受到外来移民的压力和竞争。另一方面，人口迁移促进民族间的交流、互动，在客观上为改善民族关系提供了条件。迁入民族也可能因为对当地的社会、经济、文化教育事业发展起到积极的作用而受到当地民族的欢迎。人口迁移对民族关系的影响是复杂的，除了规模因素外，还与迁移的方式、移民与本地民族居民之间的差异性、国家是否存在制度性民族歧视等因素有关。

在当今中国，人口迁移具有较强的流动性，对民族关系的影

响主要有两种情况，应有针对性地加强社会管理。

第一种情况是汉族人口迁移到少数民族聚居地区。在计划经济体制下，少数民族人口很少迁移到外地，人口迁移的流向主要是汉族人口流动到民族地区。在20世纪50年代末和60年代初期，由于中原地区的大饥荒，有许多汉族农民携家带口来到北方的内蒙古、新疆、黑龙江等地广人稀的边疆少数民族地区谋生，这些非政府组织的人口迁移，由于表现为零星个体和家庭的形式，而且这些移民一般采取与当地人不同的生产、生活方式，因而相对较少引起民族矛盾。为了支援民族地区的建设事业，中央政府组织了规模较大的人口迁移，但一直十分谨慎。为了避免与当地民众在自然资源方面形成竞争关系，在一些边疆地区（如新疆、黑龙江），采取在开垦无人荒地的基础上组建自成建制的建设兵团的方式，安置复员转业军人。改革开放以来，迁入少数民族地区“淘金”的汉族人口明显增多。特别是随着现代化建设的推进和国家实施西部大开发战略，民族地区缺乏科学技术人才和其他专业人才的问题显得极为突出，需要从内地吸引大批汉族人员。这种人口迁移的规模相对来说是比较大的，对民族关系有着潜在的负面影响，因此《民族区域自治法》在第43条对此作出规定：“民族自治地方的自治机关根据法律规定，制定管理流动人口的办法。”国家民委制定的《涉及民族关系群体性事件应急预案》也对于妥善处理有关问题作了原则的规定。但从已颁布的各种自治条例来看，这方面的具体措施规定还很不够。

第二种情况是少数民族人口迁移到汉族地区。改革开放以来出现的民工潮是当代中国最主要的人口流动之一，其中包括了少数民族的民工流动到内地特别是沿海城市。少数民族人员到汉族地区上学、经商、创业等人口流动现象也更为普遍。虽然少数民族的人口迁入相对于人口密集的汉族地区来说算不上大规模，但由于它是整个社会大流动的一部分，因而由此引起的民族关系问题并不简单，而且容易被人们忽视。由于接受学校教育的程度、语言等方面的差异，特别是外来人口缺乏地位继承、人情关系等社会资源，又面临着户籍制度等方面限制，因而外来的少数民族在整体上缺乏就业竞争力，更难以实现向上的社会流动，加上存在特殊的生活困难和心理适应问题，从而可能引起他们的失望、不满和抱怨。因此，外来少数民族问题应引起重视，特别是当地的有关管理部门的重视。首先，应在深入调查的基础上了解他们的各种情况，包括民族、籍贯、风俗习惯、宗教信仰、受教育程度、居住分布情况、从业性质、族际通婚、是否已形成单一民族相对集中的聚落等等，以便针对这些情况实施迁入人口的社区化管理及加强少数民族流动人口与城市社区的联系。其次，应在就业、户籍、投资等方面对外来少数民族实行优惠政策，多加关心和照顾，杜绝任何形式的民族歧视性宣传，切实维护和保障他们的各种权益。其三，政府要重视对少数民族的普法、职业教育和就业培训。其四，普遍提高有关管理人员的民族政策知识水平，制定一套处理散居少数民族问题和民族关系突发事件的具体措施，避免因处理不当而把一般事件演化为民族问题。

民族区域自治制度在很大程度上是为了协调民族关系的，从个体系统来看，它主要是协调民族自治地方内的民族关系。但是，民族区域自治的良性运行需要一个全国范围内民族关系和谐的生态环境，保障散杂居少数民族的权益、妥善管理民族自治地方与非民族自治地方之间的人口迁移，是改善民族关系生态环境的重要环节。

第五节　民族区域自治与“民族共治”

近年来，有的国内学者通过分析殖民地自治、民族文化自治和民族领土自治的局限性，通过总结前苏联民族政治制度实施的经验教训，提出了“民族共治”的命题。[①] “民族共治”论者认为，中国民族区域自治制度的基本特征是以民族杂居地区和少数民族聚居地区的自治为基础，通过各民族对国家和地方的共治，追求各民族的共和。“民族区域自治”中的“民族”是复数，而传统自治理论所言的“民族自治”中的“民族”则是单数；“民族区域”的含义，是民族杂居地区和少数民族聚居地区，而不是某一个民族的独占地区；自治既不是民族领土单位的自治，也不是民族社会组织的自治，而是行政地方（民族区域）自治；自治主要是指对各个自治地方事务包括其民族关系事务的管理，而不是指对该自治地方的少数民族，更不是指对这些少数民族所属的民族整体的内部事务的管理（如延边朝鲜族自治州人民政府不可能管着北京的朝鲜族）。中国在实行民族区域自治的同时，《宪法》还赋予了少数民族在国家和非民族自治地方政治生活中“当家作主”的权利，《宪法》和《民族区域自治法》规定了国家和上级政府对自治地方负有责任。中国民族政治实践的成功，就在于它从承认和保护各民族在共同国家和共居地区中的平等主人翁地位出发，形成了一种可以称为“双向双层面民族共治”的模式。所谓“两层面共治”，一是指国家事务的管理，二是指地方事务的管理。所谓“双向共治”，一是指参与管理，二是指接受管理。

民族自治地方各族人民行使宪法和法律赋予的选举权和被选举权，通过选出人民代表大会代表，组成自治机关，行使管理本

---

① 参见朱伦：《民族共治论——对当代多民族国家族际政治事实的认识》，载《中国社会科学》，2001 年第 4 期；《论民族共治的理论基础与基本原理》，载《民族研究》，2002 年第 2 期；《自治与共治：民族政治理论新思考》，载《民族研究》，2003 年第 2 期；杜文忠：《自治与共治：对西方古典民族政治理论的宪政反思》，载《民族研究》，2002 年第 6 期。

民族、本地区内部事务的民主权利。中国155个民族自治地方的人民代表大会常务委员会中都有实行区域自治的民族的公民担任主任或者副主任，自治区主席、自治州州长、自治县县长全部由实行区域自治的少数民族公民担任。为切实保障自治机关充分行使管理本民族、本地区内部事务的政治权利，上级国家机关和民族自治地方的自治机关采取各种措施，大量培养少数民族各级干部和各种科学技术、经营管理等专业人才。《中华人民共和国公务员法》规定，民族自治地方录用公务员时，要对少数民族考生予以适当照顾。在公开选拔、竞争上岗配备领导班子时，可以划出相应的名额和岗位，定向选拔少数民族干部。国家在招录公务员时，对少数民族考生适当放宽条件，通过划定比例、定向招考、适当加分等优惠政策，确保一定数量的少数民族考生进入公务员队伍。经过几十年的不懈努力，少数民族干部队伍不断发展壮大。截至2008年，少数民族干部已达290多万人，比1978年增长了3倍多。全国公务员队伍中，少数民族占9.6%，其中县处级以上的少数民族干部占同级干部总数的7.7%。在中央和地方国家权力机关、行政机关、审判机关和检察机关都有相当数量的少数民族干部。各少数民族通过选出本民族的全国人民代表大会代表，行使管理国家事务的权利。自第一届全国人民代表大会以来，历届全国人民代表大会少数民族代表的比例都高于少数民族人口的比例。第十一届全国人民代表大会常务委员会161名委员中，有少数民族人士25名，占15.53%。每个民族都有全国人民代表大会代表，人口在百万以上的民族都有全国人民代表大会常务委员会委员。目前，在13位现任全国人大常委会副委员长中，有少数民族2名；在9位现任国务院副总理、国务委员中，有少数民族2名；在25位现任全国政协副主席中，有少数民族5名。

“民族共治”论尽管还欠成熟，还需多学科的合理性论证，但实际上指出了民族区域自治与国家政治体系的重要关联，指出了中国特色的民族区域自治有着一种有利于国家统一和政治稳定，有利于协调自治机关与上级国家机关、自治地方与非自治地方之间关系的内在机理。

“民族共治”论指出，中国的民族区域自治制度是比较成功的民族政治实践案例。这也给我们这样一种启示，即坚持和完善民族区域自治，不能仅仅从民族自治地方或自治机关来孤立地看问题，也不能仅仅从某个具体的民族区域自治体系来孤立地看问题，而应该将民族区域自治作为国家基本政治制度之一，将民族区域自治法作为国家基本法之一，在联系和发展的视野中看问题，把坚持和完善民族区域自治纳入到现代国家建设进程之中。

把民族区域自治纳入现代国家建设的历史进程，必须处理好国家权力的集中性与人民性的关系。

在中央与地方的关系上，目前的中国有两个问题并存。第一个问题是中央权威有待加强。从理论上说，中国目前的政权是很集中的。然而，权力的高度集中性并未能保证权力意志的有效落实，在许多领域，政府该管的事没有人管，不该管的事却又有太多人管。第二个问题是地方分权缺乏足够的制度保障。新中国成立以来，从毛泽东时期的历次分权运动到邓小平时期的分权改革，权力分散化已经相当深化了。权力从中央政府分到各级地方政府甚至是社会，这本来就是民主政治的一个重要特征。然而在中国，急剧的分权缺乏制度化，缺乏由此而形成的制度性民主。在这种分权状态下，一方面，中央政府感到没有足够的权力，因为权力已经分到地方政府手中了。但另一方面，地方政府也抱怨没有权力，因为所有权力从理论上说仍都属于中央政府，地方即使有权，也缺乏制度保障，中央政府随时都可以把权力收回。可以说，政治权力的流失情况是非常严峻的。更严重的是，这种非制度化的分权削弱了中央对地方政府的监控，却未能强化后者对地方民众的责任机制。[①] 应该说，民族区域自治是一种制度化的地方分权，必须在其发展中注意维护中央的权威，同时积极推进民主化改革。

国家权力的集中性和人民性问题，也就是我们通常所说的民主与集中的问题。对于这一问题，毛泽东从两个层面作了很好的论述。第一个层面是作为制度的民主集中制。1937 年 10 月 25 日，毛泽东在和英国记者贝兰特的谈话中说到："民主和集中之间，并没有不可越过的深沟，对于中国，二者都是必须的。一方面，我们所要求的政府，必须是能够真正代表民意的政府；这个政府一定要有全中国广大人民群众的支持和拥护，人民也一定要能够自由地去支持政府和有一切机会去影响政府的政策。这就是民主制的意义。另一方面，行政权力的集中化是必要的；当人民要求的政策一经通过民意机关而交付与自己选举的政府的时候，即由政府去执行，只要执行时不违背曾经民意通过的方针，其执行必能顺利无阻。这就是集中制的意义。只有采取民主集中，政府的力量才特别强大。"[②] 1945 年，毛泽东在著名的《论联合政府》中指出："新民主主义的政权组织，应该采取民主集中制，由各级人民代表大会决定大政方针，选举政府。它是民主的，又是集中的，就是说，在民主基础上的集中，在集中指导下的民主。只有这个制度，才既能表现广泛的民主，使各级人民代表大会有高度的权力；又能集中处理国事，使各级政府能集中地处理被各级人民代表大会所委托的一切事务，并保障人民的一切必要的民主活动。"[③] 第二个层面是作为一种工作方法的民主集中制。

① 郑永年、王旭：《论中央地方关系中的集权和民主问题》，载《战略与管理》，2001 年第 3 期。

② 《毛泽东选集》第 2 卷，第 383 页，人民出版社，1991 年版。

③ 《毛泽东选集》第 3 卷，第 1057 页，人民出版社，1991 年版。

1962年，毛泽东说，领导干部的工作方法“是一个民主集中制的方法，是一个群众路线的方法。先民主，后集中，从群众中来，到群众中去，领导同群众相结合”。又说，实行民主集中制“要真正把问题敞开，让群众说话，哪怕骂自己的话，也要让人家讲”①。应当指出，在实际权力运作过程中，由于长期混淆了这两个层面，民主集中的国家制度建设的问题比较多。1994年的分税制改革加强了中央政府的税收能力。近来又开始实行集权性的中央银行垂直管理制度，意在消除地方政府对金融事务的干预，从而加强中央政府的宏观金融调控能力。这些对于加强中央权威无疑具有积极的意义。同时，20世纪90年代初开始的基层群众自治也得到发展，取得了一定的成效。党的十七大指出：“人民依法直接行使民主权利，管理基层公共事务和公益事业，实行自我管理、自我服务、自我教育、自我监督，对干部实行民主监督，是人民当家作主最有效、最广泛的途径，必须作为发展社会主义民主政治的基础型工程重点推进。”这种“重点推进”的战略部署使很多人认为，中国的民主化将走从地方到中央的道路。地方的民主建设可以加强地方政府对民众的责任机制，从而可以减轻乃至消除“分权但缺民主”的制度弊端，但有的学者认为，自下而上的民主选举发展到一定的阶段必须配合以自上而下的政治改革。②

① 《毛泽东著作选读》下册，第816页，人民出版社，1986年版。

② 郑永年、王旭：《论中央地方关系中的集权和民主问题》，载《战略与管理》，2001年第3期。

第五章 民族区域自治与社会经济环境

美国著名政治学家塞缪尔·李普塞特曾分析过财富、工业化、都市化和教育这四个变数，发现这四个因素得分越高，政治发展就越充分，反之就越低。[①] 这一分析反映了经济发展的指数与政治发展的程度存在某种关联。

马克思主义经典作家将古往今来人类社会各种形态的基本矛盾高度概括为生产力与生产关系、经济基础与上层建筑的矛盾。经济基础是指一定社会中占统治地位的生产关系的总和，包括生产资料的所有制、各种社会集团在生产中的地位及其相互关系、产品分配方式。社会经济基础之上的结构就是上层建筑，即社会的政治、法律、文艺、道德、宗教、哲学等意识形态以及与这些意识形态相适应的政治法律制度和设施的总和，包括政治上层建筑和观念上层建筑，其中政治上层建筑又包括国家、政治制度、法律体系、政府体制、武装力量、政治关系等等诸多要素。恩格斯指出："政治、法律、哲学、宗教、文学、艺术等的发展是以经济发展为基础的。但是，它们又都互相影响并对经济基础发生影响。"承认上层建筑各因素相互作用并对经济基础具有反作用，这就是说"并不是只有经济状况才是原因，才是积极的，而其余一切都不过是消极的结果"。但是，上层建筑各因素的相互作用

① ［美］塞缪尔·李普塞特：《政治人——政治的社会基础》，第58－59页，桂冠图书股份有限公司，1982年版。

及其对经济基础的反作用毕竟是建立在经济基础上的相互作用和反作用。因此，经济基础归根到底有决定意义，“它构成一条贯穿于全部发展进程并唯一能使我们理解这个发展进程的红线。”①政治制度与经济发展之间的关系应放在这种宏观社会结构关系中予以考察。

当然，我们这里所讲的“经济”是相对于政治、文化而言的社会活动领域，即包含物质资料的生产、分配、交换、消费过程在内的经济活动，而不是与生产力、上层建筑相提并论的概念。关于这一点，列宁曾在《论工会、目前局势及托洛茨基同志的错误》中提出了“政治是经济的最集中的表现”② 的著名论断。毛泽东也在《新民主主义论》中有过精辟的论述：“一定的文化（当作观念形态的文化）是一定社会的政治和经济的反映，又给予伟大影响和作用于一定社会的政治和经济；而经济是基础，政治则是经济的集中的表现。这是我们对于文化和政治、经济的关系及政治和经济的关系的基本观点。”③

我们知道，前南斯拉夫的解体与国内民族矛盾的积累和激化密切相关。而民族矛盾的激化又有着经济问题的背景，其中主要有两点：一是中央吸取财政的能力不断下降，导致中央财力削弱、地方财力过强，中央财政收入仅占国家财政总收入的20%，而地方财政收入却占国家财政收入的80%，而且各共和国之间财力分布也极不平衡；二是地区发展差距不断扩大，地区矛盾和民族矛盾交织在一起，最富的斯洛文尼亚共和国与最穷的科索沃自治省，人均GDP相对差距由1985年的5.0倍扩大到1988年的7.5倍。正是在这两个方面的经济因素的作用影响下，前南斯拉

① 《马克思恩格斯选集》第4卷，第732页，人民出版社，1995年版。
② 《列宁全集》第40卷，第212页，人民出版社，1986年版。
③ 《毛泽东选集》第2卷，第663－664页，人民出版社，1991年版。

夫陷入了一个难以回避的恶性循环过程，即中央财力下降使得中央无力实行财政转移支付，实现地区均衡发展，地区之间的发展差距进一步扩大；地区差距的扩大又反过来加重了中央财力的下降，富裕地区不愿向中央多上缴税收，而贫困地区又认为中央对地方不公平，这一状况不仅激化了中央与地方的矛盾，而且还激化了地区与地区之间的矛盾。① 因此，解决国内民族问题，充分发挥民族区域自治正向功能，需要协调区域经济发展，解决日益扩大的地区差距问题。事实上，中国的地区发展差距，特别是民族自治地方与汉族聚居地区之间的发展差距问题也突出地摆在了我们面前。

邓小平曾经指出：“实行民族区域自治，不把经济搞好，那个自治就是空的。”② 这一重要思想被后来历届党和国家领导人所继承和发展。如，2007 年 4 月，胡锦涛在宁夏考察时强调：“发展问题是现阶段处理我国民族关系的首要问题。”次年，温家宝也指出：“只有把发展问题解决好了，才能真正实现民族平等和民族和谐，使各族人民共享改革发展成果。”③ 改革开放以来，我国确定了“一个中心、两个基本点”的基本路线，并逐步确立了以人为本、全面协调可持续的科学发展观。在中国，能否实现民族自治地方经济的快速发展，被作为评估民族区域自治制度的重要标尺和依据。

---

① 参见胡鞍钢主编：《地区与发展：西部开发新战略》，中国计划出版社，2001 年版。转引自温军：《民族与发展：新的现代化追赶战略》，第 45 页，清华大学出版社，2004 年版。

② 《邓小平文选》第 1 卷，第 167 页，人民出版社，1989 年版。

③ 宁夏日报特约评论员：《认真贯彻落实党的民族政策》，载《宁夏日报》，2008 年 9 月 12 日。

第一节 民族区域自治制度与经济发展的适应性

具有较强的经济功能是中国民族区域自治制度的一个重要特点。民族区域自治制度与经济发展的适应性，体现在《宪法》和《民族区域自治法》的相关规定中。

首先，《宪法》和《民族区域自治法》规定了民族自治地方的自治机关在经济建设方面的自治权。(1) 在国家计划的指导下，根据本地方的特点和需要，制定经济建设的方针、政策和计划，自主地安排和管理地方性经济建设事业。这就使自治机关可以发挥本地资源优势，因地制宜，在本地方的经济建设中掌握更多的灵活性和主动性。(2) 在坚持社会主义原则的前提下，根据法律规定和本地方经济发展的特点，合理调整生产关系和经济结构，努力发展社会主义市场经济。(3) 国家在民族自治地方开发资源、建设企业时，应当照顾民族自治地方的利益。民族自治地方的自治机关根据法律规定，确定本地方内草场和森林的所有权和使用权；对可以由本地方开发的自然资源，优先合理开发利用。(4) 自主安排地方基本建设项目。(5) 自主管理隶属于本地方的企业、事业。上级国家机关非经民族自治地方自治机关同意，不得改变民族自治地方所属企业的隶属关系。(6) 在对外经济贸易活动中，享受国家的优惠政策。(7) 可以采取特殊措施，优待、鼓励各种专业人员参加自治地方各项建设工作。(8) 在财政金融方面，自主安排使用属于民族自治地方的财政收入；通过国家财政转移支付制度，享受上级财政的照顾；在财政预算方面享受国家特殊照顾，即设机动资金，预备费在预算中所占比例高于一般地区；在执行财政预算过程中，自行安排使用收入的超收和支出的结余资金；制定各项开支标准、定员、定额的补充规定和具体办法；对属于地方财政收入的某些税收实行减税或免税；设立地方商业银行和城乡信用合作组织等。

以上这些规定，有的似乎对一般地方也适用，但把它们上升到自治权的高度仍然具有特殊的意义，因为民族自治地方的自治机关不仅享有了宪法和法律上明确规定的自主权，而且为今后进一步采取法律步骤使其细化和可操作性地执行提供了法律依据。

其次，促进民族自治地方经济发展是自治条例和单行条例的重要内容。为适应国家社会主义现代化建设和民族发展繁荣的需要，各民族自治地方的自治条例都把规定如何加速本地方的经济文化教育事业的发展作为重要内容。单行条例中关于经济建设方面的，主要有关于资源（如森林、草原、土地、矿产等）管理方面的条例，也有关于工商管理、基本建设方面的规定等。

其三，《民族区域自治法》规定了国家和上级国家机关帮助民族自治地方加快发展经济的职责。底子薄，人力、物力、财力和技术力量一般都相对缺乏的民族自治地方，单靠自身的力量很难尽快实现经济现代化，必需国家的大力帮助。根据民族区域自治法规定，上级国家机关应当认真履行的领导和帮助的职责有：上级国家机关有关民族自治地方的决议、决定、命令和指示，应当适合民族自治地方的实际情况；应从财政、金融、物资和技术等方面，帮助各民族自治地方加速发展经济和文化建设事业；国家要优先在民族自治地方合理安排资源开发项目和基础设施建设，并适当增加投资比重和银行贷款比重；帮助民族自治地方加快实用技术开发和成果转化，引导科技人才的合理流动；国家加大对民族自治地方的金融扶持力度；上级国家机关从财政、金融、人才等方面帮助民族自治地方的企业进行技术创新，促进产业结构升级；国家设立各项专用资金，扶助民族自治地方发展经济文化事业；上级国家机关根据贸易政策和需要，对民族自治地方的商业、供销和医药业给予扶持；国家扶持民族自治地方发展对外经济贸易，实行优惠的边境贸易；上级国家机关逐步加大对民族自治地方财政转移支付力度，增加对民族自治地方的资金投入；在投资、金融、税收等方面扶持民族自治地方改善农、牧、林等生产条件和水利、交通、能源、通信等基础设施，发展地方工业、乡镇企业、中小企业以及手工业的生产；应当组织、支持和鼓励经济发达地区与民族自治地方开展经济、技术协作和多层次、多方面的对口支援，帮助和促进民族自治地方经济、文化等事业的发展等等。

第二节　民族自治地方经济发展的基本状况

实行民族区域自治制度以来，民族自治地方的经济获得了很大的发展，但与汉族聚居地区相比，总体上还有相当大的差距，如果不采取积极有效措施加快民族自治地方发展，这种差距将进一步扩大。了解民族自治地方经济发展状况，有必要联系民族自治地方的历史起点和自然环境因素，从而肯定民族区域自治的正向功能，同时也要联系汉族聚居地区的经济发展状况予以横向比较，从而了解发展差距之所在。

一、民族自治地方发展经济的自然条件和历史起点

（一）自然条件

民族自治地方自然环境的基本特点是：地理位置偏远、高原山地沙漠面积广大、气候高寒干旱、自然生态脆弱、自然资源丰富但开发利用难度大。自然地理环境无疑是影响一个国家或地区现代化发展的重要因素之一，是人类难以完全克服的障碍性因素之一。但是，其影响并非一成不变。在现代化初期，这一因素限

制作用较强；随着现代化的发展，这一因素作用将会不断减弱。我国的民族自治地方基本上还处在现代化初期，因而自然环境因素的影响是很明显的。

从地理位置来看，民族自治地方绝大部分地处内陆腹地，加之高原、山地的天然阻隔，更强化了其地理位置之偏远。西方大国的现代化一般都经历了从沿海向内地推进的发展过程，这是因为对外贸易特别是海上贸易在经济发展中占有重要地位，各种产业分工改良都始于沿海及河口地带，沿海地区相比内地更容易获得国外资本、技术和市场。

从地形地势和气候条件来看，民族自治地方90%以上的面积位于第一、二阶梯之上，高原山地面积占土地总面积的68.8%，平原仅占31.2%，海拔1000米以上区域占土地总面积的69.9%，海拔3000米以上区域则占土地总面积的31.2%。[①] 一般认为，海拔每升高100米，年平均气温下降0.5~0.6℃。因此，民族自治地方与同纬度内地汉族聚居地区相比具有普遍低温的气候特点，从而决定了其草场资源丰富、耕地资源稀缺。民族自治地方约80%土地面积属于高寒干旱区域，年平均气温比同纬度的内地汉族聚居地区特别是东部沿海地区气温要低得多，绝大部分距海遥远，降雨稀少，气候干旱，土地贫瘠，水资源匮乏，自然条件十分严酷。我国广阔的沙漠主要分布在西北少数民族聚居地区。

民族自治地方的地理区位和地形地势特点，决定了其比汉族地区更具封闭性，而地理环境的封闭性使当地少数民族更具原住性。这种原住性一方面有利于保持其独特的民族文化传统，但另一方面也会强化其保守封闭心理，在经济全球化和开放市场一体化的竞争中将要付出更大的努力和艰辛。世界文明发展的历史表明：一个民族或地区长期落后，是由于长期封闭所致；一个民族

① 根据程鸿主编《中国自然资源手册》相关数据，科学出版社，1990年版。

或地区能够实现追赶，则是由于开放与学习，并有能力也有机遇获取外部的知识与技术、文化与文明①。

从自然生态来看，中国的民族自治地方是亚洲重要的生态环境屏障和水源保护的特殊地带，位居长江、黄河、珠江等主要江河的发源地及周围，地处高寒多风干旱、物质迁移迅速、外力侵蚀强烈的生态脆弱区，自身环境承载能力极为有限，干旱、风沙、盐碱与水土流失等自然灾害发生频繁。民族自治地方普遍脆弱的自然生态环境和较为低下的自然生态环境保护能力，使这些地区的现代化面临着比中国其它地方更为复杂严峻的环境压力。

从自然资源禀赋来看，民族自治地方大多拥有丰富的自然资源，但是80%以上的地域是山地、高原、沙漠、裸岩、冰川积雪，及低热干旱河谷地区和干旱、半干旱、高寒阴湿地区，能够为生产、生活利用的有效资源有限；加之大部分地区地处偏远、交通信息不便，资源开发利用难度较大，特别是与广大农牧民和地方经济直接相关的地表资源相对不足。

（二）历史起点

中华人民共和国成立之前，受阶级和民族的双重压迫剥削，中国少数民族人口增长停滞甚至萎缩，经济发展迟缓落后，人民群众生活水平很低。

首先，生产力发展水平落后，社会分工程度低下。当时的新疆没有一寸铁路，西藏没有一条公路，云南山区的一些少数民族出行或运输靠赶马帮、乘大象、架溜索。少数民族群众主要从事传统的农牧业，在采集、渔猎、畜牧、农耕以及手工业生产劳动中，一些地区还处在“刀耕火种”的原始状态，部分地区铁器尚

① 张智楚：《费孝通、胡鞍钢畅谈西部大开发》，载《北京青年报》，2000年5月27日。

未得到普遍使用，有的地方甚至还在使用木器、石器；即便是一些居住地临近汉族地区或与汉族杂居的少数民族，虽然生产力水平稍高，但使用的生产工具仍然十分简陋。

其次，工业化起步晚，生产关系发展不平衡。中国的工业化在沿海地区开始于19世纪60年代，而在一些偏远的民族地区则是20世纪50～60年代后的事，相比大约滞后了100年左右。从生产关系状况来看，新中国成立前，有独龙、怒、傈僳、景颇、德昂、布朗、鄂伦春、鄂温克、赫哲以及部分黎族等10个民族约60多万人口保留着原始社会生产关系的残余；彝族等数个少数民族大约100万人口保留着奴隶制生产关系；藏族、傣族、哈尼族、维吾尔族、蒙古族等民族全部或部分约400万人口保留着封建农奴制度；回、壮、维吾尔、满、朝鲜、白、土家、苗、布依、侗等30多个民族约2300万人口中，封建地主经济已占据统治地位；而回、满、壮、维吾尔、布依、朝鲜等民族中也出现了资本主义生产关系。

其三，经济社会发展缓慢，人民生活困苦。如贵州省1949年全省绝大部分人口生活在农村，全年粮食产量不足300万吨，农民年人均纯收入仅48.3元；内蒙古1947年农业总产值不足5亿元，工业产值0.54亿元，全区没有一所高等学校，90%以上的人口是文盲。[①] 少数民族群众的生活十分困苦，特别是广大山区和荒漠地区的少数民族，普遍缺吃少穿，几乎年年都有几个月断粮，吃野果充饥，披蓑衣御寒。少数民族发展受到严重阻碍，有的民族甚至濒临灭绝，新中国成立之初赫哲族只有300多人。

---

① 数据转引自王希恩主编：《当代中国民族问题解析》，第116－117页，民族出版社，2002年版。

二、民族自治地方的经济建设成就

(一) 经济快速增长，产业结构明显优化

实施民族区域自治以来，我国民族地区的 GDP 增长很快。1998 年，在内蒙古、广西、西藏、宁夏、新疆等 5 个自治区和云南、贵州、青海等 3 个多民族省中，宁夏、新疆、广西、云南、内蒙古等省区 GDP 分别比 1952 年增长 50 倍、33.2 倍、30 倍、28.7 倍和 28.7 倍，青海、贵州 1998 年则比 1949 年分别增长 40.9 倍和 25.2 倍，西藏 1998 年比 1959 年增长 14 倍。[①] 特别是 1978 年改革开放以来，我国民族自治地方生产总值增长加快。1978 年民族自治地方 GDP 为 324 亿元，到 1997 年增加至 7087 亿元，增长 21 倍，年均递增 10.9%。[②] 西部大开发战略的实施，进一步推进了民族自治地方经济社会的发展。2008 年，民族地区经济总量由 1952 年的 57.9 亿元增加到 30626.2 亿元，按可比价格计算，增长了 92.5 倍。内蒙古经济发展速度连续 7 年居全国之首，新疆经济发展速度连续 6 年保持两位数增长。西藏生产总值达到 395.91 亿元，比 1959 年增长 65 倍。[③]

解放前，自给自足的农牧业经济在民族地区经济构成中占据绝对垄断地位，工业以及服务业极其落后。这种状况反映在产业结构上，表现为第一产业比重畸高而第二、第三产业比重极低。如 1952 年宁夏 GDP 产业构成中第一产业、第二产业、第三产业分别为 82.66%、4.62% 和 12.72%，其中第二、第三产业合计仅

---

① 参见国家统计局编：《新中国 50 年》，中国统计出版社，2000 年版。

② 国务院新闻办公室：《1998 年中国人权事业的进展》（政府白皮书），2000 年 2 月 20 日。

③ 国务院新闻办公室：《中国的民族政策与各民族共同繁荣发展》（政府白皮书），载《人民日报》，2009 年 9 月 28 日。

为17.34%。解放后实行民族区域自治以来，民族自治地方在经济快速增长的同时，产业结构亦逐步优化，呈现出第一产业比重稳步下降和第二、第三产业比重逐渐提高的态势。到1999年，宁夏第一、第二、第三产业构成分别为19.88%、42.52%和37.60%，第二、第三产业合计为81.20%。就全国民族自治地方来看，1999年，按当年价计算，GDP的第一、二、三产业比重分别为29.16%、36.71%和34.13%，第二、三产业合计为70.84%。第一产业比重下降和第二、三产业比重上升是现代经济发展过程中的普遍规律。

近15年民族自治地方产业结构的变化（%）①

	1995年			2000年			2005年			2009年		
	第一产业	第二产业	第三产业	第一产业	第二产业	第三产业	第一产业	第二产业	第三产业	第一产业	第二产业	第三产业
民族自治地方	33.24	35.65	31.14	27.01	37.86	35.12	21.01	40.87	38.12	16.34	45.83	37.83
全国				15.1	45.9	39.0				10.3	46.3	43.4

（二）财政能力增强，投资规模扩大

新中国成立以来，随着民族区域自治制度的实施，民族自治地方经济的持续快速发展，国家财政转移支付的逐步规范和力度加大，我国民族地区财政收支呈现大幅度稳定增长态势。全国民族自治地方财政收支1952年分别为4.96亿元和4.39亿元，1978年分别为40.79亿元和83.35亿元，1999年分别为437.18亿元和1003.77亿元。与1952年相比，1999年全国民族自治地方财政收

① 根据国家统计局：《中国统计年鉴2010》，第24－25页，中国统计出版社，2010年版。

支分别增长 87. 14 倍和 227. 65 倍；与 1978 年相比，分别增长 9. 72 倍和 11. 04 倍。2007 年，民族地区地方财政一般预算收入增加到 2124 亿元，人均 1110 元；地方财政支出增长到 5571 亿元，与 2000 年实施西部大开发时的 1515 亿元相比，增长了 2. 7 倍，年均增速 19. 8%。

投资是经济增长的基本推动力，在工业化初期的重要性尤为突出。新中国建立之初，国家的第一个五年计划就在内蒙古、新疆、宁夏等民族地区确定了内蒙古包头钢铁基地、宁夏青铜峡水电站、新疆石油勘探等一批重点建设项目。此后国家持续投巨资于少数民族地区的基础设施建设和基础产业发展，使少数民族地区建成多条公路铁路干线和一大批中型工业企业。改革开放以来，民族地区固定资产投资力度不断加大，全社会固定资产投资总额从 1978 年的 77 亿元增加到 2007 年的 14706 亿元，增长了 192 倍，年均增速 19. 9%。尤其是国家实施西部大开发战略以来，民族地区逐步成为新的投资重点。2007 年与 2000 年开始实施西部大开发时的 3071 亿元相比，增长了 3. 8 倍，年均增速 23. 4%，高于全国增速 2. 4 个百分点。2000—2007 年 8 年间，民族地区全社会固定资产投资总额达到 59448 亿元，是 1978—1999 年 22 年间投资总和的 3. 3 倍。从发展趋势看，民族地区固定资产投资占全国比重呈稳步上升趋势，从 2000 年的 9. 3% 增加至 2007 年的 10. 7%，上升了 1. 4 个百分点，从而为民族地区经济的长远发展打下了坚实的基础。①

（三）人民生活大幅改善

民族自治地方各族群众生活水平得到显著改善，特别是改革

---

① 数据来自国家民族事务委员会经济发展司、国家统计局国民经济综合统计司编：《中国民族统计年鉴 2009》，第 20 页，民族出版社，2010 年版。

开放以来，民族地区实现了从温饱不足到总体小康的历史性跨越。城镇居民人均可支配收入由1980年的414元增加到2007年的11490元，增长了26.8倍。农村居民人均纯收入从1980年的168元增加到2007年的2937元，增长了16.5倍。民族地区人均GDP从1978年的248元增加到2007年的13113元。2008年，民族自治地方城镇居民人均可支配收入为12890元，比上年增长15.3%；全年城镇居民人均消费性支出为9250元，比上年增长15.2%。农牧民人均纯收入为3369元，比上年增长16.1%；农牧民人均生活消费支出为2714元，比上年增长12.2%。① 随着城乡居民人均收入较快的增长，我国民族地区的贫困问题也不断得到缓解，贫困人口已由1985年的4000多万人减少到2008年的770多万人。② 从全国来看，改革开放之初的1978年农村绝对贫困人口约有2.5亿人；到2007年，农村绝对贫困人口减少到1479万人。联合国和世界银行认为，在消灭贫困方面，中国政府做出了巨大的努力，近25年来，全人类取得的扶贫事业成就中，三分之二的成就应归功于中国，是发展中国家的典范。③ 其中，民族地区的贡献举足轻重。"如果说中国对世界减贫事业作出了重要贡献，不如说是中国少数民族聚居地区对全球减贫事业作出了重要贡献，这是因为中国绝对贫困人口的减少，主要是少数民族聚居地区贫困人口的大幅度减少。"④

---

① 数据来自国家民族事务委员会经济发展司、国家统计局国民经济综合统计司编：《中国民族统计年鉴2009》，第20、32页，民族出版社，2010年版。

② 国务院新闻办公室：《中国的民族政策与各民族共同繁荣发展》（白皮书），载《人民日报》，2009年9月28日。

③ 国家统计局综合司：《大改革　大开放　大发展——改革开放30年我国经济社会发展成就系列报告之一》，转引自中央政府门户网站2008年10月27日，http://www.gov.cn/gzdt/2008-10/27/content_1132281.htm

④ 胡鞍钢：《〈民族与发展：新的现代化追赶战略〉序》，载温军：《民族与发展：新的现代化追赶战略》，序言第Ⅲ页，清华大学出版社，2004年版。

（四）城市化水平不断提高

1949 年，5 个自治区和 3 个多民族省仅有城市 16 个，不仅数量少、规模小，而且功能也较为单一。到 1998 年末，这 8 省区城市数量已达 97 个，比 1949 年增长 5.47 倍。民族自治地方共有城市 91 个，其中地级市 19 个，县级市 72 个，分布于 13 个省市自治区中。

随着城市化进程的加快，民族自治地方城市人口数量及占总人口比重稳步增长。1952 年，全国民族自治地方非农业人口为 633.22 万，占总人口的 11.31%；到 1998 年，非农人口为 3460.53 万，占总人口的 20.83%。1998 年与 1952 年相比，非农人口增长 4.46 倍，非农人口占总人口的比重增长 84.21%。到 2009 年，内蒙古、广西、西藏、宁夏、新疆等 5 个自治区的城镇人口比例分别达到 53.40%、39.20%、23.80%、46.10%、39.85%，内蒙古自治区的城镇化率高于全国平均值 46.59%。①

三、经济发展的横向比较

从我国民族自治地方经济发展纵向比较来看，尽管起点很低，但发展很快，取得了很大的建设成就。同时我们也应看到，与内地汉族聚居地区横向比较，民族自治地方到目前为止还处于比较落后的状况，有些方面差距还在扩大，经济现代化任重道远。以下仅从一些主要方面予以比较。

---

① 国家国统计局：《中国统计年鉴 2010》，第 97 页，中国统计出版社，2010 年版。以下有关数据，如非特别指出均依据《中国统计年鉴 2010》。

（一）经济增长的横向比较

民族自治地方的主要经济指标虽然增长很快，但与全国的平均水平相比还有差距，这种差距在 20 世纪 90 年代后呈进一步扩大的趋势，世纪之交国家实施西部大开发战略以来差距拉大的趋势得到一定程度的扭转。

首先，人均 GDP 低于全国平均水平。1999 年全国民族自治地方人均 GDP 约为 4103 元，与同年全国人均 6534 元相比，民族自治地方人均 GDP 比全国平均水平低 37.21%。其中，5 个自治区和 3 个多民族省人均 GDP 全部低于全国平均水平，新疆、内蒙古、青海、云南、西藏、广西、贵州、宁夏人均 GDP 分别比全国平均水平低 0.98%、18.12%、28.64%、31.55%、31.86%、34.78%、36.52%、62.12%、31.54%。2009 年全国民族自治地方人均 GDP 约为 18133 元，全国人均 25511 元，比全国平均水平低 28.92%。

其次，GDP 的年增长率低于全国平均水平。下表的数据说明，1952—1978 年期间，民族 8 省区 GDP 增长参差不齐，有的在全国排序很高，有的则很低，但进入全国前 15 名的有 5 个，高于全国平均值的 1 个，总的增幅略低于全国平均值；1978—1990 年期间，民族 8 省区的增长表现有了很大好转，增幅处于全国前 15 名的有 5 个省区，高于全国平均值的 3 个，总的增幅与全国均值相当；1990—1999 年期间虽然是民族 8 省区 GDP 增长最快的 10 年，但明显低于全国平均增长率，没有高于全国平均值的省区，进入全国增幅前 16 名的只有 1 个即广西壮族自治区，这是市场经济进入快车道的 10 年，也是差距拉大的 10 年。

民族8省区GDP年平均增长率与全国平均水平的比较

地区	1952-1978年		1978-1990年		1990-1999年	
	增长速度	全国排序	增长速度	全国排序	增长速度	全国排序
少数民族聚居区	5.7		8.4		9.6	
内蒙古	5.7	14	8.1	16	9.8	22
广西	4.9	25	7.2	25	12.1	11
西藏	2.3	28	11.8	2	10.1	19
宁夏	6.2	8	8.2	13	8.4	29
新疆	5.8	10	9.9	7	9.9	20
云南	6.0	9	9.3	8	9.5	23
贵州	4.6	26	8.3	12	8.7	27
青海	7.7	3	5.9	29	8.1	30
全国	6.3		8.4		12.2	

资料来源：根据陆大道、刘毅等编《中国区域发展报告2000》有关资料整理，摘自温军：《民族与发展：新的现代化追赶战略》，清华大学出版社2004年版，第156页。

2001—2009年期间，民族自治地方GDP平均增长12.9%，快于全国平均增长率10.5%，这充分说明西部大开发战略对于加快民族地区经济发展所起的推动作用。

其三，GDP产业结构上第一产业比重大。1999年民族自治地方GDP产业构成中，第一、二、三产业比重依次为29.16%、36.71%和34.13%，与同期全国GDP第一、二、三产业比重17.65%、49.34%和33.01%相比，民族自治地方第一产业比重比全国平均水平高11.51个百分点，第二产业比重比全国平均水平低12.63个百分点，第三产业比全国平均水平高1.12个百分点。① 第

① 根据《中国统计年鉴2000》、《中国民族统计年鉴2000》有关数据计算，转引自王希恩主编：《当代中国民族问题解析》，第137页，民族出版社，2002年版。

三产业虽高于全国水平，但并非经济现代化、工业化的必然结果，而是在工业不景气的情况下城镇职工和农村富余劳动力大量转向商业、餐饮、旅游等服务行业所造成的，仅仅是特殊历史时期所出现的低水平产业转移。到2009年，民族自治地方第一产业比重仍然高于全国平均比重6个百分点，第二产业比重低于全国平均比重不到1个百分点，第三产业比重却低于全国平均比重近6个百分点。

（二）财政收支状况的横向比较

20世纪50年代初，我国民族自治地方遵循量入为出的理财原则，财政收支基本平衡。此后由于少数民族地区经济和社会各项事业发展的要求、党和国家对少数民族地区扶持以及计划经济时代财政大锅饭体制的软约束，致使民族自治地方财政支出膨胀而财政自给率下降。财政收支失衡也与民族地区经济尤其是工业经济的普遍不景气以及国家财税体制改革的深化有关。

民族自治地方财政自给率偏低而且基本呈下降态势。1952年民族自治地方财政收入4.96亿元，财政支出4.39亿元，收大于支0.57亿元。1999年全国民族自治地方财政收入437.18亿元，支出1003.77亿元，财政赤字566.59亿元，财政自给率下降为43.55%。1999年全国各省、市、自治区地方财政收入5594.87亿元，支出8991.14亿元，收支差为3396.28亿元，平均财政自给率为62.23%。同年民族自治地方财政自给率比全国各地区平均水平低18.68个百分点。到2009年，民族自治地方财政收入2548亿元，支出8352亿元，自给率为30.51%；全国地方财政收入32602.6亿元，支出61044.1亿元，自给率为53.41%。民族自治地方财政自给率比全国平均水平低22.9个百分点。财政自给率下降意味着对中央和上级财政转移支付依赖程度的加强。

(三) 居民收入的横向比较

我国市场取向的改革使区域之间、城乡之间、行业之间、阶层之间的收入分配差距扩大了，这是市场竞争追求效率的必然结果。处理好公平与效率的关系，日益成为我国的重大社会问题。无论是城镇职工还是农村居民，民族自治地方的居民收入与经济较发达地区都有日益拉大的差距。

从城镇职工收入来看，在计划经济体制下，我国民族自治地方城镇职工年工资收入接近甚至高于全国平均水平。1984 年，民族自治地方城镇职工年人均工资为 1026 元，比全国职工人均 974 元的平均工资水平高 52 元。后来由于受经济增长、企业经营效益、财政收入等多方面影响，民族自治地方城镇职工工资增长相对缓慢，与全国职工平均工资水平的差距逐渐拉大。到 1999 年，民族自治地方城镇职工人均年工资 6822 元，全国职工年人均工资为 8346 元，相差 1524 元。2008 年，民族自治地方城镇居民人均可支配收入增加到 12890 元，但仍然与全国城镇居民人均可支配收入 15781 元相差 2891 元。

从农民收入来看，受经济发展水平、自然条件等诸多因素的制约，我国民族自治地方的农村居民人均纯收入长期低于全国平均水平。如 1981 年，民族自治地方农村居民家庭人均纯收入仅为 85 元，比全国 223.4 元的平均水平低 138.4 元，差距为 -61.95%。到 1999 年，民族自治地方农村家庭人均收入为 1653 元，较全国 2210.3 元的平均水平低 557.3 元，差距为 -25.21%。2008 年，民族自治地方农村家庭人均收入增加到 3369 元，与全国农村居民人均纯收入 4761 元相差 1392 元。

(四) 城市化水平的横向比较

1952 年我国民族自治地方非农业人口为 633.22 万人，占自治地方总人口比重为 11. 31%；同期全国非农业人口 7163 万人，占全国总人口的 12. 46%，民族自治地方较全国平均水平仅低 1. 16 个百分点。此后到 1978 年，民族自治地方非农业人口增至 1700. 88 万人，占总人口比重增至 15. 35%，与全国同年平均城市化 17. 92% 的水平相比也只低了 2. 56 个百分点。然而改革开放以来，随着东部、中部地区城市化的加快，我国民族自治地方非农业人口占总人口比重与全国水平的差距迅速拉大。1998 年我国民族自治地方非农业人口为 3460. 53 万人，占总人口比重为 20. 84%，比同年全国 30. 40% 的平均水平低了 9. 57%，20 年间差距扩大了 2 倍多。到 2009 年，全国城镇人口占 46. 59%，5 个自治区除了内蒙古高于全国城镇化率 6. 81% 外，其它 4 个自治区和 3 个多民族省中，广西低 7. 39%，西藏低 22. 79%，宁夏低 0. 49%，新疆低 6. 74%，云南低 12. 59%，贵州低 16. 7%，青海低 4. 69%。

综上所述，自 1999 年国家开始实施西部大开发战略以来，民族自治地方加快了发展，与全国平均水平的差距有所缩小，有些地方某些方面还在全国领先。然而，随着经济发展方式导向的转变和经济成就惠及民生的发展要求的提出，绿色发展、以人为本的发展指标日益受到重视。根据《中国经济周刊》对 2010 全国各省区“GDP 含金量”的测算，GDP 增长冠军内蒙古排在第 31 位。这种以地区人均 GDP 为分母、人均可支配收入近似值为分子的“GDP 含金量”，从一定程度上揭示了 GDP（包括人均水平）掩盖下的人的因素。内蒙古“GDP 含金量”位居全国之末，使“内蒙古现象”包含了新的特点和内容。民族自治地方在人类发展状况、就业水平、自然生态环境等方面的问题也凸现出来。

在区域经济发展中，主要由宏观经济、产业经济、可持续发展、财政金融、发展环境、政府作用、统筹协调能力构成的经济综合竞争力，是一种重要的综合评估指标。根据《中国省域经济综合竞争力发展报告（2008—2009）》对中国东部、中部、东北、西部四大区域的经济综合竞争力的评估，2008 年东部地区评估分值为 31.01 分，中部地区为 19.99 分，东北地区为 22.17 分，西部地区为 15.62 分，西部地区的经济综合竞争力依然位居末端，与东部地区的差距几近一半。西部地区各省、市、自治区中，除内蒙古自治区、四川省外，新疆、宁夏、广西、云南、青海、贵州、甘肃、西藏在全国排名中靠后。①

2008 年西部 12 个省市区经济综合竞争力在全国的排名

西部 12 省、市、自治区	内蒙古	四川	陕西	重庆	新疆	宁夏	广西	云南	青海	贵州	甘肃	西藏
在全国 31 省、市、自治区中的排名（不含台港澳）	10	16	20	22	24	25	26	27	28	29	30	31

第三节　民族自治地方发展经济的优劣势及民族经济政策评估

民族自治地方经济发展滞后，不利于民族区域自治制度基本价值的实现。发展太慢不利于民主政治建设，发展不平衡不利于协调各种民族关系。也就是说，民族自治地方的社会经济环境在一定程度上、在某些方面与民族区域自治制度存在着不适应性。

① 转引自郝时远：《民族自治地方经济社会发展任重道远（上）》，载《中国民族报》，2011 年 4 月 1 日。

当然这种不适应性不是根本性的，而是可以通过有效调控实现由不适应到适应的。

影响民族自治地方经济发展的因素是错综复杂的，除了历史起点和自然条件之外，主要还在于现实发展中的一些客观制约因素以及民族区域自治制度的经济功能未能最大程度发挥。因而有必要分析民族自治地方发展经济的优劣势，并对有关民族经济政策予以评估。

一、民族自治地方发展经济的优劣势

实现经济的快速而可持续发展，既在于充分发挥优势，也在于尽可能克服劣势。民族自治地方发展经济的优劣势，既有普遍性，也有各地区的特殊性。这里主要分析具有共性的优劣势。

（一）民族自治地方发展经济的优势

民族自治地方基本上地处中西部，在全国地域分工中扮演着十分重要的角色。其发展优势主要可以从资源、区位和现有基础三个方面来考察。

首先，民族自治地方大多资源富集及组合条件好，是国家长期发展的重要后备基地。民族自治地方的能源、矿产、林草等资源在全国占有显著的优势。矿产资源品种多，储量大，易建成大型能矿基地；水资源丰富，可为“西电东送”提供充足的保证；耕地和可开发利用的土地广阔，是西部开发潜力巨大的资源。民族自治地方不仅资源丰富，而且各种资源的组合匹配条件好。除西北部分地区缺水外，一般都能使水资源、能源资源和矿产资源在空间上得到较为理想的结合。总体上说，民族地区资源开发程度目前都还很低，因而蕴藏着巨大的开发潜力。

民族自治地方自然资源占全国比例

	单位	全国	民族自治地方	民族自治地方自然资源占全国比例
面积	万平方公里	960	611	63.6%
其中：草原面积	万公顷	40000	30000	75%
森林面积	万公顷	13370	5648	42.2%
森林蓄积量	亿立方米	101.37	52.49	51.8%
水力资源蕴藏量	亿千瓦	6.76	4.46	66.0%

资料来源：根据全国人民代表大会民族事务委员会法案室。

其次，西部民族地区边境线长，是中国向西开放的重要门户。中国西部陆地边境线长达1万多公里，绝大部分是民族自治地方，与俄罗斯、蒙古、哈萨克斯坦、巴基斯坦、印度、尼泊尔、缅甸、老挝、越南等14个国家接壤。这种地理位置决定了西部民族地区在中国国防、经济和社会发展中的战略地位。特别是随着冷战结束，国际政治经济发生巨大变化，以及中国对外开放由沿海地区向沿江、沿边和内陆地区纵深推进，西部民族地区在向西开放、构筑中国全方位开放格局中显示出极其特殊的地缘优势。

其三，民族自治地方已形成具有全国意义的优势产业。建国60年来，民族地区较快地形成了一批专业化程度高、外辐射能力强的行业，不少领域的技术水平甚至在全国领先。通过39个工业行业区位商（LQ）的计算，西部民族地区区位商最高的行业主要是有色金属、烟草、石油和橡胶制品业。各民族自治地方几乎都有自己的优势产业。如云南和甘肃等多民族聚居地区是全国重要的有色金属基地，新疆、宁夏等民族自治地方的国营农垦场田是全国农业集约程度和生产水平最高的地区，内蒙古的牛奶制品、西藏的牦牛绒和地毯毛等等在全国举足轻重。由于有些西部民族地区跨越热带至寒温带，山地垂直带分异明显，形成许多集中分布的优势农产品，如云贵地区的烤烟、甘蔗、茶叶等等。中部内地民族自治地方，如湖南湘西土家族苗族自治州有旅游、酒业、烟草等品牌产品；四川阿坝藏族羌族自治州充分发挥世界自然遗产九寨沟、黄龙的优势，把旅游资源转换为旅游产业。少数民族独具特色的传统文化，也是吸引游客的重要内容，因而民族地区发展旅游业一般都有一定的优势。

（二）民族自治地方发展经济的劣势

民族自治地方发展经济既有诸多优势，也存在着许多不利条件和制约因素。概括起来主要有：一是自然条件恶劣，生态环境脆弱；二是基础设施落后，投资环境问题突出；三是人才缺乏，劳动力整体素质低；四是经济结构不合理，国有经济和资源型工业比重大；五是就业压力越来越大；六是地方积累薄弱，资金严重短缺；七是扶贫攻坚任务艰巨；八是内陆意识很重。这些方面不是孤立起作用，而是相互影响，共同制约着民族自治地方的经济发展。

在探讨民族地区经济发展的有关条件时，人们往往把“自然资源丰富”作为一个绝对的优势来认识。这其实是片面的。“自然资源丰富”既是优势，也有可能成为劣势。一些自然资源丰富的地区却是经济欠发达地区，自然资源的“富饶”往往与经济上的“贫困”联系在一起，而一些经济发达地区的自然资源却很缺乏。中央党校的周天勇教授对此做了精辟的分析，认为自然资源丰富有六大劣势：其一，西部民族地区在东西部经济关系中处于不利的贸易交换地位，西部利益大量地在经济交换中流失。正如国际市场上原材料和初级产品与加工制成品交换总是处于不利的贸易条件下。其二，区域发展容易形成单一的资源性生产结构。一旦这种资源的市场需求发生变化，则会带来职工下岗、就业困难、税收萎缩等问题。其三，导致企业不思改进技术、不求降低消耗、不计成本高低。其四，过度的资源开发将导致生态环境遭到严重破坏。其五，导致所有制结构单一，地方经济缺乏竞争力和活力，就业空间不足。其六，资源丰富容易导致思维和观念的僵化。① 要将丰富的资源真正转化为优势，就需要创新体制，改革政府管理方式，调整所有制结构，调动社会资金投入西部大开发；需要建立能在东部和国外市场上竞争的工业，替代东部进入的一些产品；需要以市场为导向开发自己的资源；需要以更加灵活的体制吸引人才和技术。

二、民族经济政策及其评估

民族自治地方经济建设的实践，既有成功的经验，也有不足和失误。对实践中的成功经验和存在的问题进行总结和分析，在于寻找和确定更科学的发展思路和解决问题的对策。民族自治地方经济发展与汉族聚居区的差距，主要是因为其起点低、自然条件较差，因为改革开放的力度不够，因为教育相对落后和人才的匮乏。有的学者已经指出，对人民投资的收益高于对物质投资的收益，投资于人力资本、社会资本、无形资本的收益大大高于投资于自然资源开发、物质资本和有形资本的收益，不同的发展战略和政策会导致不同的经济发展结果。② 因此有论者进一步提出，少数民族聚居地区现代化追赶是一个长期的历史过程，缩小发展差距的优先次序应该是："社会发展差距→经济发展差距→人类

① 参见陈耀：《西部开发大战略与新思路》，第 132－136 页，中共中央党校出版社，2000 年版；周天勇：《走出决策的经济学误区》，广东经济出版社，2002 年版。

② 胡鞍钢、邹平：《社会与发展——中国社会发展地区差距研究》，浙江人民出版社，2000 年版，转引自温军：《民族与发展：新的现代化追赶战略》，第 49 页，清华大学出版社，2004 年版。

发展差距”，认为少数民族聚居地区应改变过去以追求 GDP 增长为核心、以开发自然资源为中心的传统现代化追赶战略。[①] 这种思路基本上符合党和国家在新世纪新阶段提出的以人为本的科学发展观及构建社会主义和谐社会的战略思想。

以人为本的科学发展观和构建社会主义和谐社会的战略思想为民族自治地方加快经济社会发展、缩小与汉族聚居地区尤其是沿海地区的发展差距提供了基本价值取向和理论指导。只有坚持统筹兼顾的发展才是协调的发展，只有经济和社会共同发展进步才是全面的发展，只有以人民的利益为出发点和目的的发展才是可持续的发展。这一重大战略思想来之不易，意义深远，对于民族自治地方的跨越式发展尤为重要。因为我们过去走了很多弯路，如自然资源的粗放式开发、生态环境的破坏、盲目运用“非均衡战略”或“增长极战略”而导致城乡差距拉大等等，使民族自治地方的经济很难再持续增长，或者将陷入“有增长而无发展”的困境。

党的十六大报告指出：“纵观全局，二十一世纪头二十年，对我国来说，是一个必须紧紧抓住并且可以大有作为的重要战略机遇期。”当人类进入 21 世纪的时候，中国开始进入全面建设小康社会、加快推进社会主义现代化的新的发展阶段。全面建设小康社会的战略目标中，“重中之重、难中之难”不在东部地区而在中西部地区，不在汉族聚居地区，而在少数民族聚居地区。因此，全面建设小康社会新的历史时期为民族自治地方的经济社会发展提供了一个重要的战略机遇。

通过前面的分析我们可以得出这样的结论：民族区域自治制度及其相关的政策具有一定的经济功能，促进了民族自治地方的经济发展，但其正向功能还有更充分发挥的空间。

---

① 温军：《民族与发展：新的现代化追赶战略》，清华大学出版社，2004 年版。

中国民族区域自治制度的经济政策可以分为财税优惠政策、产业发展政策、扶贫开发政策、对口支援政策等几大类。

（一）财税优惠政策

在财政优惠政策方面，国家自20世纪50年代开始对民族自治地方实行“财政补助”政策。这对稳定新中国成立初期民族自治地方的社会经济、恢复促进生产起到了极为重要的推动作用。60年代，随着民族自治地方经济的逐步恢复，开始实行“财政适当照顾、必要补助”的政策，缓解了这些地区的财政困难。到了80年代，为了适应改革开放的需要，国家实行“划分税种、核定收支、分级包干”新的财政管理体制，但对民族自治地方仍采取“适当照顾”的政策。这一时期由于物价上涨、机构改革等因素影响，使补助款项大量被抵消，加之国家经济、价格等政策还未完全理顺，民族自治地方的能源、原材料等初级产品以低价支援国家，而以高价大量买进日用工业品，从而造成民族自治地方资金的双向外流，使其财政问题日趋严重。进入90年代后，随着国家确立市场经济体制的改革目标以及分税制财政体制的推行实施，尽管对民族自治地方的原有补助和专项拨款全被保留下来，并对其实行政策性转移支付，且政策性转移支付额度随着国家财力的增长不断增加，但是由于民族自治地方产业竞争力弱，资金来源十分有限，因而不得不面对日益恶化的财政赤字，甚至陷入连正常吃饭财政都难以保障的困境。针对这种情况，2005年5月颁布的《国务院实施〈中华人民共和国民族区域自治法〉若干规定》规定：“国家通过一般性财政转移支付、专项财政转移支付、民族优惠政策财政转移支付以及其他方式，充分考虑民族自治地方的公共服务支出成本差异，逐步加大对民族自治地方财政转移支付力度。上级人民政府有关部门各种专项资金的分配，应当向民族自治地方倾斜。”

税收优惠政策方面，自20世纪50年代以来，国家为加快民族自治地方农牧业的发展，对农业长期实行“依率计征、依法减免、增产不增税”的轻税政策；牧业采取轻于农区和城市的税收政策；对生活困难、生产落后、交通不便的民族自治地方实行“轻灾少减、重灾多减、特重全免”的税收政策；对边疆民族自治地方实行减免工商税及税收负担轻于内地的政策。这些税收政策无疑有助于民族自治地方休养生息、发展生产，但长期实行也可能使当地人民滋生“等、靠、要”的心理，而且使民族自治地方的财政负担进一步加重。进入90年代后，以前的绝大部分税收优惠政策实际上已停止执行或名存实亡，这种状况直到90年代末实施西部大开发战略后才有所好转。

（二）产业发展政策

农业方面，在20世纪50年代初国家就制定了对少数民族聚居地区的农业政策，其基本内容是因地制宜、扬长避短、多种经营、全面发展。80年代初期曾实行过对边远山区和少数民族聚居地区的放宽政策，也是从这时起实行了对民族自治地方林业生产建设的特殊照顾政策。1992年至1995年实行过设立少数民族聚居地区乡镇企业专项贴息贷款政策，1993年至2000年实行了对中西部地区乡镇企业实行“三不限一免税”政策（即发展方向不限、发展规模不限、发展速度不限和免征调节税）。国家实施西部大开发后，对西部地区实行突出加强生态环境保护和建设的政策、土地优惠政策及加强农村基础设施建设、改善农民生产生活条件的政策。这些政策长期以来极大地促进了民族自治地方农业生产的发展，但是绝大部分政策仍然是国家宏观指导层面上的农业发展政策，缺乏能够切实解决广大农牧地区“三农”问题的产业政策。

工业方面，民族自治地方的发展政策大体上与国家工业化战略各个不同时期的发展政策一致。无论是从20世纪50年代注重地方工业发展，还是60年代大规模进行三线建设，直至80年代、90年代重视发展中西部地区资源型工业、劳动密集型工业和特色工业发展政策，均是依据比较利益原则基础所构筑的产业发展政策，且大多与国家宏观产业政策相一致，因而推动形成的工业企业与当地少数民族经济活动关联程度甚微，致使少数民族经济与民族自治地方工业化进程相互隔离、自成体系，难以真正带动促进各少数民族自身的变革和发展。①

民族贸易政策是体现国家对少数民族特殊照顾的重要标志之一。民族贸易和民族特需用品生产企业，既是少数民族聚居地区特殊而重要的产业，又是极具发展潜力的产业。早在新中国建立之初，国家在少数民族聚居地区就开展了多种民族贸易活动，不仅注重解决少数民族聚居地区土特产品滞销、生产生活必需品短缺及商品不合理比价等问题，而且还逐步形成了具有中国特色的一系列民族贸易政策。国家在1963年开始对民族贸易企业实行"三项照顾"，即利润留成照顾、自有资金照顾、价格补贴照顾的政策。1981年，国务院批转了《全国民族贸易和民族用品生产工作会议纪要》，明确和重申了改革开放时期民族贸易和民族用品生产的发展方针和优惠政策。80年代末特别是90年代后，随着市场经济体制的建立，使形成于计划经济时代的民族贸易政策基本上失去了功用。为了改变这一局面，90年代初国家实行了对民族贸易县商业企业流动资金贷款的优惠政策、对民族用品定点生产企业流动资金贷款的优惠政策、对民族用品生产定点企业实行减免税的政策，从1991年起国家对民贸边销茶业生产加工定点企业实行信贷息贴照顾的政策，从1992年开始国家安排专项贷

① 陈庆德：《中国少数民族经济开发概论》，民族出版社1994年版，转引自温军：《民族与发展：新的现代化追赶战略》，第224页，清华大学出版社，2004年版。

款用于扶持基层民族贸易网点和民族用品定点生产企业技术改造。从2001至2005年国家对民族贸易实行“新的民贸三照顾政策”。

（三）扶贫开发政策

自20世纪80年代以来，国家对民族自治地方除了实行一般贫困地区的优惠政策之外，还在资金、政策上给予比较特殊的照顾倾斜。

首先，针对民族自治地方贫困面积大、贫困人口集中、自我发展能力差的特点，实行更为宽松的优惠政策。如1986年国家确定重点扶贫县标准为一般贫困地区农民纯收入150元以下，民族自治地方放宽到200元以下。这类优惠政策涉及对缺衣少被的严重困难户赊销布匹和絮棉、对贫困县不分配或少分配国库券和其他债券、增加贫困地区乡镇企业平价汽油和柴油供应、减免贫困户子女学杂费、对少数民族贫困地区给予农用物资分配比例照顾、资金分配比例照顾、贷款还款期限予以照顾、对交通建设给予资金扶持、对科技人员给予补贴等等。尽管这些政策的实行对于加快民族地区的脱贫致富，促进各民族繁荣进步起到了巨大的推动作用，但大多单纯注重经济扶贫而忽视少数民族的特点。

其次，国家不断加大扶贫开发的力度，努力消除贫困。20世纪80年代中期开始实施以改善贫困地区基础设施落后状况为主的“以工代赈”计划，80年代末实施以解决高寒山区和干旱地区严重缺粮问题为中心的“温饱工程”。进入90年代后先后实施的有“八七扶贫攻坚计划”、“兴边富民行动计划”、“扶持人口较少民族发展计划”和“中国农村扶贫纲要”等，其中“八七扶贫攻坚计划”已完成，其余计划则因受西部大开发战略、市场经济以及政府对少数民族聚居地区市场经济缺乏保护性政策措施等影响，实施成本不断增加，面临着贯彻执行难度不断增大的问题。

其三，自20世纪80年代初开始，国家设立多种扶贫开发专项资金，以确保各项扶贫开发政策的贯彻执行及多种计划方案的落实。如，1983—2002年设立的“三西”（甘肃的河西、定西和宁夏的西海固）农业建设专项资金为2亿；从1983年开始的“老、少、边、贫”地区扶贫贷款由每年3亿到10亿，其中一半以上为分配给民族地区的低息贷款。1987年确定了27个重点扶持的牧区贫困县，每年拨出专款5000万元，设立牧区扶贫贴息贷款；1991—1995年安排边疆贫困国营农场专项贷款贴息贷款，每年增加1亿元；从1990年开始设立少数民族贫困地区温饱资金等等。但是，照顾性贷款由国家商业银行发放，随着国家专业银行全面推行商业化体制，其发放贷款以营利为目的，照顾性贷款与《国家商业银行法》相背离，因此，各项优惠贷款面临着到位困难甚至逐渐被取消的境地。

（四）对口支援政策

自20世纪70年代末，国家就提出要组织内地省市对口支援边境地区和民族自治地方，并确定由北京支援内蒙古、河北支援贵州、江苏支援广西和新疆、山东支援青海、天津支援甘肃、上海支援宁夏和云南以及全国支援西藏。80年代中期增加了湖北、辽宁和武汉、沈阳对口支援青海，上海对口支援新疆、西藏以及广东对口支援贵州。90年代更进一步确定由经济较发达的9个省市和4个计划单列市分别支援帮扶10省区的贫困地区发展经济。

国家在实施对口支援过程中实行了一系列特殊优惠政策。如，国家增设一笔对口支援专项基金，重点用于安排一些技术改造、出口创汇、具有本地优势和特色的加工工业、互惠互利的项目；国家给对口支援双方在信贷指标中划出专项额度，专门用于安排对口支援项目并给予优惠利率；对口支援的联合项目所分得的利润，在3年内免征所得税，以后再减半征收2年，以分得的利润再投入联合项目的则暂免征所得税；企业和单位在对口被支援地区进行技术转让、技术承包、技术咨询，年净收入在50万元以下的暂免征所得税；对到受援地区执行任务的人员，其工资和生活补贴可予以适当照顾等等。

对口支援政策以优势互补、互惠互利、共同发展为原则，以帮助贫困地区发展经济、带动广大贫困农户解决温饱问题为重点，帮扶到乡、到村、到户，同时依托当地资源，着重发展种植业、养殖业和以种养为原料的加工业，从而有力地促进了少数民族聚居地区的经济发展。不过，由于大多数政策措施有效期短，缺乏相对连贯一致的时效性保障。

综上所述，在民族区域自治制度框架内，国家或上级国家机关履行着对民族自治地方经济发展的重要职责，通过各种政策提供帮助、优惠、扶持和支援，取得了明显的成效；在国家的宏观发展战略中，把民族自治地方的经济发展作为整个国家经济社会全面协调可持续发展的重要环节，由此实行的一系列政策措施构成了有利于民族区域自治制度运行的重要外部经济生态环境。这是应该充分肯定的。同时，我们也应看到，伴随着市场经济体制的逐步建立，一方面，民族自治地方的自身经济发展能力和竞争力有了很大的提高，意味着其自治能力的提高，符合其长远利益和根本利益；另一方面，形成于计划经济时代的绝大多数民族经济政策，已经基本失去其应有的功能，而与市场经济相适应、按照市场规则运行的公平机制，对民族自治地方的新的倾斜政策体系还没有及时地建立起来。根据温军的研究，截至2001年颁布执行的少数民族经济政策共有123项，其中能够继续执行的少数民族经济政策共有78项，平均稳定程度为63.41%，说明其变更频率较高、稳定程度相对较低、连续性相对较差。①

第四节 优化民族区域自治的经济功能

发展社会主义市场经济是中国在社会主义初级阶段强国富民的战略选择，走上这样一条道路促成了中国经济的整体重构和中国社会与经济的分化与调整，市场竞争机制的引入，使得经济的分化和调整过程中不同群体由于竞争力和所处地位的不同而受到程度不同的影响。20 世纪 90 年代以来，民族区域自治的经济功能在市场经济竞争条件下受到了很大的冲击。

一、市场经济条件下的西部大开发

社会主义市场经济的基本规则是主体平等，法治基础上的契约自由、公平竞争。竞争规律是市场经济运行固有的、一般规律，在市场经济运行中有其重要的积极作用，也有消极的作用。其积极作用在于，竞争引导资源不断流向可以产生更大效率的部门和地区，使社会需要的产品和服务在生产过程中得以实现，并且是以一种较为经济的方式得以实现，使资源配置得到优化。简而言之，就是市场经济带来了效率。其消极作用在于，市场竞争的优胜劣汰机制必然导致分配结果上的不公平。市场这只“看不见的手”绝不是万能的，它不仅会“失效”（即仅运用市场的手段无法达到经济学中的帕累托最优），而且还必然导致分配结果上的不公平，甚至两极分化。在区域经济发展问题上，单纯的市

① 温军：《民族与发展：新的现代化追赶战略》，第 239 页，清华大学出版社，2004 年版。

场经济将拉大地区发展的差距，使竞争力相对较弱的少数民族聚居地区与东部发达地区的发展差距越来越大。市场经济竞争机制这种消极作用实际上是在削弱和部分抵消旨在解决各民族间事实上不平等的民族区域自治的经济功能。

从前面的分析可以看出，进入20世纪90年代后，民族自治地方与东部沿海地区的发展差距呈现出扩大化的趋势。扭转这种趋势当然需要市场之外的力量，需要社会主义国家有效的宏观调控，需要国家政策上的倾斜。早在1988年邓小平就提出了“两个大局”的思想：“沿海地区要加快对外开放，使这个拥有两亿人口的广大地带较快地先发展起来，从而带动内地更好地发展，这是一个事关大局的问题。内地要顾全这个大局。反过来，发展到一定的时候，又要求沿海拿出更多力量来帮助内地发展，这也是个大局。那时沿海也要服从这个大局。”[①] 对于实施第二个大局的战略构想的时机，邓小平在1992年的南方重要谈话中提出了一个时间表。他说：“可以设想，在本世纪末达到小康水平的时候，就要突出地提出和解决这个问题。”[②] 正是在邓小平“两个大局”战略构想的指导下，改革开放以后，我国开始推进以东部沿海地带为重点的区域经济非均衡发展，然后逐步转向统筹区域经济协调发展，并明确提出国家实施西部大开发战略。1999年9月，中共十五届四中全会通过《中共中央关于国有企业改革和发展若干重大问题的决定》，明确提出“国家要实施西部大开发战略”。此后，西部大开发战略被纳入我国新世纪整个国民经济和社会发展的规划之中，成为新世纪中国全面建设小康社会、实施现代化建设第三步战略部署、统筹区域经济协调发展的重要组成部分。

---

① 《邓小平文选》第2卷，第152页，人民出版社，1994年版。

② 《邓小平文选》第3卷，第374页，人民出版社，1993年版。

中国西部地区是一个经济地理概念，也就是经济社会发展水平滞后、自我发展能力不足的内陆、边疆地区。纳入西部大开发战略的区域范围包括：西北五省区，陕西省、甘肃省、青海省、宁夏回族自治区、新疆维吾尔自治区；西南五省区市，四川省、重庆市、云南省、贵州省、西藏自治区；再加上一南一北的广西壮族自治区和内蒙古自治区共12个省、市、区。这12个省、市、区的国土面积达686.7万平方公里，占全国面积的71.5%，人口占全国总人口的27.9%（《中国统计年鉴2010》），区域内的少数民族人口则占全国少数民族总人口的75%左右。同时，分布在中国东北、中南、西南、华北等内地的州、县级民族自治地方，由于在经济社会发展程度方面具有的西部特征，也享有西部大开发的政策。这样，西部大开发战略在区域、人口和经济类型等方面涵盖了中国所有民族自治地方。因此，西部大开发不是单纯的经济行为，而是中国全面建设小康社会、实现现代化整体目标的国家发展战略，民族问题在西部大开发战略所要力图解决的诸多课题中占据极其重要的地位，其中，加快少数民族及其聚居地区经济社会的发展是现阶段民族问题的核心内容。

根据2001年国务院发布的《关于西部大开发若干政策措施的实施意见》，实施西部大开发，主要是通过在加大建设资金投入力度、优先安排建设项目、加大财政转移支付力度、加大金融信贷支持、大力改善投资软环境、实行税收优惠政策、实行土地使用优惠政策、实行矿产资源优惠政策、运用价格和收费机制进行调节、扩大外商投资领域、拓宽利用外资渠道、放宽利用外资有关条件、大力发展对外经济贸易、推进地区协作与对口支援、吸引和用好人才、发挥科技主导作用、增加教育投入、加强文化卫生等社会事业建设等方面采取积极有效的政策措施，建设一个经济繁荣、社会进步、生活安定、民族团结、山河秀美的西部地区，促进区域经济协调发展，推进整个国家的现代化进程。

二、新世纪新阶段民族自治地方经济的新发展

十六大以来，以胡锦涛为总书记的党中央提出以科学发展观统领经济社会发展全局、构建社会主义和谐社会等一系列重大战略思想，继续推进西部大开发，十分重视民族地区全面建设小康社会，进一步优化了民族自治地方经济发展的政策环境。

党和国家针对民族自治地方经济发展中存在的问题，提出了一系列重要的方针政策，并采取了相关措施予以调整、解决。在2005年5月召开的中央民族工作会上，胡锦涛明确提出“各民族共同团结奋斗、共同繁荣发展，是新世纪新阶段民族工作的主题”，为做好新时期的民族工作指明了前进方向；提出“民族区域自治，作为党解决我国民族问题的一条基本经验不容置疑，作为我国的一项基本政治制度不容动摇，作为我国社会主义的一大政治优势不容削弱。”① 会后，中央下发了《中共中央、国务院关于进一步加强民族工作，加快少数民族和民族地区经济社会发展的决定》，这是新中国成立以来第一个民族工作方面的综合性文件。同月，颁布了《国务院实施〈中华人民共和国民族区域自治法〉若干规定》，是《民族区域自治法》实施20多年来，国务院制定的第一个配套行政法规，标志着我国坚持和完善民族区域自治制度，贯彻落实《民族区域自治法》迈出了实质性步伐。制定了《扶持人口较少民族发展规划》、《少数民族事业“十一五”规划》、《兴边富民行动“十一五”规划》这三个国家专项规划的编制，实现了新中国民族工作规划从无到有的历史性突破。2004年3月公布《国务院关于进一步推进西部大开发的若干意

① 胡锦涛：《在中央民族工作会议暨国务院第四次全国民族团结进步表彰大会上的讲话》，第17页，人民出版社，2005年版。

见》，提出了十项重点和相关政策措施。

各民族“共同团结奋斗、共同繁荣发展”作为新世纪新阶段民族工作的主题，其核心内容是“共同”。在推进西部大开发战略中，国家、东部发达地区和西部地区形成了三位一体的“共同”机制，即由国家对西部地区的资金投入和政策扶持、东部发达地区对西部欠发达地区的支援、西部地区各族人民的自力更生这三个方面形成了“共同”合力机制，这个“共同”机制为民族自治地方实现跨越式发展提供了根本保障。

根据相关统计，2000 年至 2008 年，国家财政对西部地区的转移支付规模，从 1089 亿元增加到 7933 亿元，年均增长 28.2%，转移支付累计达 3.03 万亿元，占中央对地方转移支付总额的 43.6%。在不断增强西部各省区财政能力的同时，国家在改善西部地区交通、水利、能源、通信等基础设施方面，实施了 102 项重点建设工程，投资总规模 1.7 万亿元，如青藏铁路、西气东输、西电东送等一批重点工程都已经发挥了重大的经济社会效益。[①] 同期，东部地区通过资金、技术、人力等对西部地区进行的对口支援，也形成了制度化的运作，东部发达的省、市与西部的省、自治区结成了较为稳定的援助关系，如北京与内蒙古、上海与新疆、广东与广西等等，对西藏自治区则形成了全国支援的机制。

新世纪新阶段，在西部大开发战略的推进下，经过 10 年的共同团结奋斗，西部地区在共同发展方面取得了长足的进步。根据《中国统计年鉴 2010》，西部地区 12 省区总的 GDP，由 2000 年的 1.6 万亿元增长到 2009 年的 6.6 万亿元，年均增长近 12%，超过全国同期经济增长水平；人均 GDP 由 4624 元增加到 1.8 万

① 转引自郝时远：《民族自治地方经济社会发展任重道远（上）》，载《中国民族报》，2011 年 4 月 1 日。

元。西部民族地区与东部发达地区的经济社会发展差距扩大化趋势已初步得到有效控制，尽管从根本上扭转这种状态将是一个必须长期努力的过程。

在市场经济条件下实施西部大开发战略，是民族区域自治制度的内在要求，是民族区域自治经济功能的具体表现，在很大程度上弥补了单纯的市场经济所带来的某些负面影响。

第六章　民族区域自治与社会文化环境

文化是民族的重要特征，是民族生命力、创造力和凝聚力的重要源泉。“文化”是一个外来词，源于拉丁文 cultura，英文拼写为 culture，其本意指人类为使土地肥沃及栽培植物所采取的耕耘和改良措施，后来引申为文字、科学和美术的修养。“文化”是一个在通常使用时内涵不一的概念，但一般都认为有广义与狭义之分。广义的“文化”着眼于人类与一般动物、人类社会与自然世界的本质区别，着眼于人类卓立于自然的独特生存方式，其涵盖面非常广泛，故称之为“大文化”。狭义的“文化”排除了人类社会历史生活中关于物质创造活动及其结果的部分，专注于精神创造活动及其结果，因而被称为“小文化”。一般而言，对于“文化”定义的分歧主要集中在狭义方面。

本章所要探讨的民族区域自治的文化环境是从狭义的角度来使用“文化”概念的，即主要讨论涉及精神创造领域的文化现象，是与经济、政治并列的概念。一方面，民族区域自治制度的存在和发展离不开深厚的中国传统文化土壤，民族区域自治是以马克思主义民族理论为思想指导的，与人们对本民族以及对统一国家的文化认同密切相关，而民族自治地方的文化教育水平直接关系到自治机关自治权的行使。另一方面，民族区域自治的实施又具有一定的文化功能，有利于保护、发展民族传统文化，有利于民族意识的培养和调控以及国家凝聚力的增强，有利于民族自治地方内教育事业的发展。

第一节　民族区域自治与文化认同

“任何政治体系有效地施行功能的根本条件依赖于人们对它的文化认同，这已是不言而喻的事情”①。文化认同对于民族区域自治制度的建立至关重要。首先，民族就是一种文化共同体，没有共同的历史文化认同就不会有民族，而没有民族之间的差别及民族问题，就无所谓民族区域自治。其次，中国的民族区域自治制度有着深厚的传统文化基础，如民族地区因俗而治的文化传统、大一统观、“和”文化等等。第三，民族区域自治是把马克思主义民族理论与中国实际相结合的产物，而马克思主义民族理论在中国的传播并为广大中国人民普遍接受，也是一个文化认同的过程。第四，从社会思潮的角度来看，民族区域自治是近代中国民族主义和民主主义两种思潮交互作用的结果，这是一个文化整合和统一认同形成的历史过程。关于民族区域自治建立的文化因素，如中国传统文化、马克思主义理论的指导、近现代社会思潮等内容，之前已有所论及，这里主要探讨民族区域自治对文化认同的影响及坚持和发展民族区域自治所需文化环境建设的问题。

一、民族区域自治对文化认同的影响

民族区域自治制度是适应文化认同的需要而形成的，这一制度一经建立，便具有了强化或促进文化认同的功能。民族区域自

① 王邦佐等编著：《中国政党制度的社会生态分析》，第 234 页，世纪出版集团，2000 年版。

治对文化认同的影响是多层次的。

首先，民族区域自治制度促进了马克思主义民族理论的中国化。

民族区域自治作为当代中国的一项基本政治制度和基本民族政策，民族区域自治法作为一项基本法，在其运行中必然产生政治社会化功能。政治社会化一般是指特定的政治文化（人们关于政治以及与政治体系相关的价值、规范、态度、情感等）及体制获得个人和社会认同的过程。政治社会化给社会个体灌输政治体系中的主流价值，有助于维持和使政治体系以及政府合法化。合法化“这个简单的定义使人了解到政治文化适应的主要目的就是维护现有的合法制度”①。政治社会化通常通过家庭、学校、政府、政党、社群、宣传媒介等组织、机构来实现，这些组织、机构以不同的方式向社会成员灌输意识形态，传授政治技能，从而影响其政治态度。

马克思主义理论是当代中国的主导意识形态，是社会主义中国核心价值体系的灵魂。作为马克思主义基本理论重要组成部分的民族理论，在当今中国社会不断得到广泛宣传、认可、接受，被奉为圭臬，这与坚持和完善民族区域自治制度不无关联。中国共产党和中国政府是根据列宁提出的民族纲领及国家统一、民族平等、重视民族特殊性、团结互助、共同繁荣等五项基本原则，来制定和实施民族政策的。当代中国的民族政策主要有以下几项：民族平等政策；民族团结政策；民族区域自治政策；民族地区社会改革政策；加速少数民族地区经济和文化发展的政策；尊重少数民族风俗习惯的政策；宗教信仰自由政策；团结民族上层和宗教上层的政策。这些政策可以归纳成三个方面：民族平等、

---

① ［法］莫里斯·迪韦尔热：《政治社会学——政治学要素》，第83页，东方出版社，2007年版。

民族区域自治和民族团结。民族平等是中国政府处理民族问题的根本原则，是其他各项政策的统帅和灵魂；民族团结是国家发展和稳定的一项基本保证；民族区域自治则是在少数民族聚居地区贯彻上述各项民族政策的具体政治形式。

民族区域自治制度的实施过程不仅使马克思主义民族理论在当代中国深入人心，而且也促进了与中国实际和时代特征相结合，使马克思主义民族理论不断地在实践的基础上实现了中国化。马克思主义民族理论中国化不是一个纯思维的过程，而是在实践基础上在具体的历史环境中坚持、发展和创新。[①] 马克思主义民族理论在当代中国实践的一个基本内容就是坚持和完善民族区域自治制度。

其次，民族区域自治制度强化了对中华民族一体性的认同。

中华人民共和国的建立，标志着近代以来中国民族革命的基本胜利，标志着中国作为现代民族国家的最终确立，同时，也开始确立了民族区域自治作为国家重要政治制度的地位。在多元复杂的民族国家中，国家的利益在于从一体性的基础上整合各种不同的地方和各民族间的差异，以使这些多样性不致危害国家统一和领土完整，并达成政治上的民族国家认同。《宪法》和《民族区域自治法》明确规定："中华人民共和国是全国各族人民共同缔造的统一的多民族国家。""中央和地方的国家机构职权的划分，遵循在中央的统一领导下，充分发挥地方的主动性、积极性的原则。""共同缔造"体现了全国各族人民利益一致性和共源性。民族区域自治从中国的具体国情出发，实现了各民族平等，在一切权利平等的基础上共建统一的单一的人民共和国，每一个民族自治地方都是国家不可分离的部分，服从中央的统一领导，

---

① 参见金炳镐、青觉：《中国共产党三代领导集体的民族理论与实践》，黑龙江教育出版社，2004 年版。

执行统一的宪法。民族区域自治的实施强化了国内各民族对中华民族一体性和民族国家文化同质性的认同。

在统一的国家体制内由各聚居的少数民族实行区域自治，是中国民族区域自治的基本内涵。对于获得自治权的民族自治地方各族人民而言，他们的国家意识和统一观念不断得到增强。而上级国家机关的特别帮助和扶持政策，更使他们将族群利益、地方利益与国家利益、中华民族利益紧密联系起来，从而强化了国家统一的观念和爱国情感。对于非自治地方而言，由于民族区域自治法是国家的基本法，是不分民族、地区都要贯彻执行的、仅次于宪法并体现宪法精神的基本法，因而增强了中华民族大家庭的意识。事实上，我们在宣传民族区域自治制度和民族区域自治法时，首先强调的是以国家统一、民族团结为前提。

第三，民族区域自治制度增强了民族自治地方内的各民族尤其是实行区域自治民族的自我认同。

在民族区域自治制度下，通过对各民族合法权益的保障，特别是对建立民族自治地方的少数民族各项自治权的保障，使各少数民族在发展本民族各项事业的同时，增进对本民族独特历史文化的认同及对本民族的归属意识。此外，国家的宪法、法律和各级国家机关不仅不会对各民族成员热爱本民族的正常的、健康的感情施以任何障碍或限制，反而鼓励、支持和提供各种条件来满足、促进各民族热爱本民族的感情，来发展本地区、本民族的传统文化。与此同时，国家宪法和有关法律还明文规定禁止任何形式的民族歧视和破坏民族团结的行为，国家机关还采取各种积极、有效的措施来限制、打击伤害民族感情、破坏民族团结的违法犯罪行为。民族区域自治制度无论从其精神、原则还是从具体内容来看，都为民族自治地方内的各民族尤其是自治民族的自我认同提供了保障、创造了条件。

第四，民族区域自治制度有利于增强国民的民主、平等意识，形成和谐文化。

民族区域自治是保障少数民族平等权利、解决我国国内民族问题的基本政治制度，其核心价值蕴含是民主、平等，因而在实际运行中必然使民主、平等意识深入人心。不管是否为民族自治地方，也不管是否为少数民族，民族区域自治通过各种政治社会化渠道向全社会施以各民族平等团结的影响，从而促进了整个社会民主、平等意识的增强。民主、平等意识必然依托于一定的国家制度，因而有利于全社会形成对国家基本制度的认同。和谐文化是在一定社会里形成的追求、崇尚和谐的文化。民族区域自治在很大程度上是为了协调民族关系、化解民族矛盾、促进各民族共同繁荣的制度安排，有利于全社会形成社会主义和谐社会所必需的和谐文化氛围和环境。

二、民族区域自治认同意识的建设和引导

既然文化认同是民族区域自治制度的重要社会生态条件，坚持和完善民族区域自治制度就必须重视有关意识形态、文化认同意识的建设和引导。

首先，要加强民族理论和政策的宣传、教育。民族区域自治体现了马克思主义民族理论的基本原则和精神，是我国解决民族问题的基本政策和制度。加强民族理论和政策的宣传、教育，有助于民族区域自治的贯彻执行，为民族区域自治制度的不断完善提供良好的思想文化基础。要大力加强“三个离不开”（汉族离不开少数民族，少数民族离不开汉族，各少数民族之间也相互离不开）的宣传教育，全面促进民族团结进步。加强对马克思主义民族理论、党的民族政策和民族基本知识的宣传教育。不仅要教育群众，更要教育干部；不仅要教育少数民族干部，更要教育汉族干部；不仅要教育一般干部，更要教育领导干部。通过广泛深

入的宣传教育，在全社会形成自觉维护民族团结、促进民族地区发展的良好氛围。

其次，要使全社会充分认识到民族区域自治法的重要地位。在我国，人们长期以来对民族区域自治法的重要地位缺乏应有的认识，容易忽视宪法的有关规定，民族区域自治法作为国家基本法、民族区域自治制度作为国家基本政治制度没有引起人们特别是汉族群众的重视。一个普遍的观念是，民族法律法规只是有关民族地区的事，只是有关少数民族的事。在民族地区，人们又往往会把民族法律法规看成是政府的事。而民族自治地方的公务员也存在着自治意识不强或不敢理直气壮地要求宪法和法律赋予的自治权，因而不能很好地贯彻执行民族法律法规的情况。他们机械地执行对口上级业务主管部门的决议、决定、命令和指示，遇到涉及民族自治地方因其特点需要变通或者补充执行等重大情况，也往往为了顾及上下级的关系，而不愿意事先向自治地方的自治机关予以请示，或者本来就缺乏这种兼顾上下级关系和照顾本民族、本地区特点的自觉性。众所周知，民族法律法规作为国家的法律具有普遍的约束力，民族问题始终是我们建设中国特色社会主义必须认真处理好的重大问题。特别是当前，在我国发展呈现新的阶段性特征的形势下，在工业化、信息化、城镇化、市场化、国际化的进程中，国内民族问题极易引发国际关注和干预，国际敏感热点民族问题极易引起国内反响和回应。民族问题面临复杂而多变的新情况，使维护民族团结的任务显得繁重而艰巨，因此，每个公民都应充分认识到民族区域自治法的重要性并自觉遵守。

针对目前存在的民族法制意识较为淡薄的问题，国家必须采取积极措施加强这方面的教育和宣传工作。民族区域自治法的基本精神应纳入到各级学校教育体系之中，应成为各类普法考试、司法考试、公务员考试的必考内容。宣传工作应生动活泼、讲求实效，列入国家的法制宣传计划之中。民族区域自治法的宣传还应当经常化，而不应当是一种偶然性、应急性的行为。应充分发挥新闻媒体在强化民族法制意识中的特殊作用，注意引导新闻媒体正确地宣传民族知识，尤其要避免其伤害民族感情和民族关系。应着力提高国家各级公务员对民族区域自治法的认知水平和执法能力，他们的公正执法对民族区域自治法的贯彻尤为重要，他们的带头守法则可以对其他公民起到良好的示范作用。

此外，要特别注意引导民族意识。民族意识具有多层次性、复杂性，并非都具有积极意义，也并非都与民族区域自治相适应，因而需要引导、调控，把握好各种民族意识和文化认同之间的关系。

第二节　民族区域自治与传统文化

传统文化是文化中历史悠久、世代相传的那部分，是文化结构中最稳定的核心部分。张岱年等指出："文化发展的一个基本的规律是文化的积累性和变革性。每一代人都会在继承前人文化知识的基础上，增加新的知识内容，这是文化的积累性；同时，文化又会随着社会经济、政治的变革发生变化和更新，这是它的变革性。当我们考察历史上文化的积累和变革时，我们会发现一些相对稳定、长期延续的内在因素，它们在文化积累中一再被肯定，在文化变革中也仍然被保留着，我们把这样的东西称为'传统'。"①

广义上传统文化有三种类型：一是历史上存在、现时仍比较

① 张岱年、姜广辉：《中国传统文化简论》，第3页，浙江人民出版社，1989年版。

完整地保留着的文化。如彝族的火把节，傣族的小乘佛教，苗族、布依族的蜡染等。二是历史上存在、现实中不再完整地保留，但残余影响较深的文化。如彝族的家支制度，布依族的戴假壳习俗等。三是历史上存在但已消失，现实中不复存在的文化。如佤族的“猎头祭”，仡佬族的“打牙”习俗等。这三种类型中，第三种仅仅是一种历史文化，而前两种才是我们这里要研究的传统文化。这样的传统文化具有历史性，又具有现实性，是保存在每个民族中由历史上流传下来的那部分固有的文化，因而并不是民族文化的全部。所谓历史性，是指这部分文化是经过长时间形成并传承下来的；所谓现实性，是指这部分文化在现实生活中仍然具有生命力和影响力。

一、中国少数民族传统文化概说

少数民族传统文化指的是各少数民族从历史上流传下来的具有本民族特点的文化形式。民族是文化共同体，中国 55 个少数民族各有其独特的历史和文化，因而少数民族传统文化具有多元性。在漫长的历史长河中，中国境内各民族互相交流、融合，逐渐凝聚成中华民族这个实体。中国作为一个多民族国家，中华民族文化是由国内各民族文化组成的一个庞大的文化系统。在这个文化大系统中，以儒家文化为特点的汉文化是其主流，其他少数民族文化犹如条条支流与主流相汇交融，相互促进，共同发展，共同创造了灿烂的中华文化。在各个历史时期，各少数民族在经济、政治、文化、艺术、科技等各方面都为中华文化的发展作出了独特的贡献，少数民族传统文化是中华文化大系统中不可或缺的有机组成部分。

一个民族一致认同的价值观集中反映了本民族意识和民族心理，因而是民族文化的核心内容。每个民族的价值观都不是一成不变的。随着社会经济、政治的变革，价值观也会随之而改变。但相比于经济、政治，传统价值观的变革具有“滞后性”，因而会出现变革时期的“文化冲突”。总的来说，少数民族的传统价值观既有与社会主义先进生产力、先进文化相适应的一面，也有不相适应的一面，特别是商品经济观念薄弱是与现代化建设格格不入的。

价值观的外在化、具体化表现为习俗、道德、法律、礼仪、制度、宗教等等社会行为规范。中国各少数民族有着独特的传统习俗、社会风尚、地方习惯法、礼仪和宗教文化，这里要特别一提的是少数民族的宗教文化。宗教信仰本就是一个极为复杂的社会现象，在中国这样一个多民族而又没有统一国教的国家里，各少数民族的宗教信仰就显得更为复杂。长期以来，在中国少数民族中就传播着佛教、伊斯兰教、道教和基督教等。此外，一些原始宗教的残余在部分少数民族中仍有一定的影响。少数民族中信仰佛教的人比较多，主要是信仰藏传佛教（喇嘛教）和小乘佛教。藏传佛教在藏、蒙古、土、裕固等少数民族中传播，有的民族几乎是全民或者相当多数的群众信教，它在藏族中的显著特点是“政教合一制”和“活佛转世制”。小乘佛教广泛传播于傣族人民中，布朗族、德昂族、阿昌族、佤族、彝族等也有部分或少数群众信仰此教。伊斯兰教于公元7世纪中叶传入中国，回、维吾尔、哈萨克、柯尔克孜等10个少数民族在历史上都是全民信仰此教。伊斯兰教对这些民族的社会生活有着广泛而深刻的影响，而且也具有“政教合一”的历史特征。道教是中国社会历史发展过程中土生土长的宗教，至今已有1700多年的历史，到了近现代，在白、彝、瑶、壮、侗、黎、仫佬、羌等少数民族中已只有少数人信仰此教。基督教是在近代史上随着西方列强的入侵而大量传入中国的，在边疆各少数民族地区流行过该教的一些流派。新中国成立后，中国基督教彻底摆脱了罗马教廷的控制，走上了独立自主、自办教会的道路。中国作为一个多民族多宗教的大国而历史上没有过国教，“就中央皇权来说也没有过‘政教合一’的政治体制，宗教一般说来都是远离政治，特别是远离中心政治的”①，这是中国各民族宗教信仰上的一个特点，也是实行民族区域自治制度的一个有利因素。但是，中国各少数民族的宗教信仰复杂多样，民族问题往往与宗教问题交织在一起，从而增加了民族问题的复杂性。

少数民族传统文化离不开物质载体。我们把负载着少数民族传统文化价值观的物态系统称为文化传承物。少数民族传统文化传承物主要包括以下几个方面：（1）考古遗迹和名胜古迹。我国古代遗迹非常丰富，其中许多遗迹与古代少数民族有着密切的关系。如，作为国家重点文物保护单位的秦汉以来的 37 处古遗址中，有 10 处属于少数民族；作为国家重点文物保护单位的古墓葬 55 处中，属于少数民族的有 17 处；作为国家重点文物保护单位的 30 处石窟，其中由少数民族参与修建的有 16 处；国务院已批准定的 62 座历史文化名城中，至少有 12 座最初是由少数民族建造的；作为国家重点文物保护单位的 216 处古建筑中，至少有 53 处是与少数民族历史和文化密不可分的；作为国家重点文物保护单位的碑、幢、柱等，28 处中有 9 处在少数民族地区。我国一些重要的风景胜地，如云南省路南彝族自治县的石林、西双版纳彝族自治州的橄榄坝、大理白族自治州的洱海、丽江玉龙雪山、宁蒗彝族自治县的泸沽湖、吉林省延边朝鲜族自治州的长白山等等，都被少数民族赋予了特别的象征意义，蕴含着少数民族传统文化的价值观。（2）民族文物。主要指少数民族的遗物，包括考古遗物和文化遗物。考古遗物是古代人类留下来的各种生产工具、武器、日用器具及装饰物等，也包括墓葬的随葬品及画像

① 陈云生：《中国民族区域自治制度》，第 157 页，经济管理出版社，2001 年版。

砖、甲骨、简牍、钱币、度量衡等。文化遗物主要是各种古器物、古书画和古文献。这些遗物都经过少数民族群体或个体加工和使用，因而负载着他们的价值观。（3）生产生活传承物。在少数民族生产生活中，有些文化传承物既具有使用物的功能，同时又负载着传统文化的价值观。这样的生产生活传承物包括农、牧、渔、猎、手工业生产工具，衣食住行等日常生活用物，以及礼仪用物、娱乐用物、宗教祭祀用物、信息传递器物、科技器物、工艺美术品等。如南方少数民族的“背篓”、鄂伦春族的桦皮船、赫哲族的狗拉爬犁等运载工具，苗族的芦笙、傣族的象脚鼓、蒙古族的马头琴等乐器，景颇族的树叶信、傣族的贝叶经书、东巴经书等信息传递器物。①

象征符号是文化传承的最基本的运载工具和传递手段。在各种符号系统中，语言是最重要、最基本、也是最复杂的符号系统。作为图像符号，最基本的是文字。中国的少数民族除了回族一直通用汉语、满族近代以后逐步转用汉语外，其余53个少数民族均有自己的语言，涉及未定语系的朝鲜语和南岛语系诸语种，以及汉藏语系的藏缅语、苗瑶语、壮侗语，阿尔泰语系的蒙古语、突厥语，南亚语系的佤崩龙语支，印欧语系的斯拉夫语和伊朗语等，语种达100种，现代文字共27种②。在中国统一的多民族国家形成和发展的历史过程中，汉语发挥了重要的作用，其在现代社会中的地位和作用将会越来越重要。少数民族中虽然大多数有本民族的语言，但缺少或不经常使用本民族文字，只有少数的几种少数民族文字还能普遍使用。各少数民族与多数民族和主流社会的对话沟通在语言上也存在着很大差别，这些都在客观

---

① 宋蜀华、陈克进主编：《中国民族概论》，第184－187页，中央民族大学出版社，2001年版。

② 张崇根：《中国民族工作历程》，第192页，远方出版社，1999年版。

上影响着现代文化信息的传入。可以说，汉语的主体地位和少数民族语言的多样性是中国确立民族区域自治制度的一个文化方面的因素，而民族区域自治制度在实际运行中也必须处理好民族自治地方内的双语或多语问题。

二、民族区域自治与少数民族传统文化的保护和发展

保护和发展少数民族传统文化是民族区域自治的功能之一。国家有职责从维护少数民族在文化上的平等权利和繁荣社会主义文化的原则出发对保护和发展少数民族传统文化作出制度安排；民族自治地方的自治机关的一项职责便是组织、支持有关单位和部门收集、整理、翻译和出版民族历史文化典籍，保护民族地区的名胜古迹、珍贵文物和其他重要历史文化遗产。对此，《宪法》和《民族区域自治法》都有相关规定，国家也制定和实施了各项政策，有关部门做了切实有效的工作。

（一）使用和发展本民族语言文字

根据《宪法》的有关规定，《民族区域自治法》具体规定了民族自治地方的自治机关有使用和发展民族语言文字的自治权。第21条规定："民族自治地方的自治机关在执行职务的时候，依照本民族自治地方自治条例的规定，使用当地通用的一种或者几种语言文字；同时使用几种通用的语言文字执行职务的，可以以实行区域自治的民族的语言文字为主。"为保障民族自治地方各民族都有使用和发展自己的语言文字的自由，第37条规定："招收少数民族学生为主的学校（班级）和其他教育机构，有条件的应当采用少数民族文字的课本，并用少数民族语言讲课。"为保障少数民族用本民族或当地通用的语言文字诉讼的权利，第47条规定："民族自治地方的人民法院和人民检察院应当用当地通

用的语言审理和检察案件，并合理配备通晓当地通用的少数民族语言文字的人员。对于不通晓当地通用的语言文字的诉讼参与人，应当为他们提供翻译。法律文书应当根据实际需要，使用当地通用的一种或者几种文字。保障各民族公民都有使用本民族语言文字进行诉讼的权利。”内蒙古、新疆、西藏等民族自治地方，都制定和实施了使用和发展本民族语言文字的有关规定或实施细则。

20 世纪 50 年代，国家开展少数民族语言文字调查，在摸清情况的基础上建立民族语文工作和研究机构，帮助创制或改进民族文字。中国 55 个少数民族中，除回族和满族通用汉语文外，其他 53 个民族都有本民族语言，有 22 个民族共使用 28 种文字，其中壮、布依、苗等 12 个民族使用的 16 种文字是由政府帮助创制或改进的。根据 2009 年 9 月国务院发布的《中国的民族政策与各民族共同繁荣发展》白皮书，中国少数民族目前约有 6000 万人使用本民族语言，占少数民族总人口的 60% 以上，约有 3000 万人使用本民族文字。民族自治地方有使用民族语言的广播电视机构 154 个，中央和地方电台每天用 21 种民族语言进行广播。民族出版社从 1978 年的 17 家发展到目前的 38 家，分布在北京等 14 个省（自治区、直辖市），出版的少数民族文字种类由 5 种发展到 26 种，2008 年出版少数民族文字图书 5561 种、6444 万册，分别比 1978 年增长 6.41 倍和 6.37 倍。[①] 在中国，无论在司法、行政、教育等领域，还是在国家政治生活和社会生活中，少数民族语言文字都得到广泛使用。现在，中国共产党全国代表大会、全国人民代表大会和中国人民政治协商会议等重要会议上都提供蒙古、藏、维吾尔、哈萨克、朝鲜、彝、壮等民族语言文字的文

① 国务院新闻办公室：《中国的民族政策与各民族共同繁荣发展》（白皮书），载《人民日报》，2009 年 9 月 28 日。

件和同声传译。

为使各少数民族语言跟进时代发展，国家采取各种措施帮助少数民族语言文字实现规范化、标准化，促进信息处理工作的健康发展。目前，国家已制定了蒙古文、藏文、维吾尔文（哈萨克文、柯尔克孜文）、朝鲜文、彝文和傣文等文字编码字符集、键盘、字模的国家标准。在国际标准的最新版本中，正式收入了中国提交的蒙古文、藏文、维吾尔文（哈萨克文、柯尔克孜文）、朝鲜文、彝文和傣文等文字编码字符集。开发出多种电子出版系统和办公自动化系统，建成了一些少数民族文种的网站或网页，有些软件已经可以在 Windows 上运行。如在新疆，已研发出“博格达维哈柯文排版系统”、“锡伯文、满文文字处理和轻印刷系统”、“新疆 2000”多文种图文排版系统、“阿拉伯文及多文种排版系统”等软件。

（二）尊重和保障少数民族宗教信仰自由

《中华人民共和国宪法》和《民族区域自治法》规定，“民族自治地方的自治机关保障各民族公民有宗教信仰自由。”“任何国家机关、社会团体和个人不得强制公民信仰宗教或者不信仰宗教，不得歧视信仰宗教的公民和不信仰宗教的公民。”“国家保护正常的宗教活动。”国务院颁布的《宗教事务条例》规定：“公民有宗教信仰自由。任何组织或者个人不得强制公民信仰宗教或者不信仰宗教，不得歧视信仰宗教的公民或者不信仰宗教的公民。信教公民和不信教公民、信仰不同宗教的公民应当相互尊重、和睦相处。”中国的其他相关法律法规，对保障公民宗教信仰自由也有具体规定。民族自治地方的自治机关根据宪法和法律的规定，尊重和保护少数民族的宗教信仰自由，保障少数民族公民一切合法的正常宗教活动。截至 2003 年底，西藏自治区共有 1700 多处藏传佛教活动场所，住寺僧尼约 4.6 万人；新疆维吾尔自治区共有清真寺 23788 座，教职人员 26000 多人；宁夏回族自治区共有清真寺 3500 多座，教职人员 5100 人。① 各种宗教活动正常进行，少数民族群众的宗教信仰自由得到充分尊重和保障。例如，西藏的藏传佛教特有的活佛转世的传承方式得到充分尊重，寺庙学经、辩经、受戒、灌顶、修行等传统宗教活动和寺庙学经考核晋升学位活动正常进行。中央人民政府先后将西藏的布达拉宫、大昭寺、扎什伦布寺、哲蚌寺、色拉寺、萨迦寺等著名宗教活动场所列为重点文物保护单位。僧俗信教群众每年都组织和参加萨噶达瓦节等各种各样的宗教和传统活动，每年到拉萨朝佛敬香的信教群众达百万人次以上。在新疆，自 20 世纪 80 年代以来赴沙特朝觐的人数已累计超过 5 万人，近年朝觐人数保持在每年 2700 人左右。截至 2008 年，新疆宗教界人士在各级人民代表大会、政治协商会议担任职务的有 1800 多人，他们代表信教群众积极参政议政，并对政府贯彻宗教信仰自由政策进行监督。1999 年中央政府拨款 760 万元人民币用于重修乌鲁木齐的洋行大寺、伊宁拜图拉清真寺、和田加麦大寺。喀什艾提尕尔清真寺、香妃墓（阿帕克和卓麻扎）和吐鲁番苏公塔，多次由政府拨款修缮。仅 2008 年国家就拨款 3300 万元人民币，用于艾提尕尔清真寺和香妃墓的修缮。

国家和民族自治地方依照法律法规对宗教事务进行管理，依法保护宗教团体、宗教活动场所和信教公民的合法权益。根据国务院颁布的《宗教事务条例》，各自治地方制定颁行了一系列相关规定。这些法规和规章进一步明确公民有宗教信仰自由权利，国家依法保护正常的宗教活动，维护宗教团体、宗教活动场所和信教公民的合法权益；宗教团体、宗教活动场所和信教公民应当

① 国务院新闻办公室：《中国的民族区域自治》（白皮书），载《人民日报》，2005 年 3 月 1 日。

遵守宪法、法律、法规和规章，维护国家统一、民族团结和社会稳定；任何组织或者个人不得利用宗教进行破坏社会秩序、损害公民身体健康、妨碍国家教育制度，以及其他损害国家利益、社会公共利益和公民合法权益的活动，不得利用宗教干预国家行政、司法等国家职能的实施等基本原则。

历史上，民族地区不同宗教之间、同一宗教的不同教派之间常引发冲突。新中国成立以来，宗教信仰自由政策的贯彻实施和对宗教事务的依法管理，促进了民族地区各宗教的和睦相处，增进了信教和不信教公民以及不同宗教信仰公民的相互尊重和理解。

（三）保持或者改革本民族风俗习惯

中国各少数民族的风俗习惯差异较大，具有不同的生产方式和生活方式，表现在服饰、饮食、居住、婚姻、礼仪、丧葬等多方面。国家尊重少数民族风俗习惯，少数民族享有保持或改革本民族风俗习惯的权利。在社会生活的各方面，政府对少数民族保持或改革本民族风俗习惯的权利加以保护。

在中国，约有 10 个少数民族有食用清真食品的传统习惯。为妥善解决好食用清真食品的少数民族的伙食问题，国家在食用清真食品的少数民族较多的机关、学校、企事业单位，设立清真食堂或提供清真伙食，人数较少的采取几个单位联合举办或备专门灶具。在食用清真食品的少数民族较集中的地方，广设清真饮食网点，在城市、交通要道、饭店、旅馆、医院，以及列车、轮船、飞机等交通设施上，设清真食堂或清真伙食点。国家对经营清真饮食有严格的规定，要求对作为清真食品的牛羊肉，在屠宰、包装、运输、加工、销售等各环节上，都必须标明“清真”字样。在食用清真食品的少数民族聚居的大、中城市，国家有关部门设立专门经营牛羊肉的批发部门或零售机构，并在政策上给予优惠。

中国各少数民族的丧葬习俗各有不同，有火葬、土葬、水葬、天葬等不同的葬法。政府尊重少数民族的丧葬习俗。对回族、维吾尔族等一些习惯土葬的少数民族，国家划拨专用土地，建立公墓，并设立专门为这些少数民族服务的殡葬服务部门。现在，全国凡有习惯实行土葬的少数民族（如回族等）居住的大、中、小城市，都建有公墓。同样，对藏族实行的天葬、土葬、水葬，国家也给予保护和尊重。

中国各少数民族年节习俗丰富多彩。如：藏族的藏历新年、“雪顿节”，回、维吾尔等民族的“开斋节”、“古尔邦节”，蒙古族的“那达慕”，傣族的“泼水节”，彝族的“火把节”，等等。各少数民族自由地按本民族的传统习惯欢度节日，国家按照各少数民族年节习惯安排假日，并供应节日特殊食品。

（四）保护少数民族文化遗产

为使各少数民族传统文化得到保护，国家有计划地组织对各少数民族的文化遗产进行搜集、整理、翻译和出版工作，保护少数民族的名胜古迹、珍贵文物和其他重要历史文化遗产。国家的基本方针是“抢救第一”和“有效保护，合理利用，加强管理”。

国家成立了全国少数民族古籍整理出版规划小组和办公室，组织和领导全国少数民族古籍整理工作。全国现有25个省、自治区、直辖市，130个自治州、地、盟建立了民族古籍整理与研究机构，民族院校也建有古籍整理与研究机构。截至2008年底，已搜集少数民族古籍数百万种，整理11万余种。《国家珍贵古籍名录》第一、二批已收录少数民族古籍377种，中国民族图书馆等5个单位列入第一、二批全国古籍重点保护单位。其中，纳西族东巴古籍文献已列入联合国教科文组织“世界记忆遗产名录”。中国政府设立少数民族三大英雄史诗《格萨尔》（藏族）、《江格尔》（蒙古族）、《玛纳斯》（柯尔克孜族）专门工作机构，收集、整理、翻译和研究取得重大成果。近年来，国家拨付巨资支持校勘出版《中华大藏经》计150部。

从20世纪50年代开始，国家组织3000多名专家学者，历时30多年完成了中国少数民族、少数民族简史丛书、民族语言简志丛书、民族自治地方概况丛书和少数民族社会历史调查资料丛刊等五种少数民族丛书的调查、编纂和出版，合计403册，1亿多字，发行50多万册。近年来，国家又组织对这五种少数民族丛书进行了修订再版。自20世纪50年代至今，国家组织开展了三次大规模的民族民间文艺资源的普查、挖掘、抢救整理工作，并组织动员10余万人，历时30年，完成了国家哲学社会科学规划重大课题《十部民族民间文艺集成志书》，出版298卷，全部450册，约5亿字。此外，组织完成了国家艺术学少数民族各类艺术理论著作108种，约2500万字。

20世纪80年代以来，国家投入巨资对西藏拉萨的哲蚌寺、色拉寺、甘丹寺，青海的塔尔寺，新疆的克孜尔千佛洞等全国重点文物保护单位进行维修。1989年到1994年，国家拨出5500万元和1000公斤黄金、大量白银等珍贵物资对布达拉宫进行维修。2001年起，拨专款3.8亿元，用于维修布达拉宫、罗布林卡、萨迦寺。“十一五”时期，国家将安排专项资金5.7亿元用于西藏22处重点文物的维修保护。自2005年以来，国家安排专项经费4亿元，用于“十一五”期间新疆20余处全国重点文物保护单位、古遗址的保护。目前，民族自治地方全国重点文物保护单位有366个，世界文化遗产有拉萨布达拉宫历史建筑群、丽江古城等2个，世界自然遗产有九寨沟、黄龙风景名胜区和“三江并流”自然景观等3个。

国家重视保护少数民族非物质文化遗产。自2002年至今，中央财政累计投入非物质文化遗产保护经费达3.86亿元，约有四分之一用于民族地区。国务院公布的两批国家级非物质文化遗产名录1028项中，少数民族项目有367项，占35.7%，55个少数民族都有项目列入。国家公布的三批共1488名国家级非物质文化遗产项目代表性传承人中，少数民族项目代表性传承人有393名，占26.4%。新疆维吾尔木卡姆艺术和蒙古族长调民歌被列入联合国教科文组织第三批"人类口头和非物质遗产代表作"名录。①

（五）繁荣少数民族文化艺术事业

国家和有关部门通过组建少数民族文艺团体、艺术院校、文化馆和群众艺术馆等措施，大力培养少数民族文艺人才，繁荣少数民族文艺创作，发展少数民族文化艺术事业。20世纪50年代初，在北京建立了国家级的中央民族歌舞团，由各民族演员组成，创作各少数民族歌舞节目，到全国各地演出，还数十次把中国少数民族文艺节目带到世界各国演出。到目前为止，全国民族自治地方有各类艺术表演团体534个，艺术表演场所194处，图书馆661个，群众艺术馆82个，文化馆679个，文化站7318个，博物馆155个。全国五个民族自治区和云南、贵州、吉林等省有24所高等和中等艺术院校，专门培养少数民族艺术人才。

曾经濒于灭绝的维吾尔族巨大音乐经典套曲"十二木卡姆"，由40年代末仅有两三个高龄艺人能够较完整地演唱发展到成立新疆木卡姆艺术团、木卡姆研究室，广泛演唱，得到发扬光大。已有500多年历史的藏戏不仅得到保护和发扬，而且在每年的雪顿节期间与其他歌舞、话剧相映生辉，使雪顿节成为藏民族欢乐喜庆的综合艺术节。

① 国务院新闻办公室：《中国的民族政策与各民族共同繁荣发展》（白皮书），载《人民日报》，2009年9月28日。

国家定期举办少数民族音乐、舞蹈、戏剧“孔雀奖”评比和少数民族题材的电影、电视、文学“骏马奖”评选。国家自1992年开始在少数民族聚居的广西、云南、西藏、新疆、内蒙古、黑龙江、吉林等9个省、自治区实施“全国万里边疆文化长廊建设”工程。几年来，各级政府投入大量资金，建成了一批公共文化基础设施，改善和丰富了当地的文化生活，受益的边疆各族人民群众达1000多万人。

近十多年来，少数民族文化艺术团体扩大对外交流，活跃在国际舞台上，从中央到地方已有100多个少数民族艺术团体走向世界。

少数民族作家队伍不断壮大，一大批少数民族作家茁壮成长，创作了大量文学作品。中国作家协会少数民族会员的比例已超过10%，人数近600人。

少数民族工艺美术异彩纷呈。藏族壁画艺术不断充实，增加了表现藏族发展史和藏族人民新生活的内容。藏族卷轴画唐卡艺术得到保护。维吾尔族、蒙古族的地毯、壁挂，从民族地区风行到全中国，外销世界上许多国家和地区。布依、苗、瑶、仡佬等民族的蜡染，而今更为流行，且图案、花样、品种都有很大发展。土家、壮、傣、黎、侗等民族的织锦技艺，已从过去的一家一户的小型作业发展到织锦工艺厂，生产规模不断扩大。

（六）保护和发展少数民族传统医药

包括中医在内的各民族传统医学是中国传统文化的重要组成部分。国家重视研制各少数民族传统药剂，扶持民族医药机构建设，培养民族医人才。在发掘、整理和研究推广少数民族传统医药方面，55个少数民族中已有35个民族发掘整理出本民族医学资料。早在1992年，国家就确定了蒙药、藏药、维吾尔药制剂中心，将传统医药与现代研制技术相结合，已生产十几种剂型，上百种藏药、蒙药、维吾尔药品种。全国共有县级以上民族医药科研机构35所，科研人员近1500人。国家组织编撰《中华本草》中的藏、蒙、维、傣等4种民族药卷，收入藏药396种、蒙药422种、维吾尔药423种、傣药400种，具有较高的科学性和权威性。在大力扶持民族医药机构建设方面，截至2008年底，15个民族设有本民族医药的医院，全国共有民族医医院191所，床位8694张。其中藏医院70所，蒙医院51所，维医院39所，傣、朝、壮、苗、瑶等民族医医院31所。从2006年开始，国家重点建设包括藏、蒙、维、傣、朝、壮、苗、土家8种民族医药在内的10所民族医医院，努力推动民族医整体诊疗水平的提高。在培养民族医人才方面，国家在14所教育机构开展民族医药专业教育，其中有高等民族医药院校5所，中等民族医药院校4所，设有民族医药专业的非民族医药院校5所。目前，全国民族医药院校在校生约1.7万人，毕业生3964人。藏、蒙、维、傣、朝、壮等6种民族医纳入国家医师资格考试，民族医药专业人员达1万多人。这些民族医药专业人才，既懂得现代西医理论和方法，又有一定的民族医药学知识技能，是提高各族群众健康素质的重要保证。

（七）发展少数民族传统体育运动

中国少数民族传统体育运动源于广大少数民族群众的生活，内容丰富，形式多样，历史悠久，特点鲜明，不仅具有高度的技巧，而且常常伴有歌舞、音乐，如赛马、射箭、马上游戏“叼羊”、摔跤、荡秋千、跳板、赛龙舟、登山等等。中国各少数民族自治地方都建立了体育工作机构，积极培养少数民族体育人才，开展民族传统体育和现代体育活动，提高少数民族的健康水平。现已挖掘、搜集、整理出少数民族传统体育项目290多个。1953年，在天津举办了全国首次民族传统体育表演及竞赛大会，即第一届全国少数民族传统体育运动会。1982年后，每4年举办一次全国少数民族传统体育运动会。第六届全国少数民族传统体育运动会于1999年9月在北京举行，同时在西藏自治区首府拉萨设立分赛场。全国已有25个省、自治区、直辖市每4年举办一次少数民族传统体育运动会。

从以上的介绍可以说明，国家和各民族自治机关在保护和发展少数民族传统文化方面做了很多工作，也取得了显著的成绩。但不可否认的是，一方面，民族传统文化得以弘扬和发展；另一方面，文化的民族特性也存在着某种程度削弱的趋势，而这与一些民族自治地方自治机关在执行民族政策中的问题相关。有的侧重于稳定的目的，没有充分考虑到民族的文化特性，生搬硬套国家政策；一些地方在扶持少数民族发展中，把汉族地区的经验盲目运用到工作中；有的出于政绩考虑，工作中没有长期打算，只搞表面工作，搞短、平、快，挫伤了少数民族群众的积极性。针对此类问题，有必要通过立法来保障民族文化自治权利的实现。根据一些学者的意见，目前急需由全国人大常委会制定的法律主要有：《散居少数民族权益保障法》、《少数民族风俗习惯保障和改革法》、《少数民族宗教信仰自由保障法》、《民族教育法》等。

三、少数民族传统文化与现代化

对于“现代化”的概念，学术界众说纷纭，莫衷一是。纵观各种“现代化”概念，可以对其进行如下表述：首先，现代化是一项复杂的系统工程，牵涉到社会经济、政治、文化各个领域。其次，现代化是一种无限变革趋向“合理化”的过程，也可以是一种社会生活的文明状态。“合理化”过程是一种综合性系统化的社会整合过程，其要达到的文明状态就是整合出一个能充分吸收消化现代文明成果、并且有现代文明创造能力的、充满现代生机和活力的社会结构。第三，现代化本质上是政治的。它的一切工作只不过是创建一个适应现代文明的权力体制和充满现代文明生机活力的社会结构；在于保障人的全面发展；是对传统的权力体制和社会结构的重新整合、更新创造的过程，这种整合改造过程需要由居社会之上的国家权力体制的力量来完成。因此，现代化的过程也是新制度的建立过程及新文化产生和发展的过程。民族区域自治制度作为一种国家权力体制，理应在民族自治地方内少数民族传统文化与现代化的融合中有所作为。

在现代化进程中，当代中国民族传统文化存在着两个发展趋向，一个是衰退的趋向，另一个是复兴的趋向。由于民族传统文化有着不同的内容和层次，衰退和复兴这两个趋向有时是相悖或相对抗的，有时则并不矛盾。现代化过程必然伴随着对传统文化的冲击，这是世界现代历史和当代社会发展中极具普遍性的问题，不论发达国家还是发展中国家，不论占人口多数的民族还是少数民族，都是如此。但民族传统文化的衰退有两种情况，一种情况就是逐渐消亡、匿迹；另一种情况则是溶入了现代化之中而发生了变异。中国少数民族传统文化也存在着复兴和繁荣的局面，这一方面是由于如前所述党和国家对保护和发展民族传统文化的重视及具体的政策安排，另一方面也由于少数民族对自身传统文化要求的进一步增强。新加坡前总理李光耀曾说："在告别过去的时候，我们有一种深刻的不安，失去传统会使人们一无所有。"[①] 这种深刻的不安潜存在人们心中，并在现代化的冲击下时时泛起。不过，在衰退和复兴这两种趋向中，衰退的趋向似乎更为有力些。这是因为：其一，各地传统文化的衰退正是在各种挽

① ［新加坡］法里德：《文化决定命运：李光耀访谈录》，第 68 页，三联书店，1995 年版。

救和弘扬措施不断实施时发生的；其二，已有的复兴尚多与民间生活脱节，衰退则是深层的。[①]

溶入现代化应该是少数民族传统文化发展的“合理化”过程。那么，在国家权力体制中就应对少数民族传统文化采取这样一种基本的政策态度：高度重视历史文化遗产的保护，对待那些在现实社会中已失去存在和发展基础但又有着一定的历史价值的传统文化部分，应加以保存；积极引导传统文化与社会主义相适应，与社会主义市场经济相适应，积极应对全球化的挑战，对于那些与社会主义现代文明相悖的传统文化则应予摒弃；弘扬优秀的民族传统文化，传承民族传统文化的精粹。

少数民族传统文化“合理化”的社会整合思路是：第一，民族自治机关与上级国家机关共同承担职责。民族自治地方是少数民族传统文化的土壤，自治机关应整合各种力量来促进传统文化与现代化融合。上级国家机关则应该提供相应的政策支持、财力帮助及其他方面的有利条件。第二，政府行为与民间行为相结合。各级政府为保护、整理、研究传统文化做了大量的工作，政府行为更具有自觉性、超前性、计划性，是推动民族传统文化复兴的主要力量，但其效果往往流于表层，要成为长久而深远的影响力就必须与民间行为相结合。因为传统文化发源于民间，发展于民间，传统文化没有与民间社会生活相结合是不会有生命力的。这种结合点可以有很多方式，如参与组织和资助当地的主要传统节目，使其成为较大规模的群众性民俗活动，培育新的少数民族“文化积淀场”；在中小学教育中适当增加一些介绍本地少数民族优秀传统文化的内容也是很好的途径。第三，振兴民族传统文化与发展经济相结合。如在民族自治地方开辟和建设一些展

① 王希恩主编：《当代中国民族问题解析》，第348－350页，民族出版社，2002年版。

现本地民族文化传统的旅游景点，这样不仅可以带动当地经济发展，又能有效地保护民族优秀文化遗产。

第三节 民族区域自治与民族教育

从本质上说，民族区域自治是适应民族发展的需要而作出的制度安排，而促进民族发展则是民族区域自治的应有功能。民族的发展取决于其所处社会生产、分工及内部和外部的交往程度。民族的自身素质无疑是影响民族发展的重要内在力量。作为民族结构运动产生的力和特质的积蓄、积淀，民族自身现有的素质，为民族发展提供了重要的基础和前提。而提高民族素质的根本途径只能是教育。我们也可以把影响民族发展的社会生态环境归结为经济的、政治的、文化的等几个方面。这里把民族地区的教育问题作为民族区域自治的重要社会文化环境予以探讨。

一、教育对民族区域自治的影响

首先，教育影响人们的民主精神、法治观念、民族意识等，而这些正是坚持和发展民族区域自治制度所必需的。试想一下，如果民族自治地方的教育非常落后，愚昧和迷信大行其道，人们思想非常保守、封闭，与现代民主观念和文明生活方式完全隔离，那么，当地人们怎么能理解民族区域自治的基本精神？其次，教育影响自治机关干部队伍的素质及人才结构。民族区域自治需要建设一支德才兼备的公务员队伍。民族自治地方的教育事业发展水平，既影响到自治机关的民族化即公务员的民族构成，也影响到自治机关的民主化。其三，教育影响到民族自治地方各项事业的发展。民族自治地方的经济社会各项事业需要有一批具有现代专业技术的人员。专业技术人员可以引进，但从根本上、长远来看，还是要靠发展自治地方的教育事业。其四，民族区域自治的根本目的在于民族自治地方的发展和各民族的共同发展。民族素质是民族发展的核心内容，也是民族发展的重要条件，而提高民族素质的根本途径是教育。19 世纪德国经济学家弗里德里希·李斯特曾提出一个重要的理论："一国的最大部分消耗，是应该用于后一代的教育，应该用于国家未来生产力的促进和培养。"因为，"财富的生产力比之财富本身，不晓得要重要多少倍"①。可以说，19 世纪的德国、美国，20 世纪的日本的崛起使这一理论得到了验证。早在 1960 年，美国的教育经费就达到 GDP 的 5%，联邦德国的教育经费也在 1975 年达到 GDP 的 5.2%。

二、民族地区的教育发展问题

重视教育在中国有着悠久的历史传统，但在近代以来的国民教育发展水平上落后于西方发达国家。直至进入 21 世纪以来，我国的财政性教育经费仍未达到 GDP 的 4%，其中少数民族和民族地区的教育发展相对更为滞后。据 1990 年人口普查资料，各民族中每千人拥有小学以上文化程度人口数全国平均为 698.12 人，而生活在西部地区的主要少数民族千人拥有小学以上文化程度的人口数均低于全国平均水平：回族 584.89 人，维吾尔族 613.22 人，藏族 264.7 人。民族教育落后导致民族人才匮乏。西北地区的甘肃、宁夏、青海、新疆 4 省区少数民族人口占全部人

① 参见李义平：《财富的生产能力比财富更重要》，载《人民日报》，2007 年 6 月 15 日。

口的30%以上，但少数民族专业技术人才却只有9万多人，仅占四省区专业技术人才总数的10.2%，占少数民族人口数的0.3%，不及全国平均水平的1/30。

民族地区教育事业的发展与内地汉族聚居地区相比，整体差距主要表现在两个方面：一是文盲和半文盲率高。据1995年百分之一人口抽样调查统计，全国平均文盲率为10.98%，而少数民族集中的八省区文盲率为19.33%；民族8省区639个县中，通过基本扫盲县（区）验收的有226个，仅占35.36%，全国55个少数民族只有8个民族的文盲率低于全国的平均水平。贵州省民族自治地方文盲率高达38%①。而且，在民族自治地方进行的"两基"评估（基本普及义务教育、基本扫除青壮年文盲）存在一定程度的形式主义现象。二是办学质量较低。这可以从学生参加各种全国性或国际性比赛的获奖情况，高等学校的重点学科、重点实验室、研究成果等等情况中明显看出。导致这种差距的主要原因是师资、经费、办学理念和管理制度等。以师资情况为例，现在国家对民族自治地方的义务教育免除了学杂费，但教师的工资没有相应提高，教师的待遇明显低于东部地区，很难吸引优秀教师，发达地区的大学毕业生不愿去民族自治地方从教，民族自治地方培养的人才也要"孔雀东南飞"，剩下做教师的（特别是在广大民族地区农村）相当部分都难以胜任工作，很多教师很少看书读报（也买不起书报），知识得不到更新，为了生计很少花时间钻研教材教法。民族地区的学校教育水平与经济社会发展的要求之间的落差越来越大。提高民族自治地方教育水平应该以科学发展观为指导，以人为本，立足于可持续发展的能力，在普及的同时提高质量。这就需要深化教育体制改革，着力实施素

① 陈立鹏：《我国少数民族教育回顾及前瞻》，载《贵州民族研究》，1999年第1期。

质教育，需要更新办学理念，也需要上级国家机关和有关职能部门的帮助和经费、政策的投入。

导致少数民族和民族地区教育发展相对较为滞后的原因是多方面的，既有历史的原因，也有现实的因素；既有传统文化的影响，也有自然地理的制约。

三、民族教育政策与教育发展

为了加快发展少数民族和民族地区的教育事业，国家采取了一系列政策措施：（一）在经费投入上采取特殊的扶持政策。主要通过中央和地方设置民族教育专项补助经费，以解决民族教育中因民族、地域特点在经费开支上的需要，同时多渠道筹措民族教育经费。（二）建立从中央到地方的民族教育行政管理系统。在中央和地方各级政府教育行政部门中专门设立了民族教育行政管理机构，负责贯彻执行国家的民族教育方针政策，研究处理特殊问题。（三）尊重民族自治地方自主发展民族教育的权利。《民族区域自治法》第三十六条对民族自治地方自主发展教育的权利作了明确规定。（四）实行民族语文教学和双语教学相结合的教育模式。国家建立少数民族文字教材审定制度，教育部民族司设有教材处负责协调少数民族文字教材建设。（五）创办各级各类民族学校。主要有民族学院（大学）、民族班、寄宿制民族中小学等几种类型。（六）加强少数民族师资队伍建设。主要措施包括大力发展民族师范教育、重视民族学校在职师资培训和进修、提高少数民族教师待遇、内地师资支援民族地区教育等。（七）对少数民族学生给予特殊照顾。在普通高等、中等专业学校招生考试中，对少数民族考生实行放宽报考年龄限制、放宽录取分数标准和少数民族考生可以使用民族语文考试等政策。对少数民族学生在生活上适当减免收费，在发放奖助学金方面给予适当照顾。（八）内地省、市对民族地区教育事业对口支援和协作办学。目前，对民族地区教育的对口援助项目主要有：智力援藏，动员全国各地力量全面对口支援西藏教育；内地高等院校与新疆高校的对口支援与协作；组织沿海发达省市对少数民族贫困县进行对口支援与协作。

近年来，国家先后实施贫困地区义务教育工程、农村中小学危房改造工程、西部地区“两基”（基本普及九年制义务教育、基本扫除青壮年文盲）攻坚计划等工程，中央财政先后投入290多亿元，极大地改善了民族地区办学条件。目前，全国建有民族小学20906所、民族中学3536所。其他各级各类学校也全部面向少数民族招生并实行一定优惠。2004年，国家从西部农村地区开始实行“两免一补”（免杂费、免费提供教科书，补助寄宿生生活）政策，惠及绝大部分少数民族学生。2006年起，率先在西部实施农村义务教育经费保障机制改革。国家对特别困难的民族和地区，安排专项资金进行补助。如，每年安排1.2亿元资金，对西藏农牧区中小学实行“三包”（包吃、包住、包学习费用）。截至2008年底，民族地区实现“两基”目标的县已有674个，占总数的96.6%。

由于民族教育政策的贯彻实行，民族地区教育事业得到了较快发展。目前，民族地区已有普通高等院校167所，高等学校专任教师7.7万人，在校生123.5万人。截至2008年底，全国各级各类学校少数民族在校学生总数为2199.6万人。其中，普通小学少数民族在校生数为1070.8万人，占学生总数的10.4%；普通中学少数民族在校生数为680.2万人，占学生总数的8.5%；普通高等学校少数民族在校生数为133.9万人，占学生总数的6.2%。下表从民族自治地方各类学校专任教师和在校学生人数两方面作历史比较：

民族自治地方各类学校专任教师和在校学生人数的历史比较　　单位：万人

年份	高等学校		中等学校		小学	
	专任教师	在校学生	专任教师	在校学生	专任教师	在校学生
1952	0.06	0.45	1.02	20.94		467.31
1965	0.62	3.05	5.30	95.41		1124.44
1979	1.68	6.20	34.78	628.39	61.25	1685.50
1992	2.71	14.17	42.53	627.99	83.39	1913.65
2002	4.22	56.70	60.14	1093.22	89.68	1813.33

据《中国民族工作年鉴2003》制表

民族教育发展使少数民族群众的整体文化素质明显提高。2000年第五次全国人口普查表明，朝鲜、满、蒙古、哈萨克等14个少数民族的受教育年限高于全国平均水平。目前，55个少数民族都有自己的大学生，维吾尔、回、朝鲜、纳西等十几个少数民族每万人平均拥有的大学生人数已超过全国平均水平。

第四节　民族区域自治与民族意识

关于民族意识，民族学和民族理论界一般从国内民族（ethnic groups）的角度来分析，而政治学界却基本上是从国家民族（nation）的层面来理解。民族意识具有多层次性，不同民族意识之间又互相影响、互相作用。民族区域自治作为我国一项基本政治制度和解决国内民族问题的基本政策，以一定的民族意识为文化认同基础，又通过协调民族关系、民族自治地方与国家的关系、民族自治地方与非民族自治地方的关系及其内生机制而对民族意识发挥积极的调控功能。这里将国家民族意识与国内各民族的民族意识这两个层次相联系，探讨民族意识与民族区域自治的关系以及民族意识的调控问题。

一、国家民族意识与多民族国家内民族意识

民族意识为民族的重要特征之一。最早对民族意识作出明确定义且影响深远的是梁启超。他在《中国历史上民族之研究》一文中提出："何谓民族意识？谓对他而自觉为我。'彼，日本人；我，中国人'，凡遇一他族而立刻有'我中国人'之一观念浮于其脑际者，此人即中华民族之一员也。"① 显然，梁启超在这里所说的"民族意识"是指对政治国家的文化认同（如中华民族），而不是指国内各民族（如满族、蒙古族）的民族意识。

中国的国家民族意识就是中华民族意识。20世纪初梁启超提出了"中华民族"的概念，明确提出"合汉、合满、合回、合苗、合藏，组成一大民族"的主张，强调中国是一个多民族融合的共同体②。费孝通在论述中华民族多元一体格局的形成过程时指出："中华民族作为一个自觉的民族实体，是近百年来中国和西方列强对抗中出现的，但作为一个自在的民族实体则是几千年的历史过程所形成的。"③ 民族意识、民族主义思潮与民族国家的建立具有一致性，中华民族意识在中国作为独立的民族国家形成过程中起到了重要的历史作用。中华人民共和国的建立标志着民族民主革命的胜利，中国结束了半殖民地半封建社会状况，中华民族作为一个伟大的民族从此站起来了，至此，中国构建现代民族国家的任务才真正完成。中华民族意识是在长期历史发展中所

① 梁启超：《中国历史上民族之研究》，载《梁任公近著》第一辑下卷，第43页，上海商务印书馆，1923年版。

② 梁启超：《政治学大家伯伦知理之学说》，载《梁启超全集》第2册，第1069页，北京出版社，1999年版。

③ 费孝通主编：《中华民族多元一体格局》（修订本），第3页，中央民族大学出版社，1999年版。

形成的中国各民族共有的认同意识，其主要内容和核心实质包括对中华民族大家庭的认同、对中国作为领土主权完整的统一国家的共识以及建立在此基础上的爱国情感。

关于多民族国家内各民族的民族意识，当今学者金炳镐把民族意识分为民族属性意识、民族交往意识、民族发展意识等三个方面的内容。其中，民族属性意识又包括民族自我归属意识、民族认同意识、民族分界意识等三个层次；民族交往意识包括民族平等意识、民族自尊意识、民族自卑意识三个层次；民族发展意识包括民族自我发展意识、民族自主自立发展意识、民族协同发展意识三个层次。[①] 王希恩则提出，民族意识包括社会成员对自己民族归属的感悟和对自己民族利益的感悟两方面。[②] 有的学者还归纳出约 30 种民族意识，又根据其内涵概括为情感性的和观念性的两个层次。[③] 这些定义大同小异，据其基本内涵，我们可以把国内民族意识界定为某一民族在自身形成和发展及其与他民族交往的社会实践中逐渐凝聚而成的共同性观念或情感体验。

多民族国家内各“民族”（ethnic groups）意识与国家层面的“民族”（nation）意识（或可简称为国族意识），都以认同感为心理体验的主要形式，以群体性为外在表现的主要形式。二者分属于不同的认同层次，却又相互影响。国家民族意识是国家凝聚力的精神支柱，是多民族国家内各民族意识的统一性依托；国内各民族意识是多民族国家多元文化丰富内涵的具体表现，是国家民族意识的现实源流和基础，离开了各民族意识的国族意识将只

① 金炳镐：《民族理论通论》（修订本），第 111 – 115 页，中央民族大学出版社，2007 年版。

② 王希恩：《民族认同与民族意识》，载《民族研究》，1995 年第 6 期。

③ 吴应辉：《关于民族意识的定义问题》，载《黑龙江民族丛刊》，1996 年第 1 期。

是抽象和虚无。国家民族意识与多民族国家内民族意识之间，如果能协调一致，则国家统一得以巩固，社会和谐得以依凭；反之，则社会动荡，国家危机四伏。

中国民族区域自治是在国家统一领导下，各少数民族聚居的地方实行区域自治，设立自治机关，行使自治权。民族区域自治制度把国家的集中统一与少数民族聚居地区的区域自治有机结合起来，是解决中国民族问题的一大创造。这一制度既要维护国家统一和社会稳定、促进各民族共同繁荣发展，又要充分尊重和保障各聚居的少数民族管理本民族本地区内部事务的自治权利，因而内在地要求以此为目标协调中央与民族自治地方之间的关系。我们知道，任何政治体系有效施行功能的根本条件依赖于人们对它的文化认同。因此，实行民族区域自治有赖于中华民族意识与各民族意识之间相互包容、相互依存、协调一致，反过来，协调二者之间的关系也是民族区域自治的应有之功能。

民族意识是在民族生存、交往、发展的历史活动中形成的，而民族区域自治是当代中国的一项基本政治制度和解决国内民族问题的基本政策，国内各民族间的交往和发展与民族区域自治这一政治制度之间存在着密切关联，因而我们有必要探讨民族意识与民族区域自治的关系，把民族意识作为民族区域自治制度运行的一个重要文化因素，并在民族区域自治的运行中来思考民族意识的调控问题。

在民族区域自治制度框架下，民族意识具有多层次性，有国家层面的中华民族意识、自治地方各民族群体的民族意识、同一民族在不同聚居区的民族意识、聚居民族的民族意识与杂散居民族的民族意识等等不同层级和不同程度的民族意识及其相互之间的复杂关系，但主要还是中华民族意识和国内各民族意识这两个层次。

二、民族自治地方的民族意识

在一定历史时期里，民族意识的发展趋势受到多方面的制约，必然表现出复杂的情势。现阶段民族意识既存在着增强的趋势，也存在着减弱的走向，但总的来说是处于上升时期。正如亨廷顿所指出的："现代化最惊人的现象之一，就是它能够在许多社会势力中间引起日益增长的意识、内聚力、组织和行动，而这些社会势力在传统社会里只是些相当低级的意识原生体或组织。"① 市场经济必然要求统一的市场体系，从而加强了各民族间的利益联系，但其竞争性和开放性也可能刺激经济文化相对落后的少数民族的民族意识。经济全球化加速了资源的全球流动和配置，冲击着人们对民族国家和国内民族群体的认同，但发达国家在经济科技方面长期占据优势的压力及发展差距的拉大会进一步助长发展中国家的民族意识。城市化、散居化、跨地域人口流动、族际通婚等等因素必然增进不同民族成员之间的交往，从长远趋势来看会促进民族间共同性的增长，然而现实生活中却有可能增强民族意识。

民族区域自治使民族自治地方各族人民增强了中华民族意识。民族区域自治的实施，必须维护国家的统一，保证宪法和法律在自治地方的遵守和执行；自治机关必须把国家的整体利益放在首位，积极完成上级国家机关交给的各项任务。同时，民族区域自治法把支持和帮助民族地区加快发展，规定为上级国家机关的法律义务。应当承认，由于历史的原因，中国境内各民族群体对中华民族的认同感是存在差别的。但民族区域自治实行半个多

① ［美］塞缪尔·P·亨廷顿：《变化社会中的政治秩序》，第36页，三联书店，1989年版。

世纪以来，民族地区经济社会的快速发展增进了各族人民的向心力、凝聚力，中国特色社会主义事业兴旺昌盛，综合国力持续提高，对外开放、国际交流深入发展，强化了中华民族伟大复兴的共同理想，这是不可否认的。2008 年，民族地区经济总量由 1952 年的 57.9 亿元增加到 30626.2 亿元，按可比价格计算，增长了 92.5 倍；城镇居民人均可支配收入由 1978 年的 307 元增加到 13170 元，增长了 30 多倍；农牧民人均纯收入由 1978 年的 138 元增加到 3389 元，增长了 19 倍。内蒙古经济发展速度连续 7 年居全国之首，新疆经济发展速度连续 6 年保持两位数增长。西藏生产总值达到 395.91 亿元，比 1959 年增长 65 倍。[①] 20 世纪 90 年代初以来，受苏联解体东欧剧变、民族分离主义的影响，世界各地由民族问题引发的冲突频频发生，而中国作为一个多民族大国却能保持经济繁荣、社会发展、政治稳定，这正是我国民族团结的具体体现。

经济社会快速发展但发展的不平衡性将长期存在，是中国国内民族意识持续走强的根本原因。民族区域自治将民族因素与区域因素、政治因素与经济因素、历史因素与现实因素相统一，也增强了民族自治地方各族人民对本民族的认同意识。民族区域自治的实行，促进了民族平等和国家政治民主化、推动了民族自治地方经济社会的发展以及与此相关的利益诉求，为民族意识的增强提供了内在动因；民族素质的提高、少数民族知识分子和干部精英的成长为民族意识增强提供了重要的主体条件。

民族自治地方并非单一民族聚居区，现代社会的流动性也使纯粹的单一民族聚居区几乎成为不可能，尤其是像中国县级以上

---

① 国务院新闻办公室：《中国的民族政策与各民族共同繁荣发展》（白皮书），载《人民日报》，2009 年 9 月 28 日。

规模的聚居区。自治地方有多种民族成分，各民族之间在交往中便有对各自民族属性、平等发展要求等方面的认识和关切，因而会有不同的民族意识。自治地方的民族意识由此可分为三种，即实行区域自治民族的民族意识、自治地方内汉族的民族意识及其他少数民族的民族意识。

在现实生活中，民族自治地方各族人民的民族意识在机关干部身上往往表现得更为自觉，而在一般群众那里似乎常常处于自在状态。国内学者邱泽奇通过对土家族社区的调查在《湘鄂西山居民族的社会与经济》一文中说："日常生活中的待人方式让我想到，在湘鄂西地区的实际社会生活中，如果我们不考虑政府干预和政府动员，就很难感觉到'民族关系'。在这里，普通百姓的社会认同实际上是一个有层次的结构，首先认同的是家族，其次是朝夕相处的村民。至于民族，在村民那里似乎只是政府的事情。"然而，正如邱先生在同一篇文章中所说的那样，民族区域自治政策的第一个直接效应，是使过去许多处于模糊状态的民族成分变得相对清晰了。①

有两个直接的具体因素使民族自治地方的人们难以忽视自己的民族身份：一是干部录用中的民族构成比例；一是对民族地区的优惠政策。

实行区域自治使自治民族干部在自治机关的地位和比例构成得到制度性保证，"这种情况，对于自治民族的领袖人物、民间精英分子乃至基层社区居民都会造成很大影响，使他们以本民族的身份而骄傲，对于他们本人从政和他们的孩子上学读书都起到积极的鼓励作用"②。按照民族区域自治法，自治机关所属工作部

① 马戎、潘乃谷、周星主编：《中国民族社区发展研究》，第143、140页，北京大学出版社，2001年版。

② 马戎：《民族社会学》，第103页，北京大学出版社，2004年版。

门的干部中也要合理配备其他少数民族人员。民族干部的民族意识较强，是因为他们被录用及升迁的机会在一定程度上来自民族身份，在民族身份中隐含着个人和群体的利益。[①]

对于普通群众而言，从诸如较为宽松的计划生育政策、各类招生加分等优惠政策中也能真切体会到自己的民族身份。这种优惠政策在自治民族与非自治民族，特别是与自治地方的汉族之间有时存在着差别，因而可能引起某些心理失衡，从而加深了对民族身份的记忆。

三、民族意识对民族区域自治的影响

马克思、恩格斯在《德意志意识形态》一书中说："意识在任何时候都只能是被意识到了的存在，而人们的存在就是他们的现实生活过程。"[②] 民族意识是对一定民族、民族关系及建立在此基础之上的制度形式客观存在的主观反映，又能动地作用和影响于社会存在。

学术界一般都承认民族意识影响的两面性。就国家民族意识而言，其积极影响方面是国家软实力的重要内容，使民族国家更多地根据国家和民族利益来处理对外关系，有利于促进本国的发展和维护世界的和平；其消极影响方面则可能导致情绪化的盲目排外思想，尤其使落后国家不能正确把握时代发展的客观规律，不能正确对待世界先进文明成果，进而阻碍了自己的发展。就国内民族意识而言，其正向功能主要表现为凝聚民族成员、维护民族生存和稳定、促进民族发展和进步、协调民族关系的作用；其

① 菅志翔：《民族优惠政策与民族意识——以保安族为例》，载《中南民族大学学报》（人文社会科学版），2008 年第 1 期。

② 《马克思恩格斯选集》第 1 卷，第 72 页，人民出版社，1995 年版。

负向功能则主要表现在它具有一定的狭隘性、保守性、排他性和利己性及其所带来的阻滞或破坏民族正常发展和正常交往的社会作用。

关于民族意识两面性影响的分界，学界主要有两种观点。一种观点从国际关系的角度来考察，认为这种两面性影响的成因是不确定的，或作为事物的一体两面而没有必要分界："民族意识既是天使又是恶魔，关键看它在什么时候什么场合出现和怎样发挥作用。"① 这种不确定性常常还来自于对民族主义概念内涵及民族意识与民族主义之间关系的不确定性。另一种观点则主要着眼于国内民族意识，认为民族意识的积极作用与消极作用之间存在一个分界线，即"度"，必须将民族意识维持在一个合理的"度"内。②

的确，民族主义是一个众说纷纭的概念，但一般是从两个方面来展开定义的：(1) 与建立和维护民族国家相联系。厄尔斯特·盖尔纳认为，"民族主义首先是一条政治原则，它认为政治与民族的单位应该是一致的。"③ (2) 对本民族强烈忠诚的情感、努力和原则。汉斯·科恩认为，"民族主义是一种心理状态，即个人对民族政权的忠诚高于一切"。④ 因此，我们可以说，民族主义通常是指对政治国家的一种强烈的民族情感，是在民族国家形成和整合中具有重要作用的特殊形式的民族意识。民族主义可以表现为理性的民族主义（爱国主义），也可能表现为偏激或扩张性的民族主义（闭

① 王逸舟：《当代国际政治析论》，第128页，上海人民出版社，1995年版。

② 徐黎丽：《论民族意识对民族关系的影响》，载《广西民族研究》，2005年第2期。

③ ［英］厄尔斯特·盖尔纳著，韩红译：《民族与民族主义》，第1页，中央编译出版社，2002年版。

④ Hans Kohn, *Nationalism: Its Meaning and History*, Princeton: Van Nostrand, 1965.

关主义、大国沙文主义)。在20世纪上半叶，中国的民族主义和民主主义这两种社会思潮是中国民族民主革命的思想动力。民族主义要求独立后的中国以单一制的国家形式来巩固国家统一，而民主主义又要求充分尊重各少数民族自治的权利，因此，这两种思潮的合力影响也是新中国选择单一制下的民族区域自治制度的社会思潮背景。今天，中华民族意识和爱国主义情感对于坚持和完善民族区域自治制度也必然发挥着积极的作用，而偏激、狭隘的分离性或扩张性民族主义则会产生消极影响。

马克思主义在运用民族主义概念来考察国内民族问题时，把它定义为一种狭隘的民族意识，是一种对自己民族的偏爱，是剥削阶级思想在民族和民族问题上的反映。这是民族意识消极功能的极端表现形式，主要有大民族主义和地方民族主义两种情形。在社会主义制度下，由于阶级压迫制度和民族压迫制度已被消灭，大民族主义和地方民族主义也丧失了其存在的阶级基础。但是，在民族关系上这两种民族主义思想影响和残余依然在部分人头脑中存在。大民族主义在全国范围内主要指大汉族主义，在民族自治地方则一般指自治民族的大民族主义。大汉族主义不以平等的态度对待少数民族，不信任甚至歧视和侮辱少数民族，不尊重他们的平等权利和自治权利，认识不到少数民族的重要贡献，不注意积极帮助少数民族发展经济和文化建设，认为民族区域自治制度与他无关，民族区域自治法是软法；自治民族的大民族主义则排斥别的民族，在利益分配中表现出利己主义，从而引起民族关系紧张。地方民族主义主要表现为不承认在祖国大家庭中各民族团结的重要性，试图在本民族的狭隘范围内闭关自守，各自为政；不适当地强调本民族的局部利益，忽视国家的整体利益；过分夸大本民族的特殊性，或以此为借口，不去积极贯彻执行中央的方针政策；固步自封，不重视大民族和其他兄弟民族的帮助。特别是在边疆民族地区，当地方民族主义与宗教极端势力、境外敌对势力相勾结，就会严重破坏民族区域自治制度。

另一方面，国内民族意识的积极影响也是民族区域自治制度运行的必要条件。在一定意义上，民族区域自治正是在少数民族聚居地区随着民族意识的自觉而对自治诉求满足的结果，或者说是基于少数民族的民族意识自下而上的利益诉求与国家自上而下的政策导入相结合的产物。民族区域自治在一些民族地区是从民族识别开始的。民族识别使该民族的认同感和自尊心明显增强，使他们自然产生了自治的要求。实行区域自治后，如果自治地方的民族意识缺失或非常淡薄，那么这里的民族区域自治就如同虚设。民族区域自治在制度层面上体现了多数对少数的尊重，是民主政治的重要内容；在文化层面上体现了各民族意识之间和而不同的价值取向，是社会和谐的应有之意。

对于国内民族意识的两面性影响，有关研究者几乎都支持“适度论”观点，即适度的民族意识才能发挥积极作用，民族意识过度了则会产生负面影响。我们认为，适度论是一种比较有解释力的观点，但按照这一逻辑，还有必要进一步比较分析“过度”与“不足”这两种情形。

民族区域自治的核心问题是自治机关行使自治权的问题。宪法和民族区域自治法已界定了自治机关行使自治权的自治和限制这两种机制。“自治”就是指较之非自治地方国家机关独有的特殊自治权限,“限制”则是指在行使自治权的实践中不能有违法行为，必须把二者有机地结合起来。如果民族意识过于强盛，就会突破“限制”，而与民族区域自治背道而驰；如果民族意识过于虚弱，则会导致不敢“自治”，使自治机关的特殊权限在纵向和横向上流失。过度与不足都不利于自治权的行使。

有的学者还提出了民族意识“外溢”的概念，认为民族意识经过唤醒、强化、提升的结果往往导致民族意识“外溢”，伴随着这一过程是民族之间矛盾的出现、发展、扩大、激化。[①] 既然民族意识可能“外溢”，那么也就可以“内敛”。民族意识的“内敛”是通过民族自觉、自信的理性，而达到民族自强、发展的心理体验。在民族交往中表现出应有的理智和包容胸怀，既有利于自治机关各民族成员的团结合作，也有利于自治地方发展良好的民族关系。

四、民族区域自治制度下的民族意识调控

既然民族意识的影响具有两面性，那么就有必要对它进行有效的调控。根据适度论，有的学者试图通过划清民族意识的积极作用与消极作用的分界线来维持合理的“度”，提出先将民族认同意识过分强烈的民族成员与民族认同意识一般的民族成员分别开来，然后把工作重点放在民族意识过分强烈的那部分人群中。其实这是难以操作的，因为民族意识是一种观念形态或情感体验，其强弱是很难量化的，又处于发展变化中，在不同时间、针对不同事件会有不同表现，时起时伏。而且，有时较为强烈的民族意识（尤其是国家民族意识）也似乎并非坏事，而一些表现不起眼的民族意识当它与损人利己的行为相联系时也会伤害民族关系。

因此我们认为，可以通过建立和完善调控机制引导、规范民族意识处于良性和健康状态。民族意识，不管是国家民族意识还是国内民族意识，都可根据其影响作用的性质而区分为两种：一种是理性、开放、包容的民族意识；一种是偏激、狭隘、排他的民族意识。理性开放包容的民族意识能够积极引导民族成员增进

① 熊坤新、严庆：《民族问题中的民族意识和民族主义情绪》，载《青海民族学院学报》（社会科学版），2006 年第 1 期。

民族凝聚力和向心力，是一个民族发展的力量源泉；而偏激狭隘排他的民族意识则会导致民族的保守和愚昧，在民族交往中可能产生偏见和排斥心理，最终不利于自身的发展。民族意识调控的目标就是要在全社会形成一种理性开放包容的民族意识。

如前所述，民族区域自治在一定程度上增进了民族认同。同时，它又内生着一种抑制偏激狭隘民族意识的调控机制。民族意识作为一种观念形态或情感体验，对它的调控既要从思想认识上引导，又要规范涉及民族关系的社会行为；既要考虑民族关系的历史影响和多元文化传统，又要联系民族发展大局和现实的利益关系结构；既要立足于本国国情，又要重视国际环境因素。在《民族区域自治法》的规定中，明确了社会主义民族关系的内涵，为民族意识调控指明了正确方向；体现了禁止性原则，旨在约束偏激狭隘的民族意识；规定了对散居民族特点和需要的照顾，以防止出现大民族主义；特别强调提倡社会主义的公德，对本地方内各民族公民进行爱国主义、共产主义和民族政策的教育，教育各民族的干部和群众互相信任，互相学习，互相帮助，互相尊重语言文字、风俗习惯和宗教信仰，共同维护国家的统一和各民族的团结，这主要是从思想认识上引导民族意识。

民族区域自治的价值目标及其实现机制主要在于三个方面：在社会主义国家统一领导下实现社会和谐稳定和巩固国家统一；加快民族地区发展以推动各民族共同繁荣发展；协调民族关系以促进民族平等和国家民主化。结合这三个方面，我们可以从总体上把握民族意识调控的基本思路。

其一，思想引导是前提，必须在全国范围内加强科学的民族观、祖国观和公民意识教育，用正确的思想引导民族意识。科学民族观的基本内容是马克思主义关于民族本质及其发展规律的理论、民族平等理论、民族区域自治理论、民族关系理论等，也包括新时期我们党关于“汉族离不开少数民族，少数民族离不开汉族，各少数民族之间也相互离不开”、“各民族共同团结奋斗、共同繁荣发展”等战略思想。科学祖国观的核心内容是爱国主义，国家利益高于一切，民族群体利益、局部利益必须服从于国家的整体利益。科学的民族观与祖国观教育有机结合，目的是引导民族群体意识服从于中华民族意识，各民族群体意识相互包容；以中华民族意识包容各民族群体意识的健康发展，并以此为必要条件。民族意识的两个层面之间相互包容、相互依存、相得益彰。公民意识教育是一种培养公民社会责任感和民主法治观念的理性教育，有助于培养民族意识“内敛”，使各民族成员用理性取代冲动，将国家认同与民族认同融为一体。

其二，发展问题是根本，必须坚持把加快少数民族地区经济社会发展摆在国家战略地位，从根本上抑制民族意识负面增长。发展差距是引发心理不平衡的基本因素，因此，加快少数民族地区经济社会发展，缩小与汉族聚居区的整体发展差距，是抑制民族意识消极影响的根本途径。世纪之交，国家开始实施西部大开发战略，这将对少数民族地区的现代化及国家的全面协调发展产生深远的影响。民族区域自治内在地要求国家和先进地区支持、帮助、协同民族地区加快发展，作为其经济功能、政治功能、文化功能充分发挥的重要条件。发展是硬道理，经济发展是政治民主化、文化现代化的基础，也是民族意识走向成熟、理性的物质力量。

其三，民族关系是关键，必须不断完善民族区域自治法律体系和配套政策体系，为协调民族关系提供良好的法治环境。民族意识的增强会使民族关系变得更为敏感。有些原本属于个人或小的局部矛盾，却因矛盾双方民族成分不同而容易引发以民族为分野的大冲突，或者倾向于将原本不属于民族问题的事情理解为民族问题。一些民族自治地方在进行资源配置和利益分配时，由于受狭隘民族意识的影响，有的干部往往自觉不自觉地把本民族或本地区的利益放在首位，不同程度地存在着权力和资源分配的民族化、地域化问题。这些问题也正是民族区域自治实施中存在的问题，通过法律规范来约束实际工作中有损民族关系的行为，是最可靠的，也是对民族意识进行调控的硬尺度。我国正在建立和完善从作为国家基本法律的民族区域自治法到各民族自治地方自治条例和单行条例的法律体系，以及从国务院有关规定到各级地方各部门的配套实施细则。现在的问题不仅在于法律政策的制定，更在于贯彻执行，在于真正纳入法治的轨道。

结　　语

通过从历史到现实地对中国民族区域自治制度所作的社会生态分析，本书主要试图回答三个方面的问题：一是确立民族区域自治制度有何合理性？二是民族区域自治能否可持续发展？三是怎样才能实现民族区域自治的可持续发展？

民族区域自治的合理性在于它是历史的选择，是这一制度基因在近现代中国社会生态环境下进化的结果。分析表明，中国特色的民族区域自治制度归根结底是历史发展的客观结果，这使它具有深刻的历史合法性，而民族区域自治实践中所取得的成效进一步强化了这种合法性。

通过分析我们知道，民族区域自治在实际运行中发挥了重要的正向功能，在国家统一和社会稳定、民主政治建设、经济社会发展等各方面作出了不可或缺的贡献，这充分体现了其自身所蕴涵的强大生命力。一个有着强大生命力的制度系统，只要能不断地适应变动中的社会生态环境，就能实现可持续发展。

通过分析我们也发现，民族区域自治在实际运行中，在局部或某些环节存在着一些具体问题，这些问题在极“左”年代里主要在于对制度本身的漠视和破坏，在改革开放后的岁月里主要在于未能完全适应社会生态环境的变化而作出及时、适当的调整充实和创新发展。市场化、城市化、全球化等新的社会生态环境对民族区域自治的可持续发展提供了新的契机，也提出了诸多新课题。

形成于传统计划经济条件下的民族区域自治制度，必然受到改革开放以来逐步确立起来的市场经济的巨大冲击。市场经济促使中国的权力结构走向分化和重构，客观上要求限制政府的作用，使与此相关的一些民族政策难以实行，但同时又促进了少数民族社会的政治参与；市场经济的竞争性可能使少数民族和民族地区处于劣势，但也可能壮大民族自治地方的自治能力。中国民族区域自治制度创建之初主要针对以农业为主的传统乡村社会，在城市化迅速发展的新时期正经历着考验。跨地域人口流动急剧增加，加速了族群的散居、杂居化；在现有的城市制度下，民族自治地方的人民也可能面临着要城市化还是要自治权的两难选择①。全球化影响着人们对民族国家的认同，也必然影响国内各民族的自我认同意识。然而，全球化又在少数民族和民族地区面前展示出实现跨越式发展的历史机遇。市场化、城市化、全球化等几个方面相互影响、相互作用，构成了民族区域自治制度新的社会生态环境。

在与社会生态环境的互动中，民族区域自治制度影响着社会，同时社会的发展和进步也推进着这一制度不断得以完善。国家实施西部大开发战略为民族地区跨越式发展和长治久安提供了强大而持久的动力，依法治国基本方略为民族区域自治走向善治指出了壮阔之路。在法治化的历史进程中坚持和发展，民族区域自治作为我国社会主义的一大政治优势将会得到加强。

① 鲍明：《中国民族区域自治的城市制度安排与制度创新》，载《民族研究》，2003 年第 1 期。

主要参考文献

［1］中国社科院民族研究所编:《马克思恩格斯论民族问题》(上、下)，民族出版社，1987 年版。

［2］中国社科院民族研究所编：《列宁论民族问题》（上、下)，民族出版社，1987 年版。

［3］国家民委政策研究室编：《中国共产党主要领导人论民族问题》，民族出版社，1994 年版。

［4］国家民委、中央文献研究室编：《新时期民族工作文献选编》，中央文献出版社，1990 年版。

［5］国家民委、中央文献研究室编：《民族工作文献选编》(一九九〇——二〇〇二年)，中央文献出版社，2003 年版。

［6］胡锦涛:《在中央民族工作会议暨国务院第四次全国民族团结进步表彰大会上的讲话》，人民出版社，2005 年版。

［7］国务院新闻办公室：《中国的民族区域自治》（政府白皮书)，《人民日报》2005 年 3 月 1 日。

［8］国务院新闻办公室:《中国的民族政策与各民族共同繁荣发展》(政府白皮书)，《人民日报》2009 年 9 月 28 日。

［9］全国人大常委会秘书处、国家民委政法司编：《中国民族区域自治法律法规通典》，中央民族大学出版社，2002 年版。

［10］《国务院实施 <中华人民共和国民族区域自治法>若干规定》，中国法制出版社，2005 年版。

［11］陈云生:《中国民族区域自治制度》，经济管理出版社，2001 年版。

［12］房宁、王炳权：《论民族主义思潮》，高等教育出版社，2004 年版。

［13］费孝通等：《中华民族多元一体格局》，中央民族大学出版社，1999 年版。

［14］何润：《马克思主义民族理论经典导读》，中央民族大学出版社，1998 年版。

［15］金炳镐：《民族理论通论》（修订本），中央民族大学出版社，2007 年版。

［16］马戎：《民族社会学》，北京大学出版社，2008 年版。

［17］毛公宁、王铁志：《民族区域自治新论》，民族出版社，2002 年版。

［18］宁骚：《民族与国家——民族关系与民族政策的国际比较》，北京大学出版社，1995 年版。

［19］浦兴祖主编：《当代中国政治制度》，复旦大学出版社，1999 年版。

［20］史筠：《民族法制研究》，北京大学出版社，1989 年版。

［21］宋蜀华、陈克进：《中国民族概论》，中央民族大学出版社，2001 年版。

［22］田继周主编：《中国历代民族政策研究》，青海人民出版社，1993 年版。

［23］童之伟：《国家结构形式论》，武汉大学出版社，1997 年版。

［24］王邦佐等：《中国政党制度的社会生态分析》，上海人民出版社，2000 年版。

［25］王戈柳主编：《民族区域自治的发展》，民族出版社，2001 年版。

［26］王柯：《民族与国家：中国多民族统一国家思想的系谱》，中国社会科学出版社，2001 年版。

［27］王希恩主编：《当代中国民族问题解析》，民族出版社，2002 年版。

［28］王铁志、沙伯力主编：《国际视野中的民族区域自治》，民族出版社，2002 年版。

［29］王钟翰主编：《中国民族史》，中国社会科学出版社，1994 年版。

［30］温军：《民族与发展：新的现代化追赶战略》，清华大学出版社，2004 年版。

［31］翁独健：《中国民族关系史纲要》，中国社会科学出版社，1990 年版。

［32］徐杰舜、覃乃昌等：《民族自治权论》，广西教育出版社，1991 年版。

［33］徐迅：《民族主义》，中国社会科学出版社，2005 年版。

［34］张尔驹：《中国民族区域自治的理论和实践》，中国社会科学出版社，1988 年版。

［35］张文山：《通往自治的桥梁——自治条例与单行条例研究》，中央民族大学出版社，2009 年版。

［36］张锡盛、朱国斌等：《民族区域自治在云南的实践》，云南大学出版社，2001 年版。

［37］中共新疆维吾尔自治区委员会党史研究室编：《中国共产党与民族区域自治制度的建立和发展》（上、下），中共党史出版社，2000 年版。

［38］周平：《民族政治学导论》，中国社会科学出版社，2001 年版。

［39］周星：《民族政治学》，中国社会科学出版社，1993 年版。

［40］［台］邵宗海等编《族群问题与族群关系》，幼狮文化事业公司，1995 年版。

[41] [英] 埃里·凯杜里:《民族主义》，中央编译出版社，2002 年版。

[42] [英] 埃里克·霍布斯鲍姆:《民族与民族主义》，上海人民出版社，2000 年版。

[43] [英] 厄尔斯特·盖尔纳:《民族与民族主义》，中央编译出版社，2002 年版。

[44] [英] 戴维·米勒、韦农·波格丹诺编:《布莱克维尔政治学百科全书》，中国政法大学出版社，1992 年版。

[45] [美] 戴维·伊斯顿:《政治生活的系统分析》，华夏出版社，1999 年版。

[46] [德] 汉斯·萨克塞:《生态哲学》，东方出版社，1991 年版。

[47] [美] 加布里埃尔·A. 阿尔蒙德、小 G. 宾厄姆·鲍威尔:《比较政治学：体系、过程和政策》，上海译文出版社，1987 年版。

[48] [美] 罗伯特·A. 达尔:《现代政治分析》，上海译文出版社，1987 年版。

[49] [法] 莫里斯·迪韦尔热:《政治社会学——政治学要素》，东方出版社，2007 年版。

[50] Connor, Walker. *The National Question in Marxist-Leninist Theory and Strategy*. Princeton: Princeton University Press. 1985.

[51] Dreyer, June T. *China's forty millions: Minority nationalities and national integration in the People's Republic of China*. Cambridge: Harvard University Press. 1976.

[52] Gladney, Dru C. *Ethnic Identity in China: The Making of a Muslin Minority Nationality*. New York: Harcourt Brace College Publications. 1998.

[53] Kohn, Hans. *Nationalism: Its Meaning and History*, Prin-

ceton：Van Nostrand，1965.

［54］鲍明：《中国民族区域自治的城市制度安排与制度创新》，《民族研究》2003 年第 1 期。

［55］陈建樾：《以制度和法治保护少数民族权利——中国民族区域自治的路径与经验》，《民族研究》2009 年第 4 期。

［56］陈立鹏：《我国少数民族教育回顾及前瞻》，《贵州民族研究》1999 年第 1 期。

［57］陈清硕：《方兴未艾的生态政治学》，《社会科学》1995 年第 4 期。

［58］高永久：《论多民族国家中的民族认同与国家认同》，《民族研究》2010 年第 2 期。

［59］郝时远：《民族自治地方经济社会发展任重道远》，《中国民族报》2011 年 4 月 1 日。

［60］侯德泉：《角色、结构与功能——民族区域自治的政治体系分析》，《内蒙古社会科学》2008 年第 4 期。

［61］侯德泉：《自治·民族自治·民族区域自治——比较视野的概念新解》，《理论与改革》2008 年第 1 期。

［62］侯德泉、侯晚梅：《民国时期国家结构形式的制度选择与实践行程》，《社会科学辑刊》2005 年第 3 期。

［63］黄涛：《中国共产党民族政策的重大转变——从联邦制到民族区域自治制度》，《中南民族大学学报》（人文社会科学版）2003 年第 4 期。

［64］菅志翔：《民族优惠政策与民族意识——以保安族为例》，《中南民族大学学报》（人文社会科学版）2008 年第 1 期。

［65］金炳镐、龚志祥、田烨：《民族区域自治理论新解——纪念内蒙古自治区成立 60 周年》，《内蒙古财经学院学报》（综合版）2007 年第 1 期。

［66］刘成：《论自治机关民族化问题》，《内蒙古大学学报》

（哲学社会科学版）1988 年第 3 期。

［67］刘在平：《面对人类生存危机的政治思维——生态政治学》，《天津社会科学》1992 年第 6 期。

［68］王希恩：《民族认同与民族意识》，《民族研究》1995 年第 6 期。

［69］王续添：《地方主义、联邦主义与新国家构建中的制度选择——考察 1910 年代中国政治的一个视角》，《教学与研究》2007 年第 4 期。

［70］熊坤新、严庆：《民族问题中的民族意识和民族主义情绪》，《青海民族学院学报》（社会科学版）2006 年第 1 期。

［71］徐黎丽：《论民族意识对民族关系的影响》，《广西民族研究》2005 年第 2 期。

［72］杨荆楚：《自治机关民族化的几个问题》，《民族研究》1984 年第 6 期。

［73］喻希来：《中国地方自治论》，《战略与管理》2002 年第 4 期。

［74］郑永年、王旭：《论中央地方关系中的集权和民主问题》，《战略与管理》2001 年第 3 期。

［75］朱伦：《民族共治论——对当代多民族国家族际政治事实的认识》，《中国社会科学》2001 年第 4 期。

［76］［台］高德义：《原住民自治的理论与实践：以排湾族为例之探讨及策略规划》，台湾"族群关系与国家发展"学术研讨会，2004 年 5 月。

［77］［美］鲁斯·A·华莱士等：《社会生态学和对它的攻击》，《国外社会学》1998 年第 2 期。

［78］Björn，Gustafsson and Li Shi，"The Ethnic Minority-Majority Income Gap in Rural China during Transition". *Economic Development and Cultural Change*，Vol. 51（No. 4），Jul. 2003.

[79] Hannum, Emily and Yu Xie, "Ethnic stratification in Northwest China: Occupational differences between Han Chinese and national minorities in Xinjiang, 1982 – 1990" . *Demography*, Vol. 35 (No. 3): 323 – 333, 1998.

[80] Sautman, Barry, "Preferential policies for ethnic minorities in China: the case of Xinjiang" . *Working Papers in the Social Sciences*, No. 32, 30 Sep. 1997.

后　记

十年前，即新世纪的第一年当我进入中国人民大学攻读博士学位时，导师张同新教授希望我去研究民族区域自治，我便开始接触到民族理论。但那时所学的课程，所参加的讲座和研讨，主要是中共党史和政治学理论，我便是从这样的视角来自学民族理论的。博士毕业一年后来到中央民族大学从事博士后研究，通过比较系统地学习民族理论与政策、民族关系理论，我对民族区域自治制度的理解才有了更宽阔的眼界。尽管我是以湖南大学在职教师的身份从事博士后工作的，但在那两年中，每个学期都会去民大参加一些研讨活动，去聆听导师金炳镐教授的指导。尤其是 2005 年刚进站的那个秋冬学期，我一天也没有离开过民大。

故都的那个秋冬给我留下了深刻的印象。我参加了金老师分别给研究生、本科生讲授的“民族理论与政策”、“民族关系理论”等课程学习。从一个教师重新变成一个学生，在民大得到民族理论界著名学者的耳提面命，虽未常有醍醐灌顶的顿悟，却也学到点滴真传。作为首届国家级高校教学名师，金老师在教学方法和为人敬业方面也给了我很大的启发。研究生的课堂主要采取研讨式，每次上课前金老师都会给各位印发文献资料，常常有他自己制作的图表。对于每一重要概念和理论原理，他都会梳理其学术演进史，并介绍最新研究前沿和国家有关政策的最新动态。对于学生表述中的一些问题，他总会及时指出并予以学理解释。对本科生的课堂讲授信息量很大，他总能结合课程中的基本理论和政策问题，提出一些鲜活生动的事例来加以论证，总能启发学生积极参与讨论。

忘不了民大校园的苍松红叶，忘不了“中国青年民族理论研究会”，忘不了金老师的五楼办公室窗口在茫茫夜色中透出的明亮而温暖的灯光。

这本拙著为我在2007年博士后研究出站报告基础上经断断续续修改而成。非常惭愧由于教学工作的繁忙及其他事务的干扰而未能及时交付出版。博士后工作一直得到金老师的指导，拙著能得以出版也是金老师提供的机会。铭感师恩，无以言表。

在我从事博士后工作期间，民大中国民族理论与政策研究院的领导、老师给了我大力支持，人事处博士后管理办公室朴花顺老师给了我多方面帮助，湖南大学马克思主义学院领导为我提供了研究条件。在2007年9月初博士后研究报告答辩会上，中国社科院王希恩研究员、郑信哲研究员及民大青觉教授、余梓东教授提出了很多宝贵意见。民大出版社红梅老师为拙著的编辑出版付出了大量工作。在此一并致谢。

限于学识水平及时间仓促，拙著必有挂一漏万、详略失序、乃至舛误之处，深企方家教正。

侯德泉

2011年9月于湖南大学